JN285029

治安維持法下に生きて
——高沖陽造の証言

太田哲男・高村　宏
本村四郎・鷲山恭彦　編

影書房

高沖陽造

左から新村猛,高沖陽造,北條元一

左から初見昇,井上正蔵,新村猛,高沖陽造,北條元一
(ともに「世界文学会」懇親会,1985年7月)

このインタヴューの成り立ちについて

　本書は，1920年代には労働運動の渦中に身を投じ，30年代には文芸評論などによって名を知られた高沖陽造（1906—99）氏の前半生を記録しようとするものである。

　「治安維持法下に生きて」という本書の書名は，高沖氏が自ら執筆を意図した自伝の標題となるはずのものであった。その標題のごとく，治安維持法下に果敢に生きた高沖氏の姿を，本書は伝えようとする。高沖氏がいかなる人物であったかについては，手短かには本書巻末の「解説」冒頭（1）の部分をご覧いただくのが便利かも知れない。

　高沖氏は，戦後長く世界文学会の会員であった。この会の会員有志が，1970年からルカーチの『美学』，続いてヘーゲルの『美学講義』の研究会を84年まで続けていたという。私（太田）は80年代になってから，鷲山恭彦氏のお世話で，東京工業大学内で行われていたヘーゲル『美学講義』の研究会に参加させてもらい，そこで高沖氏と面識を得た。研究会が終わると，参加者たちの多くは大岡山駅近くの居酒屋で歓談をし，高沖氏はその常連であった。

　1993年の8月9日，戸坂潤の命日に多磨墓地での恒例の墓参会に初めて出かけた私は，そこで何年ぶりかで高沖氏にお目にかかった。墓参の帰路，私は高沖氏から，1930年代の唯物論研究会との関わりについてのお話を興味深くうかがうことができたが，そのときは詳しくうかがうだけの時間がなかった。そこで，鷲山氏と相談し，高沖氏の前半生を語っていただきたいとお願いし，快諾を得た。

　私の手帳を調べると，さっそく8月21日に，お宅の近くの喫茶店で

お話をうかがっている。

　唯物論研究会についての話をと思っていた私にとって予想外のことに，1920年代の労働運動との関わり，そして三・一五事件のことが話題となった。『現代史資料』(みすず書房)を検して高沖陽造の名を見つけ，そのような「歴史的人物」だったのかとの思いだった。

　その後は高沖家でインタヴューをさせていただいた。高沖氏は当時八十七歳だったが，何も資料を手元におくことなく語り続けた。同年12月までに五回，鷲山氏と私は高沖家に足を運んだ。

　その間にテープを起こし，全体の八割ほどを印字して高沖氏にお渡しした。けれども氏は，これをそのまま活字にすることにはいささか抵抗があったようで，「細かいニュアンスを出したいし，インタヴューを基に新たに書き下ろしたい」とのご意向だった。

　私たちとしては，ともかく高沖氏にまずは自由に語っていただき，それを起こしながら，他方では当時のことを調べていろいろ質問をしようと考えていた。インタヴューを読み返しても，突っ込んだ質問というのはほとんどなく，もっぱら高沖氏が語るスタイルになっている。インタヴュアーとしてはいささか言い訳めくが，高沖氏の語り口は滑らかで，曖昧なところがあまりなく，イメージが浮かび上がってくるようで，なかなか質問も挟みにくかったという面もあった。

　当時高沖氏は芸術論の著作に打ち込んでおられ，それが『悲劇論』(創樹社，1994年)と『喜劇論』(同，1997年)となり，さらには，ヴォルフ『トォマス・ミュンツァー』の翻訳(同，1999年)も出され，自伝に専念されるには至らなかった。

　私も(おそらくは鷲山氏も)仕事が忙しくなり，なかなか高沖氏にお目にかかる機会を得なかった。

　私の手元に，高沖氏からの1996年の年賀状が残っている。そこには，「喜劇論は三月中に完成するので『録音テープ』のことを考えてみようと思っています。そのさいはよろしく」とあった。

　その後，高沖氏自ら自伝執筆を始められたと聞いた。(本書には，

高沖氏が書き残した未定稿を収録した。）しかし，あまり筆が進まないまま，1999年10月15日，逝去された。享年九十三歳六カ月。

　高沖氏が亡くなって一年が過ぎようとする頃，世界文学会の高村宏氏から，高沖氏の「録音テープ」を起こしたものを出版しようという話があった。ご遺族の了解もいただいているとのこと。しかし，私はこれにはいささか当惑した。というのは，インタヴューをした1993年からずいぶん時間がたってしまったことに加え，インタヴューに登場する固有名詞の漢字表記などをほとんど確認していなかったからである。インタヴュー途中に固有名詞の漢字などを尋ねるのは話の流れを遮ることになるので，あとでまとめてうかがえばいいと考えていたのだが，うかがうべき高沖氏は故人となってしまった。この点，高村氏は固有名詞は調べれば何とかなるからと主張された。

　高沖氏の前半生の回想は，1928年の三・一五事件に至る時代の労働運動にかかわるところから，30年代の新劇運動などを含んでいる。労働運動史をとりたてて勉強したことはないし，当時の新劇にも詳しくない私が，本書に「解説」を書くのは適当とは思えない。けれども，この本の出版の目的は高沖証言の紹介自体にあるし，インタヴュー当時のことを思い起こせば，高沖氏の語りを面白く聞かせていただいたことも事実である。その証言は記録として残されるに値すると思う。そこで，周辺的なことを記して「解説」に替えることとした。

　本書ができるにあたって，歴史家（日本近現代史）の横関至氏は，原稿（本文）を読んで多くのコメントや不明個所の指摘をしてくださった。編者たちの判断で，コメントの多くは活用させていただいた。貴重な時間を割いてくださった横関氏に感謝する。

　また，影書房の松本昌次氏は，経験豊富な編集者であるばかりか新劇に関する造詣も深く，数々の有益な指摘をしてくださった。松本氏にも感謝する。

本文については，本書の編者たちが原稿を通読し，不明個所をそれぞれに調べ，意見を交換して，誤記を減らすようにつとめた。しかし，依然として不明個所が残った。[　]内は編者による注記である。各章末の注は太田が担当した。

　高沖氏は，1993年に太田・鷲山両名が高沖氏に渡したインタヴューを印字したものに，加筆をされていた。これは本書に「未定稿」として収録したものとは別である。それは量的にはわずかであり，内容的には1924年頃までのものであるが，その加筆は本文に生かすようにつとめた。ただ，煩雑になるので，校異的な注記は省略した。

　「主要事項・人名　註」(本文中に1),2)を付けた項)は，本村四郎が担当した。ただし，外国人名と若干の日本人名は高村宏が担当した。

　巻末の略年譜・関連年表は本村四郎が担当した。

　巻末の著作・翻訳等一覧は恒屋淳一氏の手になるものである。

太田哲男

治安維持法下に生きて――高沖陽造の証言　目次

このインタヴューの成り立ちについて………………（太田哲男）…1

第1章　上京まで…………………………………………………9

1　小学校の頃　9
2　家系のこと　13
3　福山へ奉公に出る　15
4　神戸から東京へ　20

第2章　労働組合運動へ ……………………………………23

1　関東大震災　23
2　英語を学ぶ　27
3　社会主義との接触　30
4　労働争議の中へ　31
5　徴兵検査　35

第3章　共産党入党………………………………………………37

1　労働争議の指導者となる　37
2　花木ゴム工場争議　39
3　共産党に入る　43
4　第一回普選　47

第4章　三・一五事件と入獄 ……………………………………50

1　三・一五事件　50
2　獄中で読んだ本　54
3　差し入れをしてくれた友人　60

        4　転向問題　61
        5　南喜一のこと　65

第5章　1931年の出獄の頃 ……………………………67

        1　三原に帰る　67
        2　江東地区に戻る　69
        3　三・一五事件のあと　71
        4　三・一五後の共産党　74

第6章　翻訳と著述活動へ　1930年代前半 ……………77

        1　ヴォルテールとハイネを訳す　77
        2　プロレタリア科学研究所と新島繁との出会い　79
        3　長谷川如是閑のこと　82
        4　舟木重信との出会いと『思想』　84
        5　『藝術学』など　86
        6　『歐州文藝の歴史的展望』と清和書店　87

第7章　文藝評論の世界　1930年代後半（その1） …………91

        1　唯物論研究会のこと　91
        2　『中央公論』　93
        3　大宅壮一と「東京日日新聞」　96
        4　武者小路実篤など　98
        5　『世界文化』とのつながり　101

第8章　新劇の顧問となる　1930年代後半（その2） ………105

        1　新劇の『ファウスト』評を書く　105
        2　新劇の世界の一面　107
        3　『ウィンザーの陽気な女房たち』　110
        4　演劇との関わりの中で出会った人々　112

    5　戦後の一コマ　113
    6　新劇の活動　114
    7　『婦人文藝』の文学講座　115
    8　新宿での座談会　117

第9章　1940年の逮捕の頃 ………………………………………120

    1　1940年の逮捕　120
    2　目黒署留置場の伊藤律　121
    3　中国人ワンさんのことなど　123
    4　スリのことなど　125
    5　新劇についての取り調べ　128

第10章　出獄後から敗戦まで ……………………………………132

    1　時局に関して　132
    2　ミッドウェー敗北を知る　133
    3　平岡昇のこと　136
    4　徴用　137
    5　ケマル・パシャの翻訳　138
    6　憲兵隊に逮捕される　140
    7　憲兵隊の取り調べ　143
    8　検事の取り調べ　146
    9　権力側の危機意識　149
    10　若き日を顧みて　151

主要事項・人名　註 ………………………（本村四郎）…153
主要事項・人名　五十音順さくいん ………………………210
治安維持法下に生きて（未定稿） ………………（高沖陽造）…213
高沖陽造略年譜／高沖陽造年譜関連年表 ………（本村四郎）…220
著作・翻訳等一覧 ……………………………（恒屋淳一）…236
解説　高沖陽造の証言 ……………………（太田哲男）…238

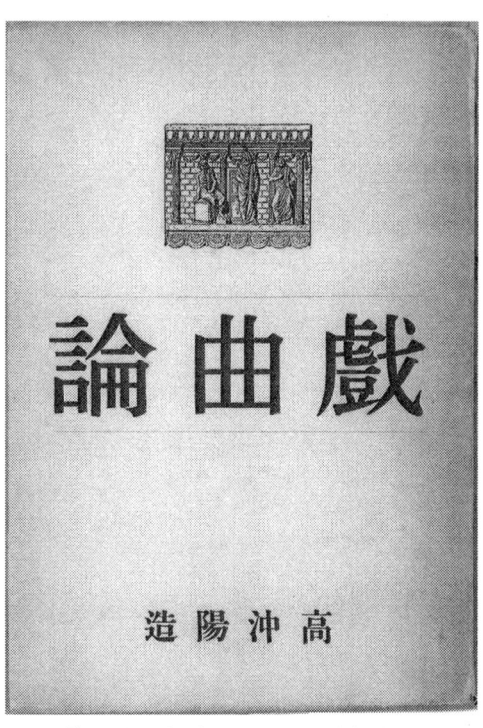

『戯曲論』（中央公論社，1941年）表紙

第1章　上京まで

1　小学校の頃

鷲山　先生が生まれたのは1906年で，広島県の三原ですね。
高沖　今は三原市。昔は三原町だった。ぼくのところは西野村。御調郡というんだ。広島県御調郡西野村。字名は頼兼。

　ぼくは，母親のほうの姓をとって二十歳ごろから高沖となっているけど，旧姓は岡本というんですよ。こういうことはあまり興味がないんだけど，ぼくのところはある程度田地やなんかをもっていたんです。というのは，ぼくが生まれたころは村の収入役をしていたんだな。
鷲山　お父さんが？
高沖　うん。
鷲山　岡本，なんていうんですか。
高沖　麟造。全然貧乏人は収入役をやらないからね。三百年以上続いた家で，田畑やなんか相当もってたんですよ。家には作男が二人ほどいた。土地は相当あったですよ。だけど，ぼくが小学生になる直前，六歳くらいの時，親父は米相場という投機に手を出したほか，知人の借金証文に印鑑を押したりなどして，一切の財産を失った。全財産が差し押えられたところを見ていた記憶がある。父は破産後，元の屋敷跡に小さな家を建てて，いろんな仕事に手を出したが，何一つ成功することなく，極貧絶望のなかで，ぼくが小学校四年生のころに亡くなった。

　母親は明治7年生まれで，九十五歳まで，1960年代の終りまで生きた。

　父親が死んだので，母親はぼくのほか，三人の子どもをかかえて悪戦苦闘していたが，一人だけでも食いぶちを減らそうと考えてぼくを

祖父に，そしてそこから彼女の弟の宅へと次々に預けた。それでぼくは四回くらい小学校を替った。大正の頃だし，田舎のことだし，今みたいにすぐに転校手続きをとるわけじゃない。小学校入学の時は，呉のぼくのおじさんの所へ預けられた。だけどなかなか手続きをしない。いいことにして遊んでいて，入学が一カ月くらい遅れた。呉だから，海軍の将校などの子弟が行っている，呉で一番いい小学校じゃなかったかと思う。ここに一年半くらいいた。

鷲山　お宅は田地田畑全部失ってしまったんでしょうか。それでどうしたのですか。

高沖　ぼくの母親は，破産して田畑全部無くしてしまったから，子どもを養うために畳表を織った。

　備後畳表いうのは当時日本一言われたんだ。瀬戸内海沿岸で，二毛作をしていた。寒い時にイグサを植えて，7月初めに刈り取るんだけど，刈った後に，牛のひく犂で田を耕して，米を植えるんだ。そして11月頃に刈り取る。だから，この地方は比較的，経済的には恵まれていて，東北のような貧困というのはなかった。うちは別だけど。

　イグサを刈って干して，何かに浸けて色を変えて，暑い盛りに道端にずーっと干すんですよ。使う糸は，コウゾの木を蒸して皮をはいでそれを干してまるめて裂き，つむいで糸にする。その中の何かの工程をぼくは手伝わなきゃいけない。だから勉強なんかひとつもしなかった。尾道に畳表の問屋があって，買いに来るのね。だけど来ないことがある。そうすると，貨幣収入がなくて，味噌醬油が買えない。だからぼくが畳表を数枚担いで，三キロくらい離れた問屋の支店まで運ばなきゃならなかった。冬だと，小学校から帰って畳表を運んで，何がしかの金を貰うんだけど，農道を通るわけだが，その間に一軒の家もなく，寒くて暗くなって，それが一番嫌だった。思い出すとゾッとするよ。

　カワウソやキツネが出て人を騙すなんて話が伝わってたけど，そういうことはぼくは信じなかった。夜の道はシーンとしてたよ。向うか

ら人が来ると嫌だった。少しの金を持っていたからね。それから，畳表を背負って換えに行く途中に同級生がいるわけなんだよな。それがまた嫌だった。

太田 そのあたりは今はどうなってますかね。

高沖 今から二十年くらい前かな。ぼくが生まれた土地を買戻そうと考えたことがある。高台でね。後に山があって，松茸がたくさん出たのを憶えてる。その山からは楢崎新田というのが見えた。それは，楢崎という薬問屋が開拓したものらしい。だけど，すっかり景色が変わってしまっていて，止めにしたよ。戦争中，三原に三菱重工業や帝人の工場ができ，それぞれ従業員が二，三千人いて，従業員の住宅ができたんだな。

鷲山 小学校の先生の思い出は？

高沖 ぼくは数回転校するというような小学校時代を送ったけど，授業が終ってから先生と個人的に話したということは一度もない。それで，小学校の先生をフルネームで憶えている人は一人もいない。そして，勉強しないけど，成績はトップだった。だけど，級長になったことは一度もない。というのは，ぼくは，今でもそうだけど，あまり人に同調しなくて，皆が集ると，十回のうち五，六回はケチをつけて批判したりするから。だから人気がなかった。その頃は家も非常に困ってた。まさに赤貧洗うがごとき状態だった。四年生か五年生頃ね，高沖の家はちゃわん一膳，箸一膳しかないので，それを交替で使って食べてる，ということを言いふらす奴がいた。

鷲山 先生が勉強ができたものだから，面白くない連中が言い出したんじゃないですか。

高沖 それで，六年生だったけど，その連中二，三人をものも言わずにぶん殴ってやった。向うはなぜ殴られてるか解らなかった。殴った後で，こうこうということを言っただろうと言ってやった。そしたらこの噂はパタっと止んだよ。いじめられるいうことはなくて，逆にいじめるほうだった。

文章を書くことだけど，ぼくの母親は，ひらがながやっと書ける程度のものだった。だから，四，五年生の頃から手紙など，母親の代筆をした。当時は候文で，借金の断り文とかを書いた。当時から，ぼくは文章には自信を持っていた。

　ぼくは西野尋常小学校卒業のときは西野村始まって以来の秀才と言われて，卒業の際には蒔絵箱や文房具一式を賞状とともに授与された。ぼくは県立の福山中学に入りたいと思ったが、生活もろくにできないほどの貧窮状態ではそれがかなえられるはずもなかったわけですよ。

　そのころ，三原教員養成所いうのがあったんです。町立なのか県立なのかそのころぼくは知らなかったけど，師範学校のちょっと下なんです。師範学校を出た人は訓導になれるんだけれど，教員養成所を出ると準訓導みたいな地位になるという。母親はぼくに，そこに入ったらどうかと言ったんだ。だけど教員になる意図はなかったし，そんなわけのわからん学校に入る気にはならなかった。しかし母親に厄介かけるのも嫌だから，高等小学校に行ったんです。

　あの時代は「本間様にはなれないが，せめてなりたや殿様に」なんていう唄があるように，東北とか新潟には大地主がいたわけですよ，だいたいは不在地主が。ところが広島県の三原の地方にはそういう大地主がいなかった。みんな半分小作で半分自作，あるいは全部自作という連中でした。

　生計は農業。米をつくっていくらか売って貨幣収入を得る。それから煙草の葉。専売局へ売るわけです。女連中は備後表という畳表を織って貨幣収入を得ていましたよ。三原はそういう商品の集散地だったわけです。

　ぼくが生まれた西野村という村はいまは三原市になっているんですが，その当時の人口は三原だけで一万四，五千だったと思うな。城下町で，浅野の分家が城主としていて，三万石だとぼくは聞いた。そこはいま公園になっているけどね。

　そういうわけで産業は発展していたんだけど，ぼくの時代には西野

村から中学校に行くのは一人だった。高等小学校を含めても，中学校へ行くのはぼくの同級生では黄田多喜男一人。ぼくが三原の高等小学校一年になったとき彼も一年でいたんです。確かに秀才だった。彼は［旧制］広島一中に行って一高・東大を出て外務省に入って，通産省の通商局長をしたり，事務次官もしてたかな。駐英大使になって，外交官として上まで行ったんですよ。戦後は安保時代の直前まで新聞に載ってたな。それは全部，ぼくは新聞で知っているんですよ。そのころから友だちでもなかったから，個人で会ったことはないんです。

　ぼくは尋常小学校ではトップの成績をつねにおさめていて，一応みんなの関心を集め，教師もまた関心をもっていた。ところが入学した高等小学校ではだれ一人としてぼくに関心を示す者はいなかった。ぼくの質問についても教師はほとんど無視するかのような返答をするだけだった。そして教師の本当の関心は，広島一中とか広島高師付属とかをへて東大に進むよう親たちから命じられているらしい一人の秀才に向けられていた。それが黄田。

　教科内容のレベルの低さに不満をもっていたし，こうした教室の雰囲気に嫌気がさして一年も行かずにやめちゃったんだ。

鷲山　同級生は何人ぐらいだったんですか。

高沖　六，七十人いたんじゃないかな。そのなかで中学へ行ったのは一人，あと五，六人が尾道商業学校に。

2　家系のこと

高沖　父親は，頼山陽[1]はうちの家系から出たんだと，よく言ってましたよ。だから父親はぼくに「陽造」とつけて，弟が「頼造」なんです。ぼくは子どものころ頼山陽なんて知らなかったし，家系のルーツを調べる興味はなかったんだけれど，［1945年に］憲兵隊にやられて，7月の末に執行猶予で出て(注1)ね，何もすることがないからちょっと調べてみたんだ。

鷲山 憲兵隊に捕まった後，ですね。

高沖 そう。裁判にかけられて。憲兵隊は「君が軍属なら憲兵隊で調書をとって軍法会議にかける。だけど君は軍属じゃないから検事局へ送る」と言って，検事が調べたわけ。そこで検事と大喧嘩したんだ。

ぼくは前に三・一五事件で執行猶予になっている。検事が言うのには，いったんたとえば執行猶予五年になると，五年が切れても七年ぐらいたたないと再び執行猶予にはできない，というんだな。ぼくの場合は七年はたっていないわけ。ぼくは，初めは治安維持法違反，不敬罪，言論・出版・結社違反でしょう，八王子刑務所に送られたときに六十歳ぐらいの看守が，「自分はここで長く留置場の看守をしているけど，君のような重大犯人は見たことがない」と言ったよ。治安維持法違反は死刑があるんだ。不敬罪も死刑がある。不敬罪には執行猶予は絶対つかないの。いちばん軽いのが五年なんです。いかにも天皇制の暴虐を現しているとぼくは思うんだけど。

とにかくぼくを執行猶予にはできないんだから，黙ってたら出しゃしなかったですよ。ぼくは検事と会うたびに大喧嘩した。大喧嘩といっても理論闘争なんだ。ぼくは検事に調べられるときに絶えず理屈を言って煙に巻いたんですよ。検事よりはぼくのほうが知識の面でははるかに優れているという自信をもっているから，人間負けはしないんです。こいつは与(くみ)し易いと思うとガーッと難しいことを言う。「そんなことは法哲学にはないぞ」とか。それで「君は七年たってないから執行猶予にはできない」と言っていたのに，執行猶予にして出したんです。

三原へ帰った。女房は，ぼくが捕まる前に福山に疎開していたんです。ぼくは吉祥寺にいたんですよ。昭和20年の7月というと爆撃で全然何もない。することもない。友だちもいないわけ。ぼくは帰ることにして「帰るから切符を手に入れてくれ」と憲兵隊に頼んだの。切符も買いにくいときでねえ。憲兵隊はやってくれたよ。

帰っても何もすることがない。困っていたときにふと図書館で頼家

のことを思い出したんです。頼山陽のおじさんに当たると思うんですけど、頼杏平という人がいてね、これは広島の浅野藩の代官の下っ端の、おそらく百石か二百石もらっている程度の、何か調査したりするような、やっぱり学者なんですよ。その人の著した『芸備通誌』というのがあったんです。備後と安芸で広島県になっているんですね。備前・備中が岡山県。岡山は昔は池田藩だね。こっちは浅野藩。郷士かな。

『芸備通誌』に岡本というのが出ているんですよ。頼兼という八百メートルほどのちょっとした山があるんです、「備後富士」とも出てたけど。岡本いうのは頼兼城と称するその山の城主で、七十五人の兵隊を率いていたというんです。

ところが戦国時代の初めごろに毛利家が台頭してきてから、吉川勢——吉川元春といったかな——が、備後を平定しよう、独立したやつを全部配下に収めようというので、三原のほうへ攻め込んできたんですね。もちろん戦いにはならないから、一族を率いて細君の里の神辺に逃げて行った。城は吉川のものになっちゃったわけだ。

帰って鍛冶屋をやったというんです。「頼家はこの家より出る」と書いてある。

鷲山　頼山陽はどこに住んでいたんですか。

高沖　竹原です。

鷲山　先生のご兄弟はお二人ですか。

高沖　いや、兄弟はたくさんいた。ぼくの弟の頼造は、手は器用なんです。ちょっとした家具なんか作るぐらい。溶接工になって、二、三人の人を雇って福山で鉄工所の小さいようなのをやっていて、十年ぐらい前に七十二で亡くなりました。

3　福山へ奉公に出る

鷲山　先生は高等小学校を途中でやめられて、その後どうされたんで

すか。

高沖 そのあと，家も困ってたし妹もいたし，家にいてもしょうがないから福山の油問屋へいわゆる丁稚奉公に出たんです。奉公に出たところは，当時，大正9年か10年ごろですけど，乗用車みたいな自動車で広島県の先のほうまで旅客を運輸したり，石油とか油脂類の卸問屋みたいな仕事をしていました。当時福山にあった日本火薬という会社とか三菱電機──いまほど大きなものじゃないけれど──とか日本染料とかいう会社へ，石油だったかガソリンだったかを荷車に積んで配達するんです。朝から晩まで。辛かったけどね。

　運は奇なりというのか，この油問屋の長男がぼくと同年輩で，ぼくが入学したいと思っていた福山中学校［現・福山誠之館高校］の一年生だったんですよ。「陽や！　靴をみがいておいて」「はーい」という具合で，この福中一年生の言いつけに唯々として従った。

鷲山 商店に丁稚奉公に行ったんですね。

高沖 そうそう。大きな商店ですよ。石油や，運送業も関係して，相当手広くやってた。親父いうのはチャンバラ劇に出てくる旦那みたいな風格の男で，店のことは番頭だか娘婿だかに任せて。イギリスの貴族みたいに狩猟に興味をもってね，冬になると鉄砲を持って狩猟をやってましたよ。あの当時はどこでも撃てたんです。

太田 先生のお年で言うと？

高沖 高等小学校一年を終えたごろだから，いまでいうと中学二年の初めですよね。十二，三ですよ。

　ぼくは他人を羨望するいう観念はほとんどなくて，同じ年の子どもの靴を揃えるのも特別反感をいだくことはなかったですね。人のことは人のことなので，自分には関係がない，ぼくはこういう境遇だからしょうがない，という観念で。そういう点はあっさりしてるんだ。このことは先に言った黄田多喜夫に対しても，同じだよ。

太田 そこは何年くらいいらしたんですか。

高沖 二年ぐらいいたかしら。酷使するんですよ。朝6時ごろ起こさ

れて，夜11時から12時ごろまで。食事は特に区別しなかったようにぼくは思うけど，それでも座って食べるいうことはないですよ。ほとんど立って食べるような状況でした。

　そのころ国民中学会いうのがあってね，あの当時の中学校の全科目を通信教育で教えるんですよ。ぼくはそこにいる間，ひそかにその通信教育の講義録をとっていたんです。疲れ果ててもときどき読んでいた。学問いうのは一時ダーッとやって，ちょっとやめてまたバーッとやるいうのはダメなんで，三分でも四分でも見るいうのを継続的にやる，ぼくはそういう観念の男なんです。

　表紙に「勲三等　尾崎咢堂［尾崎行雄の号］先生」云々と書いてあるんですよ。それは名前だけだろうけど，当時は有名だったですよ。この中学校の講義録で勉強して，どっか旧制高校の歴史学かなんかの教授になった人がいるんですよ。そんなことを大きく書いて［宣伝して］いたのを，ぼくは記憶してますよ。

　こういうようにいろんな英語独習書について学びながら，旧制中学の四，五年生に負けない実力をつけていた。

　英語やなんか，知りたいという念があれば知ることができるんですよ。講義をいい加減に聴いている中学生に比べて，ぼくのほうがはるかに知ってたわけだ。

鷲山　それは勤め始めたころから，向学心に促されてですか。

高沖　そういうこと。もう一つ，なぜぼくがヨーロッパ文学とかヨーロッパ全体の問題をやりたいと思うようになったかというと，それはぼくの子どものころの出来事に根ざしているんです。ぼくが小学生のころ，黒岩周六［涙香］，まむしの周六が出していた「万朝報」［明治中期創刊の大衆新聞］という新聞があったんです。非常にインテリジェンスのある新聞でしたよ。近所にそれをとっている人がいて，ときどきぼくに見せてくれたんです。小学校五，六年のころだと思うけど。日本人と違うヨーロッパ人の考え方がちょっと書いてあったりするでしょう。ぼくは，ほぉ，ヨーロッパの人はこんなふうに考えるの

かと，子ども心に強烈な印象をもったんです。それならそれを研究してみたい，ヨーロッパ人のことを直接知りたい，という考えがぼくの念頭に出てきたんです。それがマルクスにいたるまでずっと続いて，今日にいたっているわけだ。

　だからヨーロッパ研究いうのは，ちょっと思いつきでやったのではなくて，子どものときからの願望に根ざして，いろんな紆余曲折を経ながらずっとやってきたわけです。ゲーテやハイネ[2]やレッシング[3]なんかに興味をもって，レッシングについては昭和９年に『思想』に論文を，それから「ヘルデル[4]の『イデエン』における進化論と弁証法」という論文を，昭和８年に『思想』に発表した。これは舟木[5]［重信］先生の推薦なんですけど。(注2)

　そういう個人の研究をしたのもあるけれど，ハイネもそうだけど，本質的にはヨーロッパ全体の文化，哲学から経済にいたるまでやりたいというのが，ぼくの子どものときからの考えだったわけで，出世しようとかカネを儲けようとか貯めようとかいうことはなかった。貧乏は辛いとは思ったけどね。

鷲山　通信教育で学ばれたのは，英語と……

高沖　英語だけです。

　もう一つ小学校時代のことを話すと，小学校時代にはぼくは教科書は学校で読むぐらいで，家で読むとか復習するとかいうことはしたことがないんだけど，立川文庫がはやっていたんですよ，『猿飛佐助』とか『真田十勇士』とか『伴団右衛門』とか，そういうのを人から借りて熱読しましたよ，小学校四，五年ごろ。

　小学校五年か六年ごろ，「万朝報」が小説を懸賞募集したんですよ。
おおくらとうろう
大倉桃郎――といったと思うんですが――という人が当選して，それが「万朝報」に載ったんです。さっき言った「万朝報」をとっている近所の青年が見せてくれた。それが単行本になって出たの。『琵琶歌』というんだと思ったな。

　それが大正６，７年ごろかな，ちょうどそのころ尾崎紅葉やなんか

は滅んで，夏目漱石なんかがはやりだしたでしょう。それまで読んでいた立川文庫は講談の講釈みたいなものですから，大倉桃郎という人が懸賞募集に応じた文章を読んで，文章というものはこういうものか，という感じがしましたよ。

　もう一人ぼくに影響を与えた人に，母親の兄さんの子ども，つまりぼくの従兄弟に当たる人がいるんです。その当時二十一，二歳ですからぼくよりだいぶ年上で，大阪のなんとか商会に勤めていたのが結核になって——当時，流行っていたんですよ——辞めて帰ってきて，ぼくらの近所に一軒の家を借りて療養していたんです。母親は「うつるからあんまりそこへ行くんじゃない」と言ってたけど，ぼくはそういうことは全然考えずによく行っていたんです。

　それがまた極端な文学青年で，そのころ新潮社から出ていた［表紙に］絹を張った二百ページぐらいのなんとか選集いうののなかに，近松秋江[6]の「別れたる妻に送る手紙」いうのがありましてね，その従兄弟が「これ読んでみろ，おもしろいぞ」とか言って渡してくれたんです。それと，同じく新潮社から出ていた『文章倶楽部』いう雑誌を二，三冊くれた。ぼくは，鷗外とか国木田独歩とか夏目漱石とか，明治末期から大正年代に活躍した文士なるものをその雑誌で知ったんですよ。

　「別れたる妻に送る手紙」というのをなんの気なしに読んで，ぼくは大倉桃郎を読んだときよりもなお感激したな。内容は，細密なことは全然わからないけど，だいたいのことはわかる。あの私小説特有の緻密な文章の書き方。ははあ，文章というのはこんなふうに書くものかと，それで立川文庫や『少年倶楽部』から離れて日本の文学を読むようになったんです，小学校五，六年ごろから。

鷲山　そういう素地をもちつつ，高等小学校は途中でやめて丁稚奉公を二年やって，その後どうなったんですか。

高沖　ぼくは福山中学に入りたかったんですよ。井伊掃部頭（かもんのかみ）［直弼］のあとに幕閣になった，確か［阿部］正弘と言ったと思う。名君と称

せられたんですよ。福山のお城に銅像が建っている。ぼくのときは天守閣もあったし。それが藩校をつくった。それを誠之館というんです。
太田 今でもありますね。
高沖 うん，福山誠之館。県立なんだけど藩校の伝統を継いで。森戸辰男[7]とか井伏鱒二[8]とか福原麟太郎[9]といった連中が出ている学校です。ぼくはこれに入りたかったんです。

　当時，金持ちでよくできる連中が行く中学は，三原一中とか広島一中ではなくて広島高等師範の附属中学校だったんですよ。中井正一[10]君もそこを出ている。佐々木基一[11]君もそうでしょう。彼とぼくは一回しか会ってないけど，「君は広島のどこなんだ」と聞いたら，本郷町だという。彼にぼくの郷里のことを言ったら，「三里先で育った」と言ってた。

4　神戸から東京へ

高沖 こういう丁稚奉公を続けていては，ヨーロッパ人の考え方について知りたいという当初の疑問を解くカギは与えられそうもない。そこで，二年ぐらいたって，ぼくはその店を辞めると言ったんです。あの当時は小僧には小遣いなんてほとんどくれないんですよ。食べさすだけ。ぼくがやめたとき別れ際に「おまえが働いたやつを貯めておいたカネがある」と言って，当時のカネで三十円ぐらいよこしたと思う。

　それを持って神戸へ行ったんです。別にあてがあるわけじゃない。大正9年か10年ごろ，大正の不景気の時代ですよ。神戸で一日中，湊川神社へ行ったりして，どうしたもんかなあと考えていたんです。

　ぼくは十三，四歳かな，旅館に泊まるなんていうことはわからんし，考えてもいない。夜になってまた神戸の駅に来て，ここで寝てやれ——あのころはたしか，ああいう大きな駅は終夜開いたままになっていたらしいですよ——と，そこの狭い腰掛けに寝ちゃったんですよ。フッと見たらみんなゲラゲラ笑っている。ぼくはそこにバタッと落っ

こって，朝になっていたんですね。

　そんなことを二，三日繰り返して，どこかに勤めなきゃいけないと思って歩いていたら，ぼくと同じような身なりの三十五，六か四十歳ぐらいの男が，「君，どうしたんだ。一人か。おれと一緒に行こうじゃないか」と話しかけてきたんです。たこ部屋かどっかへでも売るつもりか知らんけど，ぼくは疑い深い男だからそういう話にはそう簡単にのらない。話もせずにその男と別れたのを覚えていますよ。

　歩いていたら「人夫募集」の看板があるんですよ。土方だよね。そこへ行ったら「使ってやる」というんです。ご飯も食べさせてくれるし宿もある。現場へ行くと，モッコで泥を担ぐんです。機械も何もない時代だから。ぼくは十三か十四でしょう。力がないから，三日ぐらいおったけれども全然できないの。相手はぼくより歳とっているし，力があるし，ぼくと片方ずつ担ぐと相手が迷惑がるわけですよ。事情を述べて辞めた。

　それから神戸の御影(みかげ)に行ったんです。そこで牛乳配達を募集していた。当時，牛乳をとるいうのは一般の庶民じゃないんですよ。御影とか芦屋とかいう阪神地域の高級住宅街で，ブルジョア階級の中以上の連中の住居が並んでいましたよ。坂道もあって大変だったけど，もう一人の男と二人で牛乳配達をやった。そこで英語を勉強したりしとったけど，これもどうも思わしくないと思って大阪へ出て，今度は新聞配達をやった。

　そうこうしている間に，カネ一文もなくしてしまったんです。弱った。新聞配達をする前のときだと思う。

鷲山　それは，盗られたわけですか。

高沖　いや，使っちゃったんだ。どう使ったのか，なくなっちゃったんですよ。旅館とかしゃれたところに泊まったこともないんだけど。

　いまでも覚えてるよ。四月だからまだ薄寒いんだ。食事をするカネはあったんだと思うんだけど，泊まるところもなきゃカネもない。どこかへ野宿しなきゃいけない。新聞紙か何か拾って背中に入れて，淀

川の橋の下に寝たんですよ。二日ぐらい寝たけど,いや,寒くて寒くて困った。

　仕事を探さなきゃいかんと思って,新聞配達になって,それから弁護士の書生になったんです。水田たかし［文字不詳］とかいう弁護士だったけど,これはいい家だった。ここでぼくは二年ばかり勉強しました。訴訟記録も書くんですよ。

　道修薬学専門学校といったか,なんとかいう学校があって,その付属の夜間中学校があったんですよ。大阪の道修町というところに,漢方薬の日本一の大きな問屋街があったんです。それを根城にして発展したのが武田製薬とか田辺製薬。桃山学院大学というのは道修の薬屋の資金が流れている大学じゃないかと思うんだが。その夜間中学校へは,桃山中学校の先生が来て教えていてね,ぼくはそこへ入ったんです。ぼくの年ごろなら三年生がいいと思って三年生に入って,一年半ぐらい英語や数学をあらためて学んだんだ。

鷲山　弁護士事務所に勤めながら通ったわけですか。

高沖　うん。またそこを辞めて東京へ出て来たんです。

（注1）　憲兵隊に関する話は,本書第10章で語られている。
（注2）　『思想』論文については,本書第6章でより詳しく語られている。

第2章　労働組合運動へ

1　関東大震災

鷲山　そうすると，東京へ出てきたのは十六か十七歳？
高沖　十七かなあ。大震災の年［1923年］の4月だ。
鷲山　震災は東京で体験されたのですか。
高沖　うん，本郷で。最初は神田のある工務店につとめたが，学習する時間がほとんどなかったのでここを辞め，「毎夕新聞」の本郷配達所の配達夫になった。

　震災が起きた明くる日のその明くる日かで，火災はいちおう止まったんですよ。目鼻がついた。本郷三丁目ぐらいで止まったから，東大の近所は火災がなかったんですよ。ところが，東大の化学薬品かなんかを原因にして火事が起きた。近所の人が出て行って，図書館の本をみんなで運び出してやったんですよ。列を組んで次から次へ手渡して。ぼくも半日以上手伝ったんだ。だから，東大の図書館はぼくには無料で本を見せる義務があるはずなんだけど。

太田　9月1日に地震があって，その日に東大の図書館は焼けたのかと思っていたら，そうじゃないんですね。
高沖　そうじゃなかったと思う。震災の明くる日か，そのへんですよ。
鷲山　周りがずっと焼けて，鎮火した後でまた本郷の図書館が焼けたんですね。
高沖　その日だったか，よく覚えてないけど，本を取り出すのを手伝ったことだけは覚えてる。
鷲山　それからずっと新聞配達を？
高沖　うん。「毎夕新聞」いうのがあったんですよ。あのころはいろんな新聞があったの。「朝日」や「東京日日」が隆盛を保っていて，

「読売」やなんかは三文新聞だったんですよ。「毎夕新聞」とか「都新聞」［「東京新聞」の前身］とか，「中外［商業］新報」［「日本経済新聞」の前身］とか，いろんな新聞がありました。「新聞記者と弁護士には家を貸すな」と言われた時代。新聞記者も体のいい暴力団みたいなところがあったんだ，ゴロ新聞も多かったからね。「毎夕新聞」は夕刊だけだから勉強できると思って選んだんです。

鷲山 配った後は下宿で勉強していたんですか。

高沖 うん。大した収入にはならなかったけど，どうかこうか生きていくことはできたから。時間にゆとりができたので英語学校のような所へ行き，英語力をもっと向上させたいと思っていたところ，大震災が起きた。震災で新聞配達の領域が焼けてしまってね。食糧もないし店も焼けてしまったでしょう。そうしたら，郷里へ帰る者は無料で帰す，ということになったんだ。無料なら帰ろうと思って，また三原に帰ったんですよ。横浜なんか全部焼けちゃって東海道線はだめだから，中央線で帰ったんです。中央線は田舎の駅が多いから人情が厚くて，近所の主婦たちが見舞いがてら味噌汁をもってきたり，握り飯をもってきたりしてくれましたよ。今でも覚えている。

太田 「この人はふるさとに帰るんだ」ということを証明するような切符をくれたんですか。

高沖 くれたの，政府が。申請すれば。焼け野原になっていてすぐにはどうもできないんだから，疎開させたほうが政府としてもいい，ということでしょう。上野は焼けなかったから，たくさん上野に避難していた。避難していた人びとの食糧を，埼玉県やあのへんの農家の連中が義捐的に持ってきていたんだ。

太田 震災が起こって間もなく帰ったんですか。

高沖 いや，十日か十五日ぐらい遊んでね。本郷でも自警団を組織したんだ。ぼくはそれに参加というんじゃないけど，夜，オブザーバーみたいにそばに立っていたんだ。朝鮮人が井戸に毒を入れるとか火をつけるとか，社会主義者が何かするとか，そういう噂がパーッと立っ

た。

太田　それは地震の日の夜ですか。

高沖　地震の日の二，三日後に。朝鮮人とそれに付随する社会主義者——大杉［栄］12)はそれでやられたんですからね——が井戸に毒を入れるとか火をつけたとか，そういうデマが，それは大変なもんでしたよ。で，自警団を組織したわけです。朝鮮人と見ればリンチを加えるということも少なからずあったらしい。

　本郷地区でも市民による自警団が組織され，通行人を竹槍をもって問いただした。ある東北人がずうずう弁のため江戸っ子的な標準語で答えられなかったので，朝鮮人と疑われ，あわや竹槍の犠牲になるところだったが，市民の一人が中に入り，警察署に連れて行くという光景を，忘れずに今も記憶している。

　さすが本郷は，サラリーマンのなかでもある程度インテリ層がいたんだ。路地で自警団が竹槍を持ってたむろして話をしていて，「社会主義者が毒を入れるといっても，彼らは民衆のことを考えておるというのだから，そんなことはないと思うがなあ，私は」と言う人がいましたよ。「朝鮮人もそういうことをするかなあ，どうだろうなあ」と，デマをそのまま信じない懐疑的な人がだいぶいた。

　だからそこは何もなかったんだけど，その明くる日か，本郷の本富士署の近所を歩いていたら，群衆が竹槍を持って追いかけて，朝鮮人が「助けてくれ！」って警察の中に逃げ込んだ，そういう情景も見ましたよ。

　郷里に帰って，三原にいたってしょうがないからまた東京へ出て来たんだ。東京へ出てきてもあのころは不景気でねえ。その土地で保証人になる誰かがいるとか，そういうことがないとれっきとした工場の職工にもなかなかなれないんですよ。ぼくには何もない。

　不景気だったけれど復興の過程で，土木関係の仕事はたくさんあった。ぼくは，そういう仕事でもいいやと思って，人夫小屋を二，三回り歩いたんです。人夫のたまり場があるんですよ。

いちばん長くいたのは野上組［不詳］という家で，神保町のすぐそばの猿楽町に震災後新築した，相当大きな家でしたよ。人夫を三十人ぐらい置いて「どこどこに仕事があるから人夫を何人よこしてくれ」というのが来たらそこへ人夫を派遣するという請負人ですね。それを，野上なんとかいう五十か五十五ぐらいの男がやっていたんです。
　その下に現場に連れて行って監督する男が二，三人いるわけですよ。それが，コンクリートをどういうふうにこねてどうするとか，下水道をつくるとか電信柱をどうするとか，土木事業の工程についての知識をいちおう持っているんです。ぼくはその下について仕事をした。今の言葉で言えば土木作業員，昔の言葉で言えば土方の連中と何人も交際していたけど，旧制中学を出た人もいるし，文化やいろんな芸術なんかも知っている連中がいましたよ。
　三省堂のすぐ裏に，三流の役者が来る芝居小屋があったけど，彼らの楽しみはまず映画。五時ごろ仕事を終えて，だいたい浅草へ行くんですよ。浅草には電気館とか，アメリカ映画をかける有名な映画館があった。神田にもたくさんあった。映画に非常に詳しいのがいてね。
　その間ぼくはひまをみては日比谷図書館に通い，新しい政治，哲学思想，文芸などについて多くの書物を読んだ。当時，人生について思想的な悩みを抱いていた。
　親方も酒は飲むし，ときには親方同士喧嘩したりすることもあったけれど，ぼくらに危害を加えたり喧嘩を売るということは全然なかったね。ぼくは何回もそういう連中の喧嘩の仲裁に入ってやった。ぼくは勉強していたから，彼らもぼくには一目置いてたからね，ある程度言うことはききましたよ。
　三十人ぐらいいるなかに，四十四，五から五十がらみの男が二人ばかりいて，その人たちは仕事が終わった後でコップ酒を飲むということもないし，みんなと女郎買いの話をするわけでもない。あの人たち，何なんだろうなと思っていたんです。新潟とか青森とか言っていたから，今考えると当時の出稼ぎ人だったんですね。だから彼らはコップ

酒も飲まずに始末して、お金を持って郷里へ帰ろうと、そういう連中だったんでしょう。

もう一人、四十二、三歳ぐらいの男で、一緒にコンクリートをこねていて突然、空に向かってわけのわからないことを叫びだすのがいましたね。たぶん「精神分裂病」だと思うんだけど、普段は口のなかでブツブツ、ブツブツ言っているんです。それが突然叫びだす。

「〇〇さん、どうしたの？」

「え？」

「これ、やらなきゃダメじゃないの」

「あ、うん」

とやりだすんだけど、また二、三時間たつと空のほうに向かってわけのわからないことを叫びだす。そういう人をちゃんと使ってましたよ。

2 英語を学ぶ

高沖 そのころぼくは土方をしながら正則英語学校[13]へ通ったんです。夜と昼と両方行ったのかな。昼間も、べつに「仕事やれ」とかなんとかいうことはなかったから。

太田 正則英語学校は神田のどのへんにあったんですか。

高沖 錦町じゃないかな、今はなんていうか知らないが。そのあたりにあったんです。ぼくはそこの文学科に入ったんです。

その前に弁護士に雇われていたころ、Japan Times Students というウィークリーの英語新聞だか英語雑誌だかがあったんです。頭本元貞［1862—1943。新聞経営者］という、その当時の英語学者がやってたんじゃないかな、はっきりしないけど。そこに、和文英訳と英文和訳の募集が載ってたんですよ。ぼくはそれに応募してみたの。そうしたら秀逸かなんかで二、三番目に載ってましたよ。だからぼくは英語を読む能力はいちおう中学生並にあると自信をもって、文学科に入った

んです。

　この学校は，英文法は校長の斎藤秀三郎[14]。ちょっと赤ら顔で背の高い男ですよ。フロックコートを着て鞭をもって，黒板に書いて英文法を説明する。そのほかにディケンズ[15]の『ピックウィック・クラブ』（1837年）を講読してましたよ。ブロンテ[16]の『ジェーン・エア』も講読してたな。

　それから当時一高の教授だった村田祐治［1944没］——旧制一高の校長になったと思うけど——がシェイクスピアの『ジュリアス・シーザー』を講義して，牛山　充(みつる)という人がバイロン[17]をやっていて，高橋五郎［1856—1935。英語学者］という人がワシントン・アーヴィング[18]の『スケッチ・ブック』をやってた。

　そのほかまだあったなあ。高橋五郎いう人がエマーソンの何かやってたこともある。高橋五郎いうのは初めて『ファウスト』を訳した人ですよね。当時のことだからちょんまげみたいな頭をしてね，紋付羽織で教えるんですよ。それはだいぶ難しかったですよ。

　それから，なんとかいうアメリカ人の女性が英会話を。和文英訳は国際通信社——今は同盟通信とか時事通信とかあるでしょう。当時は国際通信社いうのをもっていたんですね。半政府機関みたいなものじゃなかったかと思うけど——の記者で相楽　良(さがらりょう)という人が，漱石の『硝子戸の中』の和文英訳をやってましたよ。ぼくは全部は受講しなかったけど。

鷲山　正則英語学校の文芸科というんですか。

高沖　正則英語学校の文学科。シートンの『動物記』を訳した内山賢次[19]という人もあそこを出たんじゃないかと思う。それから佐川春水[20]とか鈴木よしまつ［文字不詳］。この二人は受験英語の大家なんですよ。あの当時でも受験英語というのがあって，参考書も書いている。佐川春水は日進英語学校というのを作ってましたよ。鈴木よしまつもなんとかいう受験英語の学校をもっていた。それがみな正則英語学校で英語をマスターした人ですよ。戦争で，敵性語というので全然

だめになるけど。

鷲山 それは,野上組に勤めて土方をやりながら？

高沖 うん,そうそう。夜も昼も行った。

鷲山 二年間ですか。

高沖 二年は行かない。一年半ぐらいかな。大正12年の終わりごろから13年か14年ごろ。

　ぼくは『ジュリアス・シーザー』にとても感服した。村田祐治の講義もよかったし,作品もよくて。あの時代は古代民主主義社会で,シーザーもブルータスもカシアスも同じ元老院の議員。ところがシーザーは軍功をたくさん立てて帰って来る。シーザーとカシアスやブルータスとでは,民衆の人気はこんなに差がつくわけです。アントニオが帝王の冠を渡そうとしたけど,シーザーは何回も断る。ブルータスやなんかがいろんな策を弄して,シーザーは皇帝になる。独裁者になる。

　シェイクスピアのうまさだなあと思うけど,最初のところ,幕が開いて台詞が始まって間もなく,シーザーがアントニオだったかに「おれの警護は太った人間にさせろ」とかなんとか言う台詞があるでしょう。「あのカシアスは痩せている。考えすぎる」と。別のところでは「カシアスはあんまり本をたくさん読みすぎる」と言ってカシアスを非難する。そして最後にシーザーはカシアスに刺されるんだよね。後に自分を刺す人間の見方を,シェイクスピアはじつにうまくシーザーの台詞として書いているなあと,ぼくはそういう点でも『ジュリアス・シーザー』に感激したんです。

　アントニオとブルータスのあの演説なんか,ぼくは村田祐治の講義で英語で聞いて,訳を聞いて,大いに感激した。ブルータスはシーザーを褒めるわけよね。だけどシーザーが野心をもったときに殺した,というあの演説なんか,村田祐治という人はじつにうまかった。

　そればかりじゃなしに,カーライルやコールリッジやいろんなものをそこで学んで,ぼくはその当時,英文学を今よりはるかに知ってた。

3 社会主義との接触

高沖 それからが問題なの。そのころ『中央公論』や『改造』に，堺枯川（こせん）［利彦］[21)]とか山川均[22)]とかのいろんな論述が載っていたんです。ぼくはそれを時たま読んで，社会主義とはどんなものかということをいくらか知っていた。ある日，図書館に行ったんですよ。日比谷の図書館だと思う。市立図書館。国立図書館は上野しかなかったからね。そこで，なんとかギディングス［イギリスの社会学者］という人の『ラシアン・ソシオロジー』という本を読んだんです。ロシア革命のあとで，ロシアが問題になっていた頃だね。ギディングスという社会学者がどんな人間かいうのはぼくは未だに知らないんだけど，その本にはシェストフとかベルジャーエフとかトルストイとか，そういうロシアの連中の哲学なんかを論じた後に，プレハーノフ[23)]の『史的一元論』が解説してあったんだ。ぼくは，歴史をこういうふうに考えるのかと，とっても感心したな。

その前に新聞配達をしていたころ，キリスト教とはどういうものか知りたいという観念と，信者になってもいいなという観念とがあってね，本郷の教会に行ったんですよ。そうしたらぼくなんかと全然違う階級の連中が来ているでしょう。ぼくは一ぺんにキリスト教が嫌になった。貧乏人が多い地域の教会だったらそうでなかったのかもしれないけど，インテリ層や中産階級以上の階級が多い本郷だし，行ってみたら上流階級の連中ばかりで，話し相手になるどころじゃない。

でも，ギディングスの本にはすっかり共鳴してね。本は立派な本でなくてもよかったんだ。ギディングスという社会学者が独創性も何もなく解説しただけの本が，ぼくに一つの転機を与えたんだね。ぼくはそれを読んで，マルクス主義を勉強しようと思った。それから，ドイツ語をやらねばならんと思い立った。それが大正14年ですよ。

理論的関心が高まるとともに実践的側面にも興味を持つことになっ

た。そんなとき，東五軒町［新宿区］あたりを散歩していると，小さな家に「全日本無産者青年同盟」という看板が立っているのをみかけたんです。それが大正14年の秋。

　どんなところか様子を見に入ったところ，五十嵐という青年がただ一人ポツンといるだけだった。彼は当時の青年が要求しそうな一般的な綱領を説明しただけで，同盟に加入することを熱心にすすめた。そして「もし加入するなら本郷の真砂町に燕楽軒(えんらくけん)の製パン部というのがあって，そこに無産者青年同盟の同盟員が五人ばかりいるから，あなたはさしあたりそこに加わって，その連中の会合に参加してほしい」という話で，ぼくをそこに紹介したわけですよ。

　燕楽軒いうのは当時本郷三丁目の角にあった大きなレストランで，これも主に中流階級以上の文士や大学教授が行っていたんです。ここのウェイトレスをしていたのが当時の宇野千代[24]ですよ。そしてここにお客に来ていた尾崎士郎[25]と一緒になった。尾崎士郎が『人生劇場』を書く前ころ，菊富士ホテルとかあの近所にだいぶいて，ここへ通ってきている間に宇野千代を見そめて一緒になったんです。やがて宇野千代は作家になった。

　当時は今みたいなパン屋はないから，全部自家製です。燕楽軒にいた二十四，五歳の若いパン職人が青年同盟員になっていて，その中の福島というのがキャップなんだ。それと二回か，話をしただけで，同盟員になったことはなったけど，忘れてたんだ。会合があったのかなかったのかも覚えてない。

　そうしたら「至急来てくれ」いう連絡がきてね，［大正］14年［1925年］の秋なんだ。二時か三時ごろだったと思う。何だろうと思って，ぼくはそのとき仕事を休んでいたから，行ったわけだ。

4　労働争議の中へ

高沖　行ったら，「実は無産者青年同盟は，労働農民党とか農民組合

とか日本労働組合評議会とか，いろんな労働組合と連携をもった団体なんだ。昨日，深川にある浅野セメントの労働争議が始まって，五百名ぐらいの工場の従業員が全員ストライキに立ち上がった。東京合同労働組合が指導しているんだけど応援団が足りない。各団体から一名ずつ応援に寄こせという連絡があった。そう言われてもわれわれはパンをこねていてすぐには行かれない。」彼らはぼくが土方をしているのを知ってた。「あんたがここを代表して行ってくれないか」というんだな。応援といってもどんなことをするのかわからないけど，ぼくはストライキというものに何かある種の感動をおぼえて「じゃあ，ぼくが行こう」と東京合同労働組合に行ったんです。

東京合同労働組合いうのは東京の労働組合の先祖にあたる組合でね，初代の組合長は渡辺政之輔[26]なんです。三・一五事件当時の日本共産党書記長の渡辺政之輔がつくった労働組合なんですよ。そのときは渡辺政之輔はモスコーのコミンテルンに行っていていなかったけれども，労働者のなかにほんとにカリスマ性を保っている男だったな。江東方面や南葛方面の労働者に聞くと，神のように言うんです。そりゃあたいしたもんですよ。福本［和夫］やいろんなインテリたちがいたなかで，福本イズムを克服して大衆化路線をとるころの共産党の初代書記長になる実力のある男だし，オルガナイザーでもあるし。唐沢清八[27]という人も共産党で検挙された立派な男だったが，それが組合長をしていた。

ぼくはそこへ行ったんです。一日で帰るつもりでいたら，「デモをやるときにはこうしてくれ」とか「ピケを張るのに一緒に立ってくれ」とか次々に仕事をあてがわれて，とても抜けきれない。しょうがないから，応援団の一員になってやっている間に指導部の連中と話をしたりいろんなものを見たりして，労働争議のやり方を十分知っておこう，という気持ちがぼくに出てきたわけ。

浅野セメントいうのは，浅野総一郎［1848—1930］という人がつくった浅野財閥の会社なんですよ。現在も残っている日本鋼管（ＮＫ

K）がそうだし，丸紅も大成建設も沖電気もその系統だね。日本鋼管いうのはその当時は「命とカネの交換会社」と言われたほど労働災害がひどい，過酷な労働条件の会社だった。それも浅野総一郎の会社なんですよ。浅野物産という貿易会社ももってたな。いわゆる独占資本。

　そういう会社を相手に闘って，惨敗しちゃってね。ぼくは惨敗するまで見届けたから，昭和2年になっちゃった。大正14年秋に行って，15年はちょっとしかなく，翌年が昭和2年。大正15年に大正天皇が死んで，惨敗はそれによって拍車がかかった。「天皇が死んだときに争議なんてやっているのはけしからん」というわけ。争議団の幹部から応援団から労働組合の指導部から全部，深川の正親町警察署へ放り込まれた。ぼくもそれで二十九日間，正親町署の留置場にいたよ。

鷲山　初めての逮捕の経験ですね。

高沖　いや，その前にもやられた。浮浪者で一回やられて。

鷲山　東京で？

高沖　そう，久松署かどっか。

鷲山　じゃ，二回目か三回目？

高沖　そうそう，二十九日ね。天皇が死んだときに争議をやるのはけしからんというけど，それは浅野セメントの重役の共同責任なんだからそっちを捕まえたらいいのに，そうじゃないんだ。ひどいもんだと思ったよ。

　二十九日間もみんな捕まっていたんだから，争議団は壊滅ですよ。もうだめ。帰ろうと思っていたら，今度は東京ガラス労働組合の三百人ぐらいの争議が起きたんです。息を入れてフーッと吹くあのガラス工場が，深川・本所あたりにいっぱいあったの。

　石川島にあった石川島造船所——今は石川島播磨という大きな会社になっているけど，当時も大きな会社だった——の労働組合は，浅野セメントを指導した労働組合と同じ関係の関東金属労働組合という単産で，そこの組合員だった杉山なんとかさんという労働者がガラス職工を次々に説得して，二百か三百名の組合を組織したんですよ。この

第2章　労働組合運動へ

人はなかなかのオルガナイザーだとぼくは思う。

昭和2年の1月か2月ごろ，二宮ガラスという三十人か四十人いたところで，首切りかなんかで労働争議が起きたんだ。そのストライキを指導をする人がいない，というんだな。組合を組織した杉山さんは石川島造船所の職工だから，会社からストライキの指導に通うわけにいかない。応援団や幹部の連中が，ぼくに「指導に行ってもらいたい」と言うんだ。

ぼくはふた月前に応援に来たばかりで，帰ろうと思っていたから，「指導に行け」と言われてちょっと困ったけど，「よし，ぼくが行って指導しよう」と，行ったわけだ。当時は労働者はほんとに無権利なんですよ，労働組合法がないんだから。八時間労働制もなきゃ団体交渉権もなきゃ何もない。だから特高なんか勝手に労働組合に入ってくるんです。

「何しに来た。家宅侵入だ」
とぼくが言うと，
「労働組合なんていうのは風呂場［銭湯］や劇場と同じなんだ。刑事は自由に入れるんだ」
「そんなバカなことがあるか。ここはおれが借りてるんだ。おれの名前で借りてるんだから，所有権はぼくにある。おれが拒否すれば入れないぞ。家宅侵入罪だ」
と言ったら，ぎゃふんとなって帰って行ったけどね。そういう無権利。

無権利ならまだいい。左翼系の労働組合は弾圧の対象になるわけですよ。総同盟系の，社民系のは別だけど。そういうなかで労働争議を指導するというのは容易なことじゃない。ぼくはそれで資本主義を腹の底から嫌になったよ。ちょうどシーザーがカシアスを嫌ったように，ぼくはあいつらが腹の底から嫌いだ。

そこに，朝鮮労働組合といったか韓国労働組合といったか，朝鮮人の左翼的な労働組合があって，そこの連中から「あんたは民族差別をする」と抗議を申し込まれたけど，「いや，おれは民族差別なんか考

えていない。日本人であろうと朝鮮人であろうとそんなことは関係ない。問題は能力だ」と言った。だって，ビラも書かなきゃ何もしないで，ただじっとしているだけだもの。ぼくは「それはだめだ」と言ったんです。しかし追い出しもしない。自然に出ていく形になった。

　ぼくは指導を頼まれたけど，今まで［二宮ガラスの］組合員は何もやっていないんですよ。三十人がストライキをするといって会社へ行かないだけなんだ。二宮ガラスは三十か，四十人ばかりの小工場だけど，親方は三十か，四十人使うだけのカネはちゃんともっている。ぼくはこれをどう解決しようかと，会社の状況からいろんなことを調べて，考えて，まず親方と会おうと思って会いに行ったんだけど，絶対に会わないんだな，これが。

　今は労働組合法で，団体交渉に応ずることは第一に重要な条件とされているからそういうことはできませんが，会いに行っても玄関で「そんなことは知りません」と絶対に会わない。大きい会社ではちゃんと特高を雇って玄関払いする。無理に言えば住居侵入罪で逮捕だ。

5　徴兵検査

鷲山　忘れないうちにうかがっておきますが，先生は徴兵検査はどうだったんですか。

高沖　ぼくは徴兵検査の時はすでに左翼的で，ブラックリストに載ってたんですよ。正則英語学校へ行ってた頃，土方をやってた頃ね。土方の仲間にはそういう連中がいますよ。アナーキストみたいなね。そういう連中と交際してたんですよ。この間死んだ仲間がいるけど。

　それで，広島県の福山に四十一連隊いうのがあって，そこから少佐・中佐クラスが徴兵官として来るわけですよ。尾道で大正13年か14年に徴兵検査があった。大正ロマンというけど，ぼくはこの時のことにだけそれを感じる。ぼくは反逆的な要素を持った男でね。徴兵検査の時，9時だったかに集合という書状が来たわけですよ。ぼくは9時

に行かなかった。わざと11時頃行った。何と言うかと思ってね。その頃は軍縮時代だった。まだ軍隊なんかが威張る時代じゃなかった。大正ロマンいうのは軍縮時代だったから，いろんなことがやれたんですよ。軍拡時代だったらそんなことはあり得ないんですよ。ぼくのことがよく示してる。ぼくは11時頃行ってやった。ぼくの家から二，三里離れていたしね。尾道だった。それでちょっと検査しましたよ。それでね，軍医の大尉か中尉がね，「君，マルクスよりレーニンの方が偉いんだぞ」なんて言ってた。それぐらいのことはもうわかってたね，大正年間ね。ぼくが左翼だいうことを知ってそういうことを言っているんだ。そして左翼だということについて何も言わないんだ。そして徴兵官は中佐だったと思う，一番の親方だ，彼がね，ぼくはまだ目も悪くないし，体もどこも悪くないし，土方なんかしてるくらいで体もきちっとしてたけど，丙種にした。助かったよ。

鷲山 思想が悪いということですね。

高沖 そう。思想で丙種。遅れて行ったのに文句一つ言われなかった。

太田 この男は傾向が悪いから時間までいい加減だと思ったんでしょうか。

鷲山 それも大正ロマンでしょうかね。甲種だと兵役に行くんですね。

高沖 そう。昭和2年だったかな。乙も戦争になったらすぐとられますよ。ぼくは丙種だから兵隊にはとられないけど，ただ徴用という問題がある。徴用というのは，例えばガダルカナルの方へ連れて行かれて，スコップで城を作るなんてことをやらされるかもしれない。徴用というのはへたをすると兵隊よりももっと惨めなことになることがある。男は人夫，女は慰安婦だ。運がよければ，中島飛行機製作所あたりの職工だ。まあ，これだって爆撃されて死ぬこともある。

鷲山 二宮ガラスの話が途中でしたね。

第3章　共産党入党

1　労働争議の指導者となる

高沖　話が戻るが，ぼくは江東地区では争議のベテランとして，ぼくの組合以外の争議もいくつも指導したんですよ。関東金属労働組合の電機の争議，これは電機だから化学産業じゃないんだけど，これもぼくが指導した。木場の木材の倶利迦羅紋紋の労働争議も指導した。五つか六つ争議を指導したけど，会った経営者は一人だけ，電機だけだったな。

　労働災害を起こしちゃいかんということが書いてある工場なんとか法という法律はあるけど，労働組合法はないから団体交渉権がない。エアハルトだったか，西独の首相が「東独なんて存在しない。あんなものはない」と言ったのと同じで，組合なんて存在しないと思っているから会わないんだ。これには非常にまいった。

　会いに行ってもダメ，ビラをまいてもダメ。こうなればもうテロをやるしかない，とぼくは考えたわけ。浅野セメントでもテロをやったんだが，それはあまり効果なかったらしい。

　ぼくは効果的にテロをやった。二宮ガラスの主人がいつ外出するかいうことは，しかも夕方ですよ，従業員からだいたいつかんでいた。まず労働組合員には「明日は組合事務所に来るな」と言っておいて，東京合同労働組合にゴロゴロいた二十三，四歳ごろの失業した連中の中から二人ばかり呼んで，電車賃を渡して，実はこうこうで，という話をしたんです。「なぜ労働組合と会わないかと，意志をはっきり言って殴りつけろ。木刀やなんかを持つのはいかん。素手でやれ。せいぜい一週間，長くても十五日ぐらいで治る程度の負傷を与えろ」と。

　様子を伺っていたら，その翌々日か，ちょっと人相の悪い組合員が

ひょっこり来て,待っていた特高に捕まって留置場に放り込まれちゃったんだ。その人は何も知らないんですよ。うっかり来てとっ捕まっちゃった。やった男はぼくたちの組合にいない男で,帰ってしまっている。ぼくは確信をもっているから,やられたら闘う気でいたんだけれども,ぼくには来なかった。ふた月も入っていて彗星のように突然現れた男だから,特高はぼくの顔を知らないんです。組合指導者だということも知らない。

　それから交渉に行ったんです。要求は全部をとおしたよ。

鷲山　ほおォ！　向こうが会ったのですか？

高沖　ちょっと会って。それでぼくは,なかなかうまい争議の指導をするということになっちゃって,組合から抜けられなくなったわけだ。

鷲山　殴られでもしたら大変だと,向こうは思ったのでしょうか。

高沖　小工場だからね。「目的のためには手段を選ばず」で,子どもや家族に危害を与えられても,と……。だいたい,労働組合法がちゃんとしていればそういうことは起こらんわけです。ブルジョアはそれをつくらんのだもの。

太田　それが昭和2年だと,先生は二十一歳ですか。

高沖　そうそう。それから東京ゴム労働組合いうのがあって,ここも大きな争議をしたんだけど,組合員は何人もいなかったな。そのなかにセルロイド工場やいろんなのが入っていて,ガラス工場をもっと化学産業的にしようというので関東化学労働組合を創立したんですよ,昭和2年の4月に。その関東化学労働組合の委員長が南喜一[28]。南喜一は労働農民党や共産党のことにばかり関与していて組合には来ないから,そういうことを考慮してぼくが委員長代理・争議部長になった。

鷲山　じゃあ,労働組合から生活費はもらっていたわけですね。

高沖　そうそう。

鷲山　じゃ,神田のところの土方稼業は辞めて？

高沖　それは終わって。

鷲山　後は労組の専従ですか。

高沖　そう。

太田　正則のほうも？

高沖　やめた。その前にぼくは『史的一元論』をやってからマルクス主義に近づいて，ドイツ語もやったのよ。

鷲山　正則英語学校でですか。

高沖　いや，一人で。最初に骨折りながら読んだのがブハーリン[29]の『デア・ヒストーリッシェ・マテリアリスムス［史的唯物論］』。あれを読むぐらいの実力をもっていたんだ。そうやって勉強してれば，学者になれたかもしれないけれど，そうも言ってられなかったしね。

太田　ブハーリンを読んだのは，正則に行っているのとだいたい同じ頃ですか。

高沖　そう，そのころ。

2　花木ゴム工場争議

高沖　ぼくはその後，労働組合運動をいくつも指導してね，そのなかの一つに花木ゴム争議というのがあったな。負けた争議なんだけど。これは南千住にあって，大金持ちでね，社長は岡本なんとかいう薬学博士かなんかじゃないかと思う。博善社という葬儀会社の大株主なんです。その背後についているのが前田米蔵という，大臣クラスの政友会の代議士。南千住から北千住，綾瀬，三ノ輪，浅草，今戸とかあのへんをずっと支配しているボスですよ。その下に林連（はやしれん）という弁護士で東京府会議員がいた。これも花木ゴムについている。それだけ財力がある会社だったんですよ。ゴムの靴や靴底や，いまでいうコンドームなんかもつくっていたんじゃないかな。

　労働者は多くはなくて，百五十人ぐらい。その八割は女性労働者だったと思う。それが三人の解雇と賃下げ——当時は不景気だったからね——に反対してストライキをやった。初めは全員ストライキに参加したんですよ。

争議団の事務所に入れないぐらい応援団が来てね，俳優の佐々木孝丸[30]とか八田元夫[31]とか，ああいうのがトランク劇場いうのをやってたんだ。トランク一つ下げて争議団のところを慰問に回るわけですよ，おもしろい寸劇をやって。そういうのも来たり，評議会やいろんな連中が応援に来たり。

　日本労働組合評議会という，総評の総本部にあたる組合の中央委員会から，ぼくの手助けをするために豊原なんとかいう人［豊原五郎か］を送ってきたんです。これは共産党員で，立派な人間だった。足鹿覚(あしかかく)[32]という，長く社会党から代議士に出た男がいるけど，豊原という人はそれと同僚なんです。豊原は肺病を病んでいてね，彼とぼくと二人で指導したんだ。

　東京府会議員の林連は警務委員長をやっているんだ。警務委員というのは警察の予算なんかを押さえているところでしょう。その後ろに前田米蔵がいて，これと南千住署が三位一体でつながっているんだ。やっぱり，どうしても会わない。

　絶対に会わないからこれもテロをやることにして，東京合同の連中に二人ばかりあたったんだけど，出てくる前に特高にとっ捕まっちゃったんだ。こっちは「泥棒だあ！」と言い，向こうが「強盗だあ！」と叫んで，取っ組み合いになって，二人ともとっ捕まっちゃった。それで失敗した。まあ，テロをする前だからたいした罪にはならないけど。

　争議中，デモもやったのよ。南千住は隅田川がこっちを流れていてこっちが白鬚橋で，ガス会社の土管の置き場があったの。争議が始まって一週間目に，デモをかけて花木に脅威を与えて交渉に応じさせようと思ったんですよ。

　6月の梅雨空の夜，八時に土管置き場へ招集したんです。組合員は参加させずに応援団だけ四百か五百名集めようと思って，日本労働組合評議会傘下の印刷や出版関係の労働組合とかサラリーマン労働組合，木材労働組合，金属労働組合なんかに檄をとばして，三百名足らず集

めたわけ。

　向こう側の総同盟は東洋紡績の争議をやっていたんだけど、ぼくのところは左翼系だから警察が絶えず警戒しているわけですよ。いまみたいに届け出てデモをするわけじゃない。届けたらとっ捕まるだけだからデモは非合法。だから夜八時に招集したんです。八時に三百名足らずが土管置き場へ集まった。

　そうしたら見つかっちゃってね、制服巡査が二十名、おっとり刀——抜きはしなかったけど——で来て、「やめてくれ」とかなんとか言って出口をふさいだわけですよ。出口はこの［畳一帖の］倍［3.6メートル］ぐらいあったかと思う。ぼくは総指揮者だったから「だめだ。そこをどかなければ君たちを隅田川に放り込んでやる」と言って、「さあ、進め！」って、彼らが手を組んでこうやっているのをバーンと突破したわけです。そしてデモは住宅街も通って、花木ゴムの塀の内をグルグル二回ぐらい回ったわけ。

　その後ぼくはデモから抜け出して、ちょっと様子を伺っていたんだ。そうしたら「花木さんがやられた。花木さんがやられた！」言うて、警察がバンバン来る。ぼくはそれを見てね、組合事務所に帰ると危ないから、東京ガラス労働組合の組合員のところへ行こうかと思ったんだけど、そのときだったか、こんなことがあるのよ。

　その男はたぶん、ぼくが土方をしていたころ浅草で知ったんだと思うんだが、長髪で、浅草の香具師が立ち並ぶところで「さあ、お立ち会い！」とやっていた、ました［真下か］という三十三、四の男。その男は感心な男で、行き場のない福田さんという六十七、八歳の老人を養っているんだ。兄弟でも親類でも何でもないんですよ。赤の他人ですよ。その老人と二人でいるの。その人にも二、三回厄介になった。

鷲山　で、どうなったんですか？
高沖　デモもやったけど全然効果がない。特高が中に入って待っているんだから、玄関まで行ったってどうしようもないんだ。ふた月たっても解決できないものだから従業員がだんだん裏切って、会社へ入り

だした。評議会から応援に来ていた連中も嫌気がさして，来ないんだ。ぼく一人，孤立無援になっちゃった。

　そうかといって，裏切らない労働者が十五，六人か残っているんだから，これを放っておくわけにいかない。会社の得意先に攻撃をかけ，取引銀行にかけ，ありとあらゆることをやってもだめで，戦術は尽き果てた。

　たった一つ，ちょっと前から考えていた戦術があったの。これはあまりいい戦術じゃないし，この戦術をとるのは嫌だ，どうしたもんかと考えていた。しかしもう戦術が尽き果てて切羽詰まって，ぼくはビラを書いたんだ。こういう内容のビラ。

　「○○さんと××さん──と具体的な名前を書いて，カッコして三年生と書いたんだが──は，姓は違っていても姉妹である。お父さんは一人で，こちらのほうは妾の娘，こっちが本妻の娘。お父さんは花木ゴム会社の社長。この会社には女性の従業員が百人ぐらいいる。この女性たちを搾取してなお足らず，女性をたらかして」云々と書いたわけです。

　娘さんたちは第一高等女学校，今の［都立］白鷗高校の三年生だったと思う。ぼくは前から従業員から聞いて，知ってたの。こっちも調べて情報は入手していた。こういう戦術に出るのは嫌だったけど，ほかになかったんだよ。背に腹は代えられなかった。

　ぼくはそのビラを謄写版で何百枚か刷って，まくのは東京ゴムの労働組合の女性たちに頼んだんです。東京ゴムの労働組合に，二十三，四歳の若い女性が三，四人，いつもいるんですよ。田中歌[33]ちゃんという，後に袴田里見[34]の細君になってその後別れたかどうかした女性もいた。その連中を二人頼んだの。「明日七時半に第一高女の前で，登校してくる生徒たちにこのビラを渡してくれ。守衛が警察に電話をすると危険なのでこっちでもだれか見張りしているから，とにかくまいて，まき終わったら私の組合に来て知らせてくれ」とビラを渡したんです。

ビラいうのは，相手が出るときにまいちゃ全然効果がないんだ。工場でもみんなが帰るときにまいたらあまり効果がない。入るときにまかなきゃいかん。彼女たちがまいた後で曰く，「やっぱり良家のお嬢さんたちらしく，『どうもありがとう』と言って受け取った」。第一高女といえば，当時は有名な高等女学校だからね。いい戦法じゃないけど，ほかになかったんだ。やりたくなかったけど。

三日ぐらいたって南千住の特高が来たよ。「いやあ，あのビラには花木の親父もまいったらしいぞ。子どもが学校に行かないと言いだして」。効果があったと思う。

そのあと，林連という東京府会議員の弁護士が，花木の代理だと名乗って会いたいと言ってきた。それでなにがしかのカネを取って解決したんだ。こっちは実力がないから大したカネはとれなかったけれど，従業員にやるカネは争議料としてとった。そのビラは二度とまけないしね。(注1)

3　共産党に入る

高沖　ぼくは日本評議会の関東地方委員をして，委員長をしていた。そこでぼくは共産党に入ったというか，まあ，入れられた言うたほうがいいかもしれん。

太田　いつ頃のことですか。

高沖　昭和２年の９月か10月頃(注2)かしら。豊田［平井直35)］(注3)という，まあ，偽名だと思うが，東大の工学部を中退した人ですよ。この人は真面目そのものの人間だったが，早く転向して行方不明になっちゃった。三・一五以後，どうなったかわからないんですが。

それはともかく，当時の左翼的・マルクス主義的な労働運動の中では，福本イズムが隆盛を極めていた。福本［和夫］はドイツでカール・コルシュ36)に教わったんですよね。その福本はその頃，日本に初めて唯物弁証法的な考えを『マルクス主義』という雑誌に発表したん

ですよ。河上［肇］博士は、『資本論』などによって資本による搾取とか、経済的なことは見ていても、唯物弁証法などの哲学的なことは知らない、というようなことを唱え出したんですよ。櫛田民蔵[37]なんかもそんなことを言い出した頃だ。で、唯物弁証法を、労働組合で運動をしている連中ももっと守らなきゃいかんということになってね。今で言えば、一日か二日、セミナーみたいなもんで、唯物弁証法の講義があった。行かないかだったか、行くべきだだったか、まあ、そう言われたことがある。講師は誰かと聞いたら新人会の杉捷夫[38]だっていうんだ。確かそう言った。新人会の人だと聞いたように思うんですよ。

太田 杉さんというのは、モーパッサンなどを翻訳している人ですね。

高沖 ぼくは戦後、杉さんに会ったことがある。第一回の学術会議の創立総会の時に呼ばれてね。ぼくを呼んだのは杉さんなんですよね。東大教授の辻直四郎が要綱の説明なんかをして、杉さんが司会をしていた。杉さんはそこで、ぼくの名前を挙げて、学校を出ていないんだけど、戦前に本は書いているから、高沖さんのような人も呼んであるんだと言いましたよ。

　ぼくは、平岡［昇］[39]さんと一緒に杉さんのところへ行って、戦前のその講演のことを、あれは杉さんだったのかと一遍聞いてみようと思ってはいた。すぐ行っても会ってくれる思ってたんだけど、それを果す前に杉さんは死んじゃった。

鷲山 電話ででも聞けばよかったじゃないですか。

高沖 しかし、それだけを聞くというわけにゃいかないし、何か他の話をしながら聞こうと思っていた。

　鈴木安蔵[40]君ね。河上肇は悪く書いているけど、鈴木君は栗原佑[41]君の妹の亭主なんですよ。あの時代の新人会なんかの連中は必ず労働組合に入ってたんですよ。鈴木君も東京合同労働組合の書記みたいなことをしてた。栗原君も関東金属の組合を手伝ってた。ぼくほど専門的なリーダーじゃないけど。杉捷夫もそうだったと思う。

太田 岩波で『河上肇全集』が出た時，河上が鈴木安蔵氏について書いたことがちょっと話題になりましたね。

高沖 尾佐竹猛いう人がいるでしょ。大審院の判事で歴史学者でもあった。鈴木君はこの人の所で勉強してた。

　まあ，それはともかくとして，昭和2年頃ね。討論などをしている間に唯物弁証法とか，そういう話も自然に聞くようになるわけだ。で，東京合同労働組合という，渡辺政之輔のいたところで書記か何かをしていた男で，豊田［平井直］という，ぼくよりかなり年上の男で，名前は，思い出すこともないので自然に忘れちゃったが，その男が［関東化学労働組合の］組合事務所にいるぼくのところへ来てね。「ちょっと話がある」と言って人を遠ざけた。そして，前衛党，そう，合法的な雑誌『マルクス主義』には，前衛党の任務とか書いてたんですよ。まあ警察当局もこれを共産党とにらんでいたことは間違いないんだけど。で，「君は前衛党があるというのを知っているかね」というわけだ。そう，共産党とはいわないで前衛党といった。だけどまあ，うすうす分ってるわけだ。「君を党員として推薦するので，是非党に加入してもらいたいと伝えるよう中央委員会から委託を受けている」というんだ。そして，「君に言うのがちょっと遅れたんで，明日から任務についてもらいたい」と言うんだ。

　その任務の中で，鮮明に記憶しているのは，「赤旗」第一号配布のことだ。その時は，連絡があって，明日，靖国神社の境内に，大島いう——この人は東大の新人会の人だったけどね，心臓が悪いらしくて唇なんか青かった。検挙されて，間もなく亡くなったけどね。——この人が文書を持ってくるというんですよ。それを受取って，江東地区に四つの細胞があるので，文書を四つに分けて，そのキャップにその文書を渡してくれ言うんだ。まだ，共産党も再建されたばかりで，江東地区の組織も小さかった。で，その日中に渡したほうがいいちゅうんだね。いやんなっちゃったけど，仕方ないから靖国神社に行ったら，いた。ひと抱え受取った。そこでね，この文書をどこで四つに分けるか

いうことが問題ね。組合事務所は物騒だし，何しろ特高がしょっちゅう出入りしていたから。そこで難波［英夫］42)さんという，後に救援会をする人のところへ行って，ちょっと二階を貸してくれ言うて，一時間ばかりで分けたの。それが「赤旗」第一号(注4)なんですよ。謄写版刷りですよ。日本革命の何とかという論文が載っていたのを憶えてる。これを四人のキャップに渡すわけだけど，そのキャップの下には細胞員が何人かいるんですよね。で，このキャップが自分の細胞に渡すわけですよ。だいたい細胞員が五，六人かな。文書の中には，そのほかに，「八時間労働制の制定」とか「労働組合法の制定」とか「失業手当法の制定」とかの現実的なスローガンと「日本ソヴィエト樹立万歳」とかの政治的要素を合わせて書いた小さな伝単もあった。これを四つに分けて四人のキャップに渡すのが骨でねえ。この四人のキャップは，今憶えているのは，南喜一，これが江東地区のキャップなんだ。その下の細胞員はどういう人だか知らないけど。もう一人のキャップは藤沼遼一って言ってね，われわれは老人って呼んでた。この人なんか日本の労働組合運動の初期，友愛会の鈴木文治時代からの人ですよ。あの時代からどこかの労働組合に入っていた人です。その時，六十歳に近い人だったかな。それから島上善五郎43)。

鷲山 島上って，戦後，社会党の代議士をした人でしょ。

高沖 そうそう。それからもう一人いたけど，何といったかな。ともかくその四人に渡した。

鷲山 どうやって連絡したんですか。電話で連絡したんですか。

高沖 電話なんかありゃしないですよ。連絡は，すでにしてあったんだと思うな。

鷲山 じゃあ，街頭で渡したんですか。

高沖 うん。

鷲山 何部くらいあったんですか。

高沖 まあ，五，六十部じゃないかな。宣伝するやつもあったから百部くらいあったかもしらん。で，ぼくは江東地区連絡係という任務が

与えられたわけだ。

　話は戻るが,「日本に前衛党があるということを君は知っているだろう」と言われ,入れと言われて,いや,おれは入りませんとは言えないもんね,もう。秘密結社だし。相手が党員だいうことを明かしてるんだからね。スパイでもすると考えられたらいやだし,非協力もできないでしょ,組合運動してたんだし。ぼくはそう言われた時,これはやられるとは思ったけど,まあ,しょうがないと覚悟を決めたよ。で,その任務はいちおう忠実にやった。それからぼくは,その四人とは別の細胞に属してるんですよ。ぼくのいた細胞には,志賀多恵子[44]っていう……

鷲山　志賀義雄[45]の奥さんですね。

高沖　そう,多恵子さんが東京女子大を卒業した頃の年かな。その彼女と,もう一人,早稲田の舟木［重信］さんの弟子で,早稲田の独文の水野何とかというのがいた。この人は二度捕まって,獄中で亡くなったけどね。舟木夫妻もよく知ってた。水野何と言ったかな,ぼくはもう日常そういうことを思い出すことがないからね,名前を忘れてしまったけど。軍人の未亡人の息子さんじゃなかったかな。ちょっとした家でしたよ。そこで,細胞会議を何回も開いた。それからもう一人,稲葉助四郎といったかな。もう五十四,五歳だった。麻生久[46]というのがいたでしょ。確か足尾銅山だったか,鉱山の争議を指導したんだったかな。彼の伝記の中にもあると思うけど。その時の鉱夫だった人です,稲葉という人は。生え抜きの労働者だ。島上だって都電の労働者だった。

4　第一回普選

高沖　ぼくはこの細胞の活動と,連絡活動と,それから労働組合の活動と,渾然一体となってた。その頃,選挙があった。第一回の普通選挙があった。三・一五の前ね。その時,表面はね,労働農民党公認候

補南喜一いうて、江東地区・南葛一帯で立ったんですよ。だけど裏ではね、日本共産党公認南喜一いうてビラをまくように一抱えもビラを渡して来るんですよ。その頃は、応援弁士だって、そうたくさん人材があるわけじゃないし、福間敏男いう人がいたんですよ、東大の新人会の。大宅壮一[47]や服部之総[48]と同期で、服部之総をよく知ってた。福間君が亡くなった時、彼がどういう病気でなくなったか、ぼくは服部之総から聞いた。この福間君は、南喜一の応援演説をした。外交問題でね。この人はね、小野塚喜平次[49]という東大の政治学の教授がいたでしょ。

鷲山　総長になった人ですね。

高沖　そう。その弟子ですよ。そして、麻生久なんかと組んで、中間的な労働組合の運動に関わっていたんだけど、新人会が左傾化していたんで、福間君もそうなってきていた。彼が外交問題をテーマに応援演説をやる、で、ぼくが労働問題をテーマにして演説をやるということになったんだ。他にも応援弁士はいたけどね。ぼくはずいぶんその時演説をして、江東地区を飛回った。二十二歳くらいのときだな。

　そういう運動をした結果、六千だか六千五百だかの票をとった。婦人の有権者はなくて、男の二十五歳以上が有権者ですよ。それまでは所得税十円収めていないと選挙権がなかった。それが普通選挙になった時ね。

鷲山　治安維持法と引換えに制定されたものですね。

高沖　そう。それまでは治安警察法しかなかった。これは刑期が最高でも一年か二年だったかな。ぼくは、組合運動してる時は、争議とか会合とかの時にしょっちゅう捕まってね。東京の二十ぐらいの警察に捕まってるんじゃないかな。

鷲山　二十回ぐらい？

高沖　いや、二十署ね。本郷の本富士署でも赤坂の表町署でも捕まった。組合運動の会合を開いているところを踏み込まれるわけですよ。あるいは、選挙運動以外に演説があるでしょ、そういう演説の時に捕

まるんですよ。そういう時は一日一晩だけだけど,花木ゴム争議の時は二十九日だったし,二十九日拘留をその他二,三回くった。

鷲山 二十九日というのは一番長いんですか。

高沖 拘留では一番長い。で,治安警察法いうのはね,逮捕状もいらなきゃ,何にもいらないんですよね。家の中でも踏み込めるわけだ。警官がやろうと思えば何でもできる。

一番最初は,浮浪人で捕まった。日本橋の久松町といったかな,歌舞伎をしてたところ。変な格好してるいうんだ。何か言われて反抗したんじゃないかな。一泊させられた。それから,正親町署に何回も捕まった。これは労働組合運動ね。それから本所太平署ね,南千住署,愛宕署。愛宕署は近くに協調会館があって,あそこで会合や演説会をやるわけですよね。それから今言った赤坂の表町署,久松署。それから亀戸署はどうだったかな,思い出せないけど。そういうわけで,警察には何回もやられた。

それはともかく,南は最初の選挙でかなり票をとったので,「こりゃ,ひょっとしたら当選するかな」言うてたよ,南喜一はラジオの選挙速報を聞きながら。政友会の前田米蔵や,それから鐘紡の武藤山治も立ってたな。実業同士会というのを率いてね。

(注1) 大原社会問題研究所『日本労働年鑑』(1928年版の復刻版)には,花木ゴム工場争議は1927年6月,参加者は四十名,関連した組合は評議会とある。

(注2) 『現代史資料』(みすず書房)によれば,高沖の入党は昭和3年(1928年)の1月か2月頃とのこと。

(注3) 『現代史資料』によれば,高沖氏に入党を勧誘したのは,平井直という人物だということになっている。平井のペンネームが豊田であった。

(注4) 「赤旗」創刊第一号は,1928年2月1日付。

第4章 三・一五事件と入獄

1 三・一五事件

高沖 そういう活動をしていたわけですよ。それで3月15日の朝5時頃，組合事務所で寝ていたら襲撃され，太平署に逮捕された。

太田 その逮捕は，治安維持法違反なんでしょうが，やはり令状などはなしですか。

高沖 令状なんか何にもなしよ。

太田 治安警察法に比べて，治安維持法のほうが厳しくなったという実感のようなものはありましたか。

高沖 治安維持法の最初の適用は，栗原佑君なんかもやられた学連事件(注1)だ。取り締まりはだんだん厳しくなりましたよ。各署に特高がいて，組合事務所なんかにしょっちゅう来ていた。でも，1928年頃は，まだ文化関係にまで特高の魔手は及んでいなかった。それは後のことだ。

太田 特高は組合事務所に出入りして，マークしていた人間を三・一五で洗いざらい捕まえたわけですね。

高沖 そう。新人会なんかも目を付けられていて解散を命じられた。それから三・一五で検挙して解散を命じられたのは，ぼくが属していた日本労働組合評議会。労働農民党はどうだったかな。ぼくは三・一五で捕まって，本所の太平署に三十日か四十日くらいいたかしらん。罪状を調べるいうて，特高の警部補なんかをいっぱい連れてきた。調べになると，所轄の署はあまり関係しないんですよ。調べをするのは警視庁の特高ですよ。所轄の署にも特高はいるけど，マルクス主義の運動の思想や戦略なんかを詳しく知ってるのはいない。それを知っているのは，警視庁の特高課で養成した連中で，エリートですよね。そ

れから検事局に思想検事いうの作ったわけだ。検事の中のエリートで、その点じゃ、今の特捜部みたいなものかな。そういうわけで、所轄の署はぼくの身柄を預っているだけでぼくを調べないし、担当の特高も検事も他所を回っていて、一カ月も来ないわけだ。この時は、党員名簿を当局に取られてるんですよね。と思う。中尾勝男50)いうのが中央委員でね。党員名簿を持ってたんですよね。中央委員でも幹部級だった。この中尾勝男がその後どうなったのかは、ぼくはわからない。

前に言った福間君ね。福間君も検挙された。党員名簿に載ってるんですよ。ところが彼はぼくのように勧誘を受けていないんですよ。受ける途中だった。だれだったか、なんとか虎太郎いうたか［喜入虎太郎か］、新人会の人が、中央委員会から委嘱されて、福間を入党させろいう指令をもらって、でも指令をもらって翌日すぐ来たわけじゃなくて、時間的余裕がないという間に三・一五で福間君は捕まっちゃった。困ってましたよ、彼は。

ともかく党員名簿を取られているというんで、党員であることをしょうがない認めちゃった。それで、市谷刑務所に入れられた。桜の花が散る頃だった。

監獄に入れられて、本もないし何にもない。留置場はよく入ったけど、監獄は初めてだった。

鷲山　未決で入っていたわけですね。

高沖　そう、まだ判決は下っていない。千何人も捕まってるから、調べて裁判するいうたら時間がかかるからね。その間入れてる。市ケ谷刑務所は、明治時代に立てられた木造のガッチリした建物でね。幸徳秋水なんかも入ってた。歴史的建造物として保存しときゃよかったのにと思うんだけど。壁は木だけど、中は空洞かな、叩くと隣に聞こえて話ができる。そうそう。房の前は看守の歩く廊下で、その廊下を挟んで向こう側にまた房があって、上の方は陽がさすようにガラスでできている。その時、ぼくの向かい側にいたのが野坂［参三］だった。看守がドアを開けたひょうしに前の奴はだれかと見たのね。ところが

彼はぼくよりずっと早く出たのね。彼はおれより古い党員なのに，はるかに先に出てしまったから何だろうなと思ったよ。

鷲山　どれくらい早くですか。

高沖　ぼくより一年半くらい早く出たよ。

太田　房を替ったというのではなく，外に出たということですか。

高沖　そう。保釈で出たということね。それはともかく，ぼくの房の隣の人は六十がらみの人だったろうけど，「どうして捕まったんですか」と聞くんだ。「共産党関係だ」と言うと，「共産党関係の人はたくさんいますよ」って言ってた。そりゃそうだ。で，ぼくも「あなたは何で入ってるんですか」って聞いたわけだ，向うが先に聞いたんだからね。彼は「詐欺罪みたいなもんですよ。詐欺罪にかかるかかからんかいうところなんだけど，検事の奴が言うことを聞かんもんだから，未決でもう三年いますよ，検事と喧嘩して」と言うんだ。いやあ，元気付けられたなあ。詐欺罪でさえ三年いるんだから，と思ってね。そういう奴がいるんですよね。そして，彼は「どうですか。食事が美味しくなりましたか」って聞くんですよ。まだ，市谷監獄に入って間もなくて，「どうも食べられなくて困ってるんですよ」言うたら，「いや，心配いりませんよ。そのうち，あれが美味しくなって，待遠しくなりますよ。そうすると，ここへ何遍でも入りたくなりますよ」と言うんだ。あのおじさんには，入ったしょっぱなで元気付けられたよ，ぼくは。

鷲山　偉大な先駆者がいたんですね。

高沖　そう。だいたいは，早く片付けて少しでも早く出ようと思っている中にね。

鷲山　ところで，牢屋の御飯は美味しくなりましたか。

高沖　うん。あの予言は的中した。

　ぼくが昭和20年の6，7月に憲兵隊にとっ捕まった時，八王子刑務所の御飯は大変なものでね，大豆だけ。あとは何もないの。ぼくはね，戸坂［潤］[51]や三木［清］[52]の死の一因はそれだと思うの。ぼくだっ

て，もうちょっと刑務所に置かれたら死んだかもわからん。とにかく，あの時代は，風呂にも入れないし，もう目茶苦茶ですよ。普通の社会だって食い物のない頃だけどね。大豆だけであとは何もないし，ぼくは下痢をして，もう止らないの。それからシラミがいて，掻くとすごくふくれるの。看守が横柄で，威張りくさってた。医者を呼んでくれと言ってもきかない。だけど，あとでぼくの犯罪を知ったら，ガラッと態度が変って，医者を呼んだり薬を取ってきてくれたりした。

太田 それはどうしてでしょうね。もうすぐ負けると思っていたんでしょうかね。

高沖 そうかも知れんし，不敬罪という珍しい犯罪だったからな。まあ，わからない。その話は後としよう。

　三・一五の時の食事だけど，体重によって食事の量に三ランクくらいある。ＡＢＣかな。で，ぼくは一番下のランクから真ん中のランクに直せという要求を出して，直させた。食事は美味しくなりましたよ。あの詐欺師が言ってたように，何遍でも入りたくなるという感じ。おかずは，シャケ。焼くと何千で大変だから，蒸すんですね。それに，漬け物みたいな物と味噌汁が付けてある。嚙んでも嚙み切れないようだったけど肉も出たり，蒸し焼きした鰯やさんま。夏になればキュウリやナスの漬け物とか，季節の物も出る。昆布と大豆をやわらかく炊いたものも出た。いちおう栄養のバランスを考えている。

太田 先生はどんな囚人だったんでしょうね。

高沖 ぼくはねえ，よく喧嘩するんですよ。メーデーとかロシア革命記念日などに「万歳」を唱えて一斉にワーッと騒ごうじゃないか，なんてね。共産党関係で捕まってる連中が近くの房にいるからね。そういう連中と連絡をとって騒ぐわけだ。ある時，看守の大将は何といったかな，監事かな，警察でいうと警部くらいのクラスの，その男がぼくを呼出して，「騒ぎを大きくしただろう」と言うんだ。「そんなことを言った憶えはない」と言ってやったが，「看守がちゃんと聞いているんだ」と言ってた。その時に彼が，「音を記録することができれば

第4章　三・一五事件と入獄

証拠になるんだ」と言ったのを，テープレコーダを見ると思い出すよ。その頃は，録音器なんかなかったからね。

　で，彼は，「処罰をくらわしてやる」言うて，二階の部屋にいたぼくを陽の全然当たらない部屋に移した。三畳くらいの部屋かな。陽が当たらないために，掃除で畳をあげた時に見ると，夏でも湿っていて一角が腐ってるんですよ。それでぼくは神経痛になっちゃった。その後ぼくは監房から出てからも寒い時になると，ビッコをひいてた。今はいくらか直ったけどね。神経痛で房の中でも既に痛かった。しゃくにさわるよ。その房に半年くらいいたかな。

鷲山　監獄では，運動をさせなかったんですか。

高沖　市谷では，高ーい鉄だかコンクリートだかで囲われた扇形の運動場があった。その運動場がまた一人だけ入るように区切ってあって，運動場も房になってるんだ。そこへ，最初の者を連れてって一つの房で運動させる，次の囚人を看守が呼んで来るまでだけど。看守が囚人を連れてきて，前の者を連れて返る。その間が十分間で，その間だけ運動させる。雨の日はできないけど。

2　獄中で読んだ本

高沖　当時，救援会いうのがあってね。そこから，岩波文庫の『源氏物語』を差入れてくれましたよ。それから岩波文庫の『万葉集』ね。でも，『源氏物語』は訳が付いてるわけじゃなくってね，池田亀鑑とかがちょっとした注釈を付けただけのもので，読むことすら難しかったよ。『万葉集』はそれほどでもなかったけど。それから刑務所にも本が備え付けてあった。それは仏教関係のものや中国の古典なんかね。『平家物語』なんかもあった。それを借り出した。『菜根譚』だとか『史記列伝』『春秋左氏伝』だとかを読んだ。『白隠禅師閑話』なんてものもあった。それから，雨宮敬次郎かな，雨敬いうて，山梨県出身の実業家ですよ。東京市街鉄道を作り，後に江ノ島電鉄社長か何かに

なった。山梨県には，天下の糸平いうて，横浜へ生糸を担いで行って財をなした有名な財界人もいた，明治初期，維新前後だな。山梨県には相当な実業家がいるんですよ。金丸信みたいなのもそうだけど。で，その雨敬の金もうけの話を書いた本があった。その中で，一つ今憶えているのは，財をなすには，土地の投機もある。だが，土地の投機では，人が買っている時にはもう売っているくらいでないとダメなんだ，というんだ。なるほどとこの頃思うよ。

　『菜根譚』は『徒然草』と似たようなところがあって，まあ面白かったけど，一番面白いと思ったのは『三国史』ね。それも，吉川英治が訳したような現代訳じゃなくて，漢文調の久保天随訳だったかな。これは，笹川臨風とか高山樗牛とか，ああいう雰囲気の文章の人ですよ。格調の高い訳でね，全部読んだけど，感動したな。それから監獄でドイツ語で，エッカーマン[53]『ゲーテとの対話』を読んだような気がする。

　それから，ドイツ語でシャミッソー[54]の『マン・オーネ・シャッテン［影をなくした男］』とか，クライスト[55]の『ミヒャエル・コールハース』とかも読んだ。

鷲山　そういう本はどのようにして手に入れたんですか。差入れがあったんですか。

高沖　丸善を通じて入手したんだったかな。フランス語の本も買った。その頃，改造社で『現代日本文学全集』っていって，「円本」が出た。春陽堂の『明治大正文学全集』というのもあった。これを全部買って全部読みましたよ。

太田　どういう本に一番関心があったのですか。

高沖　ぼくは文学をやろうとしてたんじゃなく，最初は国際情勢を研究しようとしてた。改造社で『経済学全集』だったかな，そういうのが出ていて，河上肇などの左翼的な連中が書いていた。大内兵衛が財政学を書いてる。世界経済は，有沢広巳など。それから鈴木茂三郎も。河上肇が『社会問題研究』に載せた資本論の研究を集めたようなのが

第一巻で『経済学大綱』だったかな。日本評論社から『現代経済学全集』といったかな，そういうのが出てた[注2]んだ。これは，右翼的な土方成美とか，ああいうブルジョア経済学者などの連中が書いてた。日本評論社のほうは第一巻の原論のところを福田徳三[56]が書いてたんです。両方の全集も全部読んだ。日本評論社のほうは全部で31巻で，三・一五で捕まった時，ぼくが一番よく読んだのはこの本だ。ドイツ語でも経済学の本を読んだ。フランス語でも，アンドレ・ジイドのおじさんのシャルル・ジイドという経済学者のものも読んだ。久保田明光とかいうフランス語のできる早稲田大学の教授が訳してるんじゃないかな。このシャルル・ジイドの生活協同組合に関するものを読んだことがある。それから，シャルル・ジイドの名前をかぶせたフランスの経済学の雑誌が出ていた。今は知らないけど。

　獄中で読んだのは経済学の本が三分の二，文学の本が三分の一。ぼくは経済学の方をやろうとしてた。というのは，革命運動を正しく理解するためには，経済学と世界情勢が不可欠だと思ったからね。そういう方向に行こうと思ったのが，偶然に文学に代わってしまった。だけど，戦後，しばらくたって文学じゃ食えなくなって，世界経済研究協会，今は経済同友会の下に入っちゃったけど，そこにいた。その時は半分マル経，半分近経の経済学雑誌でやってた。今は会長が三井物産の社長だったかな。

太田　獄中で河上肇の本が読めたんですか。

高沖　そう。本の差入れなんかを担当しているのは，教誨師なんですよ。まあ，仏教大学を出たような坊主ですよ。で，日本評論社の全集を読んだ後で，今度は改造社の方を読もうと思って，教誨師に，「河上肇の本のこれは入るか」って聞いたの。検閲があるからね。そしたら，ちょっと考えて「いいですよ」言うんですよ。じゃあ，というんでとったんですよ。そしたら看守が「不許可」という印の押した紙だけ見せるんですよ。本が入荷してから不許可というんだ。それで，ぼくは怒っちゃってね。看守に教誨師を呼べと言いましたよ。そしたら

教誨師が来た。ぼくは「あんた，こないだぼくが聞いたらいいって言ったじゃないですか」って言ったんだ。そしたら「だめなんだ」って言う。

それでぼくは，「あんた，教誨師ともあろうもんが，一度いいって言ったのに今度は駄目だなんて，それで責任を免れられると思うんですか」と言ってやった。「失礼じゃないですか。在監者の魂を救ういうのに嘘をついちゃあ駄目ですよ」とね。

鷲山 正論ですね。

高沖 そしたら，教誨師は「わかりました。じゃあ，明日その本を持って来ます。私が直接あなたに本を渡します。あなたも看守に本を返さないで私に直接返して下さい」と言って，翌日その本を持ってきたよ。

で，経済学の本だけど，取引論から国際金融論から世界経済論から，財政学から全部ぼくは繰り返し読みましたよ。外へ出てまた運動をやるのには，経済のことも知っておかなきゃいかんと思ってね。それがある意味じゃ後に役だったけどね。ぼくの論文を読むと，経済の知識がある程度ある人が書いた的なところがあるはずですよ。

河上肇のものの他では，財政学を大内兵衛が書いていて，これは面白かった。財政における階級関係をちゃんと踏まえていたからね。低所得者は，階級的な力が弱ければ，予算なんか回って来ない。そういう関係を書いていた。

鷲山 先生は，監獄に入っていて，早く出たいとか，悪あがきしなかったのは，社会の変革への確信のようなものがあったからですか。

高沖 そういうことはあまり考えなかったよ。ぼくは子どもの時から，ヨーロッパについて知りたいと思っていて，そういう意識は依然としてあって，だから獄中でフランス語をやったりしてた。そういう意識のほうが強かった。ただ，外へ出たらまた組合運動をしようという意識はあった。あの時代の組合運動は，団結権も保障されず，労働組合法もなく，最低賃金制なんてものもなし，労働者の置かれた地位は全

くひどいものですよ。惨憺たるものだ。賃金奴隷の鉄鎖を切るという考えで組合運動をするという意識は、ぼくにはあった。

経済のことは、ドイツ語でも、リーフマンの『カルテル』とか『コンツェルン』とかいう本を読んだような気がするけど。丸善のアナウンスメントをとっていたから、洋書の情報はいくらかあった。

太田 フランス語はどのように勉強されたのですか。

高沖 文学全集とか経済学全集とかも読んだけど、やっぱり本が足りないわけですよ。だって、一日中座ってるだけで、本読む以外にすることないんだ。日本語の本ではすぐに読んじゃうし。本が足りなくて困った。その頃、隣の房にいた詐欺師が外へ出たのか転房したのかわからないけど、いなくなって、代りに入ってきたのが福間君だった。

監獄では時々転房させるのですが、市谷刑務所は当時木造で、房を仕切っている壁が厚いけど、壁を叩いて、ちょうど偶然に隣が福間君だとわかったのね。それでちょうどいい機会だと思ってぼくはフランス語の勉強をした。福間君は旧制三高の丙類［フランス語を主とするコース］で、フランス語なんだね。そして東大で小野塚喜平次の門下生で政治学をやった。ぼくは、南喜一の選挙運動を福間君と一緒にやったし、彼の家にも泊まったりした。で、ぼくは彼に「フランス語をやりたいんだけど、どうしたらいいか」って聞いた。そしたら、「白水社にこういう本があるから」と、構文典とか入門書を教えてもらった。暇でしようがないからというわけで、フランス語をやった。それで下準備をやって、それからあの頃白水社でフランス語の対訳本を出していて、それでモーパッサンとかドーデとかを読んだ。それから、今度は丸善から本を買った。

太田 フランス語では、他にどんな本を読まれましたか。

高沖 ドーデの『アルルの女』［1872年］なんかも読んだ。それから、バルザックの『従妹ベット』［1846年］やモリエールも全部じゃないけど読んだ。たくさん読んだですよ。モンテスキュー[57]の『レスプリ・ドゥ・ロワ［法の精神］』なども。でも、辞典がいいのがなくて、

野村泰涛とかいう人の変てこな辞典で，わからないところも残ったけど。

太田 獄中で読まれた日本の文学では，どんなものが印象に残っていますか。

高沖 漱石や鷗外も読んだ。芥川はあまり感心しなかった。よかったのは永井荷風だね。『ふらんす物語』[1909年]あたりから始まってね。その後は永井荷風はあまり読まないけど，井上君[58]が荷風心酔者なんでびっくりしたよ。

鷲山 ハイネ研究家の井上正蔵さんですね。

高沖 そう。荷風は文章うまいですよ。題材はともかく，表現力がすごいね。風俗の描き方にも芸術家的要素があって，その点，夏目漱石などよりはるかに上だと思った。そういうこととは別に，特別の興味をもって読んだのは正岡子規だった。ぼくは監獄の中で，彼は病床で苦しんでるでしょ。ちょっと共通した点があったということも影響してるね，面白く読んだ。それから高浜虚子の『俳諧師』[1908年]なども面白く読んだ。

鷲山 もちろん，マルクスとかエンゲルスのものは読めないわけですね。

高沖 読めない。レーニンも。河上さんのは間違って教誨師が入れた。

太田 先生が獄中にいる時期は，プロレタリア文学の出てきた時代でもあるのですが，そういうものも，同時代のものとしては読まれなかったのですね。

高沖 そう。ただ，葉山嘉樹[59]の『海に生くる人々』は許可になるという話を聞いて，改造文庫で読んで，これは面白かった。あとは，日本文学では円本にあったものね。

太田 房に入れることができたのですか？

高沖 そう。

太田 監獄でも，囚人同士でその程度の話はできたのですか。

高沖 看守が回っているけど，その隙を見て多少の話はできた。

3 差し入れをしてくれた友人

高沖 本を読み続けるためには,金の問題があった。母親に金を送れなんて言うことはできないし。

それで,小学校の時の知り合いに手紙を書いた。これは,砂糖から醬油から油もんから野菜から全部売ってる,今で言うとスーパーマーケットみたいなものを大正年間にやっていた人の息子だった。ぼくは小学校の時,秀才だったけど,その息子も一級下の秀才で,ぼくに敬服してたんだ。彼も上の学校に行きたかったんだけど,家の商売を継ぐというので行けなかった。彼はぼくが左翼化してしたことを知っていたのね。それで,ぼくは借金をするには彼が一番いいと思って監獄から「こういうわけで」と手紙を出したんですよ。そしたら,彼が五十円送ってくれた。あの頃,初任給が東大出で五十円くらいだったんじゃないかな。彼は戦後,広島県の県会議員になり,それからある市の市長になった。政治的感覚があったんだね。人間にはいろんなタイプがあるけど,この男は南喜一にちょっと似たところがあって,大胆で,小事にはこだわらないんですね。

ぼくは終戦の頃,福山に疎開していて,ずいぶん彼には世話になった。彼はその頃,福山の軍隊の経理係かなにかをやってましたよ。倉庫の管理などもしていたらしい。ぼくが福山に帰っていると言ったら,戦争に負けて,軍隊が解散しつつあった頃ですよ,物のない時だったけど,カニの缶詰とか甘いものの入った缶詰とかを一抱えもって来たよ,「軍隊のものだけど」と言って。そういう大胆な男なんだ。

太田 その方と戦後おつきあいはありましたか。

高沖 その後,この友人の娘さんはお茶の水女子大に入って,ぼくが［中野区］上高田にいた頃,よくぼくの家に遊びに来たよ。彼女は,当時慶応大学の学費値上げ反対運動があって,彼女はお茶の水女子大の自治会の委員長かな,慶応に運動の応援に行っていて,慶応の委員

長と知り合ったんだ。そして結婚した。彼の父親は，名前は挙げないほうがいいと思うが，当時裁判官で，その家は法曹一家みたいなところがあった。で，ぼくはその結婚式に招かれたら，経済史の高村象平がいた。

4　転向問題

太田　三・一五で監獄に入れられて，それがいつまで続いたのですか。
高沖　昭和6年の7月までかな。
鷲山　1931年で，約三年半ですね。未決のままですか？
高沖　ぼくが獄中で一年半くらい経った時に，転向問題がもちあがった。水野成夫[60]とか南喜一，浅野晃[61]などで，他にも沢山いたよ。佐野・鍋山の転向はもっと後だけど。で，この時転向した水野だかだれかが検事宛の上申書を書いたのね。骨子は，ぼくが聞いたのでは，日本では社会主義とか共産主義は実現しない。というのは，万世一系の天皇を廃するような政治運動は日本では存続できない，というんですよね。私有財産制の廃止とかは，そんなに重要視していないんですよ。

　日本の支配階級は天皇だけを守ろうとするのね。敗戦の時の条件もそうでしょ。天皇制を維持してくれれば降伏すると，ただそれだけなんで，実際ひどい話だ。まあ，二・二六事件の連中だって私有財産制の廃止を主張するような傾向だったしね。彼らは，財閥なんかやっつけろの立場だけど，天皇制は守ろうとういうんでしょ。

　そういうわけで，三・一五で捕まった連中も，天皇制を認めれば保釈するということですよ，結局は。ともかく，転向の噂が房の中に広がって行く。下の連中は皆，ショックを受けた，と思う。上の連中もそうだと思うけど。で，検事は房にいる連中を個別に呼出して，その上申書を謄写版で刷ったのを読ませたらしいんですよ。ぼくも，岡五朗という検事だったと思うが，呼ばれて，それを見せられた。その時は，ぼくの調べは終っているのに何の用かと思って出かけて行った。

すると，検事は，「実はこういう上申書が出ているんだけど，読んでみたらどうか」と言って，ぼくの前に上申書を置いた。ぼくは彼に「ぼくは労働者あがりの男で活字に親しんだことはなく，理論的・学問的なことはわからないし，読むことに興味はない」と言ったわけですよ。だけど，検事はぼくの前に上申書を置いたまま，看守ひとり残して，「タバコでもすってくる」と言って席をはずしましたよ，三十分くらい。その間に読むと思ったんだろう。だけど，ぼくは目をつぶったままで，読まなかった。言いたいことはわかっているからね。で，検事が戻ってきて，「君，読んだか」と言うから，「いや，読まなかった。こんなもの読んでもわからんから，読まなかった」と言ってやった。すると，「じゃあ君，また入ってろ」というわけだ。

　それから半年くらいの間に，保釈でどんどん出て行くわけですよ。本当にそれを信じた人もいるかもしれないし，面倒だと思った人や，そう信じたふりをして出て行った人間もいるわけですよ。福間君は一年半経たないうちに出た。どうやって出たのかわからんけど。前に言ったように，まだ党員としてのオルグを受けていなかったから，検事もそれを認めたんじゃないかな。で，彼は，「君，早く出て来いよ」という葉書を寄越した。だけど，しょうがないから，ぼくは本を読んでいた。

　やがて，［1929年の］四・一六で捕まった連中も保釈されるようになった。ずいぶんたくさん保釈になっているからというので，ぼくも保釈願いを出してやれと思って，二年半経った頃，出した。一週間くらいして，何番，とぼくの番号を言って，爪印を押させて，書類を寄越した。それが夜十時頃でもう寝てる頃。保釈とあって，興奮して夜に眠れないといけないと思って，封を開けないまま枕元に置いて寝た。朝，開けてみたら，「なお拘留の原由未だ消滅せざるを以て，保釈の請求はこれを却下す」とあった。夜読んで興奮しないようにと思ったんだけど，朝読んで興奮しちゃったよ，このやろうと思ってね。

　だけど，またどんどん保釈される。そこで，また保釈願いを出した

ら,「なお拘留の原由未だ消滅せざるを以て,保釈の請求はこれを却下す」と,同じ文章で返ってくる。だけど,三年を過ぎた頃,もう調べは終っているし,宮城実いうのが裁判長だと決まっていて,検事の手を離れているはずなのに,人をバカにして,と思ってまた保釈願いを出した。そしたら,今まで一週間か十日で「拘留の原由云々」という返事が来たのに,今度はなかなか返事が来ない。そこで,看守を呼んで,「保釈願いは裁判所に届いているのか調べてくれ」と言った。そしたら,「届いている」と。

　看守は,「裁判長に面会して聞いてみたらどうですか」と言うんだ。それもそうだと思って,宮城実あてに面会を申込んだら,会ってくれましたよ。

鷲山　護送されて行ったわけですか。

高沖　そう。マイクロバスの出来損いみたいなやつで。当時,裁判所にも留置場みたいなのがあって,その中に入れられた。そしたら,裁判長が来て,会いましたよ。

　で,ぼくは,「何日か前に保釈の請求を出しているのに,何故保釈を認めないのか」と聞きましたよ。そしたら,「裁判所は認める方針だ。だけど,認めようとしても検事がウンと言わないんだ」と言った上で,「ぼくに会うより,君,検事に会ったらどうか」と言うんですよ。それから,「君が会うつもりなら,君が会いたがっているいうことを通知する」言うんですよ。だから「ある」と言って,検事に会いましたよ。

　そして,「裁判所が保釈を許すと言っているのに,何故検事局は保釈を認めないのか」と,ぼくは言いましたよ。そうしたら,一週間くらいして,平田勲[62]という思想検事が,ぼくに会いに,刑務所に来ましたよ。この平田は,検事総長になるとすら言われた人物だった。今だと,特捜部いうのが花形だけど,当時は思想検事が花形だね。平田は後に,東京地検の検事正になるんですよ。東京地検検事正は検事総長への最短コースですよね。でも,彼は満州国の司法庁の次長だか検

察局の次長になりますよ。検察庁の長官は満州人で，これは飾り物で，実権は日本人の次長が握ってる。だから，平田は思想検事のいわば大先輩です。

　平田のその後・戦後は知らないけど，ともかく，彼がぼくのところへ来ましたよ。彼は非常に丁重な言葉遣いで，演劇やら歌舞伎やらから世界情勢まで，いろいろ話した。いちおうの見識のある人だった。でも，最後に当然だけど本領を表わしたというか，こう言った。検事の職務では，未来がどうなるか，過去がどうだったか，は問題じゃない。検事の職務は，ただ現在のこの秩序の治安を維持することだ，これは忠実に果さなきゃならん，とぼくに言うんだね。

　それから，保釈を許す条件には二つあると言った。一つは，証拠湮滅の恐れのない場合。もう一つは逃亡の危険のないこと。で，「君の場合は，もう証拠湮滅の恐れはないが逃亡の恐れがある。転向していないから。そこのところをよく考えてくれ」と言って，帰って行った。釈放のためには，逃亡しないという上申書を示せということになる。困っちゃったよ。ぼくはその頃，福沢諭吉の天皇制についての論文みたいなのを読んでいた。

太田　「帝室論」ですね。

高沖　まあ，要するにイギリス型の君臨はするが統治しない，政治には関与せず，という今の日本の制度みたいなものにするということだ。えーい，面倒臭いから，この通り書いちゃえと思って，福沢風のものを書いて出した。仕様がないと思ったんだよ。そしたら，向うは認めた。

鷲山　そうすると，天皇制をいちおう認めたということに

高沖　なるわね。それで保釈になった。それが，昭和6年の6月か7月。

太田　つまり，偽装転向ということになりますか。

5　南喜一のこと

鷲山　先生が出合った人物像をおうかがいすることにして，南喜一という人はどういう人だったですか。
高沖　そうね，他の人に比べると胆力がある。太っ腹ですよ。神経質でない。豪傑的なところがある。そのかわりデリケートなところはあまり持っていないですよね。人柄は悪い人じゃなくて，親分的な要素のある男で，ぼくは好きだった。

　彼がどうして左翼になったかと言うと，彼の弟が，関東大震災の後，大杉栄も殺されたけど，平沢計七[63]も亀戸警察署で殺された。平沢は南葛労働会といって組合みたいなものを作っていたんですよ。アナーキストみたいな，ボルシェヴィキみたいな，まだそういった点が明白でない時期の社会活動家なんだが，そういうグループがあったんだね。南の弟もそのグループに入っていたとぼくは聞いているが，その平沢たち七人が殺されて(注3)，南の弟もその中にいたんだ。南善一［文字不詳］といったかな。

　共産党も，第一次はもうあったんだな。震災の時は，堺枯川や山川均や荒畑寒村は市谷刑務所にいたんだ，治安警察法でやられて。それで震災の時は偶然殺されるのを免れたわけね。

　で，南は何とかいうゴム工場の事務員か労働者をしていたんだけど，自分の弟が虐殺されたもんだから，ああいう親分肌の男だし，怒ったんだ。だけど，抗議したりしようとすると，そういう左翼的な連中と一緒にならざるをえないでしょ。それで，左翼の連中と自然に交際ができたわけだ。勉強して左翼になったわけじゃなくて，自分の弟の虐殺に怒って，いわば人間的に左翼になったわけだ。そういう男なんだ。

　ぼくは南が好きだった。意見が対立したこともなく，彼の家によく行ったし，彼もぼくのところへ来た。だけど，獄中で彼は転向したわけだ。ぼくはびっくりしちゃった。

戦後，大金持ちは「三白」と言われたことがあった。白砂糖，紙，もう一つは，忘れたけど。で，南喜一はその紙の，つまり，国策パルプの専務だかになったんですよ。「困ってるんなら，南喜一のところへ行けば，金を出すよ。あんたが行けば」って言うんだ。そりゃそうでしょう。でもぼくは，「いやだよ」と言って行かなかった。太っ腹な人だし，「よく来た」とか言うかも知れん。だけど，腐れ縁が付くのはいやだからね。

　その前にね，三・一五でぼくが監獄から出てからね。ぼくは，南千住とか寺島とか江東地区一帯で活動していたから，その辺がなつかしくて，ちょっと歩いてた。南は寺島に住んでいたんで，偶然彼とパッタリ会った。その頃の南は，まだ水野成夫と事業を始める前だったと思う。だけど彼流の，金儲けを兼ねた，共産党系とは違う，ファシズム流の運動をやっていたのか，やろうとしてたのか。偶然会った時，「オー」とか言ってね。ちょっと立話をした。彼は「俺と一緒に仕事をやらんか」と言った。彼がなつかしかったけど，ぼくは，彼が転向したのはイヤだった。下の者が転向するんならともかく，彼のように上に立つ者が転向するいうのはどうもイヤなんで，うーんと言いながら，そこを離れた。

（注1）　学連事件は，1925年に京都で起きた学生社会科学連合会に対する弾圧事件。
（注2）　改造社が出版したのは『経済学全集』(1928年9月〜34年2月，67巻)で，『現代経済学全集』(28年9月刊行開始，31巻)は日本評論社が出版したもの。美作太郎『戦前戦中を歩む』（日本評論社，1985年）参照。
（注3）　亀戸事件（1923年9月4日）である。

第5章　1931年の出獄の頃

1　三原に帰る

太田　出獄が1931年の7月頃ですね。
高沖　そう。でも，出獄はしたが，さしあたり寝るところもない。そこで，当時吉祥寺にいた福間君のところへ行った。彼は，ぼくより一年半か二年早く出ていたのでね。その頃，大宅壮一の主宰する大宅翻訳団いうのがあって，福間君はその翻訳などをして生活していた。だけど，いつまでも人のところに厄介になるわけにはいかんから，広島県三原へ帰ることにした。

　その間，特高が何回も福間君のところへ来た。ぼくが対象だけど，福間君も対象になるから。当時その辺りは田舎だったから，田無署の管轄だった。ぼくが特高に三原に帰る言うたら，「何時帰るんか」としきりに聞く。「明日帰る」と言ったら，「何時ので帰るか」と言う。「何故そんなこと聞くんか」言うたら，「いや，ちょっと出発の時刻を聞きたい」と言うんだ。「じゃあ，午後2時頃出よう」と言った。そしたら，出発の時刻になると特高が来るんだ。「なぜ，君来るんだ」言うたら，「尾行することになってる」と言う。その特高は，ぼくのわずかばかりの荷物を「持ちましょう」と言って持ち，こう言ったよ。「今日は新宿の三越が開店する日です。ちょっと見て行かないか」と。ぼくは，興味はなかったから，断ったけど。

　で，今の京浜東北線で横浜に着いた。横浜の戸部署に連れて行かれて，田無署の警官は，別の私服警官にぼくを引き渡し，自分は帰ってしまった。夕方だった。ぼくは，8時から9時に出る直通の広島行きに乗る言うたんだ。そしたら，神奈川県警の巡査が，その後に出る鳥羽行きに乗ってくれと言うんだ。「乗換えないといけないし，いや

だ」と言ってちょっと争っていると，そこへ私服の警官と紋付きを着た結婚式帰りの警官が派出所に立ち寄った。ぼくらのやり取りを聞いていて，「君，鳥羽行きに乗ってくれよ」と言うんだ。ぼくは「いやだ」と言った。「ぼくは，裁判所から保釈とされた人間だけど，広島行きに乗るなとか，鳥羽行きに乗れとかいう指令を受けてはいないんだ。君らに指図されるいわれはない」と。すると，その警官は「もし鳥羽行きにしてくれれば，これから映画館へ連れて行くし，鍋焼きうどんを喰わせるから」言うし，結婚式帰りの警官は，結婚式で出た，まだ封を切っていないサンドウィッチを「これ，夕飯につかってくれ」言うんだ。で，ぼくは妥協したよ。彼は，ぼくを映画館に連れて行ったよ。今はどうか知らないが，当時は警官は映画館に只で入れたからね。鍋焼きうどんは食べそこねたが。映画館には当時，雑貨を売り歩く売り子がいて，警官は落花生を買ってよこした。映画は『日蓮上人竜の口受難』とかいうんだったかな。

　その後，列車に乗って眠った。途中でふと眼がさめると，その神奈川県警の警官はいなくて，代りに静岡県警の者だと名乗る男がいた。警官同士は，プラットホームでハンケチを振っていたよ。お互い知らないから，それが合図だったんだろうな。県が代る毎にこんな調子で，やがて，三原に着いた。

鷲山　鳥羽行きにこだわったのは，そういう手筈ができていたからですね。三原で迎えてくれた人はいましたか。

高沖　迎えに来たのは三原の警察だけ。この警察とは大喧嘩をした。三原署はちょっと出かけるだけでも一々届けを出せというんで，ぼくは，なぜそんなことする必要があるんだ。東京では，こんなことで所轄署なんかに行ったことはないぞ，ってね。

　ぼくに金を送ってくれた男ね。この男くらいしか，話ができる友人はいなかった。

鷲山　お母様はどんな反応だったのですか。

高沖　別にどうということはなかった。ぼくは，子どもの頃から

ちょっと変っていると思われていたからかな。
太田 三原にどのくらいいらっしゃったのですか。
高沖 半月くらいかな。その友人からまた交通費をもらって，東京に戻ってきた。その時は，警官の尾行もつかなかった。あの尾行は何だったのかな。

2　江東地区に戻る

高沖 東京に来ても家がない。ただ，また運動をやろうと思ってた。で，ぼくのいわば本拠は江東地区だ。

　花木ゴムの争議の前だったかと思うんだが，評議会系の東京木材労働組合と，労働組合同盟といったかな，麻生久なんかがやっている中間的な労働組合があったんですよ。そのほかに，学問もなにもない木場の倶利迦羅紋紋の連中を組合に組織して，親方と労働条件を交渉して，ピンハネして生活しているボスがいたの。背中に入れ墨した，平田啓太郎という人だけどね，それも相当の組合員をもってた。独立の組合だ。その連中も労働争議の中に余儀なく巻き込んじゃって，その倶利迦羅紋紋と相当話をして，だんだん思想的にこっちに引き寄せていたんですよ。

　ぼくが三・一五事件でとっ捕まって，［1931年に］外へ出て，いちおう郷里へ帰ってまた東京へ出てきたとき，組合も何も失ってしまって何もないわけです。頼れるのは，当時争議を指導した組合員ですよね。だけど，あまり貧乏している連中を頼ったら向こうに迷惑をかける。ひと月やふた月厄介になっても平気ぐらいの経済力のあるのでなきゃ困る。どうしようかと思っているときに思い出したのが，その平田啓太郎なんです。いろいろ話をして仲良くなっていた。

　彼はぼくらの系統の日本労働組合評議会の革命的労働組合の組合員じゃなく，暴力団がかった団体の者で，木場の木材労働者と木材業者との間に立ってイザコザを解決したりして，木材業者から金をもらっ

ていたんですよ。でも、木場の労働者の一人だったわけで、筏乗りをしたりして、ちょっと侠気がある。新しい思想にも興味を示していて、ぼくと仲良くなっていた。そこで、よし、彼のところへ行ってやろうと思ったの。しみったれたことを言わないし。彼のところへまず行って、それからどうしようか考えようと思った。深川へ尋ねて行ったら、彼はいた。そして、労働者でも親方的なところのあった男だったが、製材工場を作っていて、十人くらい人を雇ってた。大きな丸い鋸がうなりをたてて回ってたよ。で、「君のところに厄介になれんかね」と言ったら、「高沖さん、どうぞ。私のところに何日でもいてもいいですよ」と言うんだ。でも、何もしないでいるのもイヤだし、製材の仕事を少し手伝った。ぼくはそこへひと月ぐらい厄介になったかな。

平田は、ぼくに仕事はしなくていいと言ったけど、そういうわけにもいかない。ぼくが指導していた組合の組合員ではなかったどころか、ぼくらの組合が彼らの組合というか団体を、いわばつぶしたんだからね。この平田は、戦後は会っていないけど、確か共産党の区会議員になったと思う。

その木材の仕事を手伝っていたところ、今でも時々出るんだけど、刑務所で懲罰を喰らって湿気の多い、畳の腐った部屋に入れられていたでしょ。そのために、膝が痛くなったんですよ。足を引き摺るようになった。

それで、製材の仕事を止めて、ぼくが以前に指導したガラス組合の組合員で、うまくいっているらしい高橋という人のところに行ったの。組合の活動でも信頼してた人だった。ぼくよりずっと年上だったが。彼も親方クラスになって熱いガラスをプーっと吹く職人を何人か抱えてた。彼はぼくを歓迎してくれて、そこにずっといていいと言ってくれた。

そうしている間に、木材労働組合の全協と連絡がついた。全協は、日本労働組合評議会の流れをくむ、共産党系の非合法の組織ね。でも、そこと連絡している間に連絡が切れた。そうしているうちに、やはり

全協の交通労働組合と連絡がとれた。新宿の車庫のバス，なぜか知らないが，当時はバスを円太郎と呼んでいた。その車庫に女車掌連中のたまり場があって，そこのオルグをした。あのころ，バスの車掌というのは女性の仕事の花形だった。広尾に青年部があって，ここのオルグもした。その活動で駆け回っていたけど，ぼくは三・一五の前は労働組合の委員長もしてたし，政策を作ったりもしてた。オルグだけだと，上から来る指令だけで動くわけだし，その指令・政策にも少し不十分さを感じ，不満がなくはなかった。

　そうしているうちに，また，連絡が切れた。連絡が切れたというのは，どこそこで会おうと決めてあって，相手が三十分以上現れなかったら，もうそこにいることはできないというのが鉄則なのね。三十分以上待っていると，相手が捕まって吐いた場合，警官が来るわけですよ。三十分たって来なければ相手が捕まったと想像せざるをえない。だから，その場を離れるんだけど，それで連絡が切れるわけね。

　そうそう。敗戦直後ね，ある集会で，その連絡をとってた男と偶然会ったよ。その男はやっぱり捕まってた。ぼくのことは吐かなかったらしい。吐けばぼくは捕まっていますよ。戦後になって，そんなことは終ったことだから詳しくは話さなかったけど。

3　三・一五事件のあと

　ぼくは，ずっと労働組合運動をしていれば，代議士なんかに当選できないことはなかったかもしれない。ずいぶん顔も広かったし。日本共産党の連中でも，当時ぼくほど労働組合を指導したのは少ないと思うよ。

　労働組合の中心は争議だよ。争議がなきゃ，なにも大したもんじゃないんだもの。ぼくは，二宮ガラス，木場の木材争議，花木ゴム争議，電機争議，それから行田の足袋の争議(注1)の応援に行ったり，川崎の日本なんとかと言った会社の争議とか，争議を絶えず指導していた。

だけどぼくは，自分が労働組合争議に関係したなんて一度も書いたことないんですよ，今まで。ぼくの論文の内容が混乱するから。
　だって，労働組合争議をやったり，トーマス・マン[64]だとかポール・ニザン[65]だとかの評論を書いたりというと，読む人はちょっとへんに思うでしょう。どっちかがウソじゃないかということになっちゃう。だからそういうことは書かなかった。
　ぼくは学歴を問われるのがいちばん嫌なの。『世界文化』とか『唯研』だとかにヨーロッパ文学史を書く頃かな，淀野隆三[66]とアンリ・ドランの『ニーチェとジード』というのをフランス語から訳したり，ハイネの『ドイツにおける宗教と哲学』とかを翻訳したでしょう。そうしたらいろんな人が，「失礼ですが，あなたはどちらの大学の出ですか」と訊くんだよ。向こうも悪気があって訊くんじゃないんだけど。なかには東大卒か京大卒ぐらいに決めている人もいてね。ぼくはあえて弁解もしなかったけど。どうしてこういう論文を書くようになったか詳しく説明するのも面倒くさいし，それがとても困る。「どこも出てません」と言うと，向こうは嘘を言ってるんじゃないかと思うだろうしね。ぼくと一緒に共訳をした栗原佑は，「なあに，そういうときはベルリン大学卒業と言っておけばいいんだよ」と言ってたけど。

　あまり言いたくないけど，組合の指導者として，大衆の本質を知っていて，活動を組織したぼくの経歴を［共産党は］評価しないんですよ。
　三・一五事件のあとで出た［出獄後の］ときも，全協の運動をやったのよ。平田啓太郎に厄介になっているときに，ぼくは木材［組合］のオルグに使われた。橋のところでいくら待っても来ないんだ。前に言ったように，三十分も待ったらもう危ない。三十分待っても来なければ帰る。［すると］連絡が切れちゃう。
　ぼくは労働組合の争議部長と委員長もしていたんですよ。［獄に］長く入っていて，他の人が転向してもぼくは最後に出てきている。ぼ

くを信頼すれば当然，幹部級に入れて，労働組合の指導にあたらせるべきですよ。ぼくをそういうポストにつけるべきだ。それがただのオルグでしょう，方針もさっぱりわからない。ぼくは怒っちゃったんだ。いままで何百人という労働組合の指導者としてやっていたのに。

鷲山 そのへんのところは評価が違うんですね。

高沖 セクト主義なんだよ，みんな。だけどこっちから切ったんじゃなくて，連絡が切れたから。［評価もされないし］あとはもう［連絡を］とらなかった。

戦前の労働組合は惨憺たるもの。ダラ幹がカネを儲けようと思えば儲かるんだから。ぼくはしばしばこういう経験をしたよ。

たとえば百人ぐらい使っている中小企業——当時は大企業はなかったから——でだれか一人クビ切られるでしょう。そういう場合にぼくはしばしば交渉に行った。多くの場合，クビ切られる人間にも落ち度があるんですよ。だけど，できるならみんなを立たせたいというのがわれわれの方針だから，それをカバーしながらビラまいたり交渉したりする。交渉に応じた社長もいて，そのなかに「組合には百円出します。だけどあいつ——クビ切った労働者ですね——にカネをやる理由はひとつもない」と言うんです。そういうことを言う社長が二，三人あったな。だからクビ切られる人間にもどこか悪いところがあるんだろうけど，それに応じれば組合との交渉は切れちゃうし，クビ切られた人間は組合を失うから，それっきりになっちゃう。そういうように，利用しようと思えば利用できるんですよ。

あるいは，無知な木場の職人を組織して独自に倶利迦羅紋紋の組合をつくって，賃上げ要求があるぞと言って工場主に圧力をかけて，争議をさせない代わりになにがしかカネをとるとか。野田争議のような大きな争議のときはあの当時のお金で五万とか，解決するとみんなもらうんですよ。評議会はそういうことはしなかったから，弾圧されて……。

だからぼくは，今の幹部なんか見ていると胸くそが悪くなる。

ぼくはいろんな事をやってきた。

　[感謝状を示しながら]これはぼくがもらった総評からの感謝状ですよ。

鷲山　立派なものですね。

> 　あなたは長い困難な労働運動のなかで自己の栄達を顧みず、恵まれない人々のため今日まで努力されてきました。あなたがたの努力のおかげで私たちの組織も、日本の民主主義の確立、平和と独立の闘いに、今日みられるような大きな前進を示しました。本日総評創立十周年記念の式典を開くにあたり、ここに記念品を贈呈し、深く感謝の意を表します。
> 　一九六〇年七月三十一日
>
> 　　　　　　　　　　　　　　　　総評議長　太田　薫

4　三・一五後の共産党

太田　三・一五の前は共産党の細胞があって、先生はそこに属しておられた、と。で、出獄後はどうだったのですか。

高沖　細胞も何もないよ。

太田　先生の場合は、共産党の組織としての活動はもうできなくなったわけですね。

高沖　そう。だから全協に関係したんだ。党の組織はあるのかないのか。まだいくらかあったんだろうと思うけど、もう弾圧で無力化した頃だね。

　だけど、こういうことがあった。袴田里見いうのがいたでしょ。彼は労働者出身で、三・一五の頃はハバロフスクだと思うが、そこのクウトヴェ、極東勤労者共産大学というのね、そこにいた。しばらくして、組織再建のために帰ってきた男なんだ。袴田は中央委員をしてた

と思うが、当時の彼に会ったことがある。袴田の「ハウス・キーパー」をしてたのが田中ウタちゃんという女性だった。戦後は別れたと思うけど、ぼくはその後会ったことがないのでわからないが。彼女はぼくが三・一五前に労働組合運動をしている時に、東京合同の組合員としてその事務所にいた女性で、ぼくは知っていたんですよ。ウタちゃんのお兄さんは、本名は秋山長三郎といった。桐生高校だったか高専［桐生高等工業学校］といったか、戦後は群馬大学工学部になったところね、そこを出て、党で活動してた。彼もぼくは知っていた。彼も三・一五で捕まって、昭和8年頃保釈で出ていた。

［袴田が］秋山君に金に困っているいう連絡をよこしたんで、三・一五関係者にその話をして、四、五人集ったよ。泉盈之進[67]という歯医者もいたよ。二、三十円だったか作って渡すことになったが、だれがそれを渡すかが問題だった。世田谷の豪徳寺だったかでね。ところが袴田を知っているのはその兄さんだけなんだ。その兄さんがウタちゃんに金を渡して捕まった場合、ちょっとまずいし、ウタちゃんを知っているのはぼくだけで、それでぼくが行くことになった。嫌だったけど。

しょうがないから地図を貰って、豪徳寺だったか経堂だったか、当時のことだから小田急の沿線の草木が生えてるようなところで会って、そこで金を渡したよ。だからその頃は、党の活動がまだあったよ。

だけど、プロ科［プロレタリア科学研究所］[68]では、だれが党員かはわからず、個別に連絡をとっていた人間がいたかもしれないが、活動をどの程度してたか。

当時、国民救援会というのがあった。国際的な組織で赤色救援会ともいってた。ローテ・ヒルフェと確かいったと思うが、国際組織の会長はミュンツェンベルク[69]とかいうドイツ共産党の中央委員か何かしてた人物。ぼくは誰だったかを介してある人物に会ったら、その機関誌、薄い五十頁くらいのものだったが、これをぼくに訳してくれというんだ。薄いにしても一人で一冊全部訳すのは大変だと思って、引き

受けたけれども，当時高円寺に住んでいたんだが，近くに住んでいた新島［繁］70)君に雑誌の一部を破って訳してくれと頼んだ。

　もう一人，横川次郎さん(注2)という人がいた。これは初期の東大経済学部を出た人でぼくらより年上だった。彼は東大を出て，宇都宮高等農林の教授をしてた。左翼的だいうんでクビになってた。その後，改造社から『マルクス・エンゲルス全集』が出た，その編集をして，その翻訳全部に関係してたんですよ。彼はその後，だれかの縁で一家で満州に行って満鉄だったかの新京出張所の所長か何かになった。その後帰ってくるかと思ったけど，帰ってこなかった。中国に骨を埋めたんですね。その横川さんにも一部を訳して貰った。

　まあ，そういうわけで，当時は国際的な連係も，いくらか取れていたことはいた。でなければそんな雑誌が来ているわけはない。

　清家［寺尾］とし71)という日本女子大の卒業生(注3)で，一番早く左翼化した女性じゃないかと思うんだが，もう一度運動してくれと勧めに来た女性がいた。これも，いちおう組織的なものがまだあったためじゃないかと思う。

太田　そこで応ずれば，また組織的な運動をされていた可能性もあったわけでしょうかね。彼女は，日本女子大で，東京女子大ではないんですね。

高沖　そう。東京女子大の人の方が運動したのは多くて，日本女子大の方は少なかったけどね。日本女子大は保守的な学校だったからね。

（注1）『日本労働年鑑』1928年版によれば，1927年4月に「行田足袋工」で四十人規模の争議があった。
（注2）横川次郎の訳書に，フランツ・ボルケナウ『近代世界観成立史』（叢文閣，1935年）がある。高沖と親しかった新島繁との共訳である。
（注3）寺尾とし『伝説の時代』未来社，1960年，参照。

第6章　翻訳と著述活動へ　1930年代前半

1　ヴォルテールとハイネを訳す

高沖　でも，［元の組合員のところに］何もしないでやっかいになるのはいやだった。いろいろ考えて，監獄の中で読んだヴォルテール[72]の『カンディード』を訳してどこかに売ろうと思ったの。それで，これを訳して当時の春陽堂文庫に持ち込んだんですよ。春陽堂は当時は有名な本屋で，泉鏡花などを出してた。そこへ持ち込んだら，採ってくれたんですよ。出たんですよ。昭和9年の終りですよ。ぼくは始めて訳したものを出した。あとで戸坂潤に本を渡したら，ほめてくれて，雑誌『唯物論研究』に書評みたいなものを書いた[(注1)]と思うな。

　フランス語自体としては，ヴォルテールの文章はそれほど難しいとは思わなかったけど，この訳は，ぼくの学問の不足がが災いして，付けた注で人名などフランス語読みして書いたところがある。

　その頃ね，三・一五や四・一六の連中の裁判が始まっていたし，被告の連中が監獄から出てくる。まあ，中央委員は別だけど。そこで，被告会議いうのが開かれてた。何回目かのが杉並のほうで開かれたんですよ。『カンディード』を訳した後だったと思うけど。で，そこに行ったら，亀井勝一郎[73]がいたよ，彼は三・一五の後で捕まった。

　栗原佑君もいて，そこで知り合いになった。二十人くらいいたと思う。内容は忘れちゃったけど，ぼくは亀井勝一郎がそこで述べた意見に反論したのを憶えてる。以来，彼にはすっかり嫌われちゃったよ。何回も以後に会ったけど。その時そこで栗原君に会って，ハイネの『ドイツの宗教と哲学』かな，この翻訳を一緒にやろうと誘われた。どうしてぼくを誘ったのか，それは忘れたけど。出版社を探す必要もあるが，それは訳してからということになった。ぼくは，ガラス屋の

やっかいになりながら栗原君の所へ出かけて一緒に翻訳した。前半をぼくが訳して後半を栗原君が訳すことになった。まず，ぼくが訳して意見を述べ合ってその席で原稿にしたんですよ。その間に，改造文庫から出してもいいということになった。それで，栗原君のところが数頁で終る頃になった。

ところで，当時，彼は武蔵境に住んでいて，ラスキンの翻訳で収入を得ていた。それにはこういう事情がある。栗原君の親父さん栗原基[74]は，当時，旧制三高の英語の教授をしていた。この人は，旧制二高を出て東大の英文科でラフカディオ・ハーンに教わったんだ。栗原君は戦後，親父さんが英語できれいに筆記したラフカディオ・ハーンの講義録みたいなのを持ってましたよ。栗原基の旧制三高教授時代の教え子に御木本隆三［1893—1971］という，真珠王［御木本幸吉］の息子がいた。御木本というのは真珠の養殖を初めて行った真珠王で，銀座に大きな店を構えていた。この息子は三高で栗原君の親父さんに教わり，京大で河上肇に教わった。

だけど，これは嘘か本当か知らないが，河上肇が「君みたいな大金持ちはマルクスを研究するよりラスキンを研究するほうがいい」と言ったという。で，その御木本は，ラスキンの研究を生涯の仕事にしたよ。ラスキンの全著作を翻訳した。まあ，自分も訳したろうけど，他の人にもやらせた。栗原君は親父さんの教え子ということで，この御木本を知っていて，それでラスキンの翻訳をしていたんですよ。

鷲山　すると，先生はその高橋さんというガラス屋で，翻訳を始めたわけですか。

高沖　まあ，そこの子どもたちに家庭教師のようなことをしていた。オルグ活動の方は，連絡が切れてしまったし，あとは翻訳をするようになった。

それで，ハイネの訳があと数頁で終るというところになって，栗原君の所に行って泊って待ったけど，彼は帰って来ない。捕まっていたんだね。あの大泉兼蔵[75]事件の頃だった。大泉との関わりがあったわ

けではないけど。栗原君はそれから五年間，実刑を喰らった。滋賀県の膳所(ぜぜ)刑務所に入ったんだ。

　彼は京都学連事件で捕まって，執行猶予か起訴猶予かになった。その後，三・一五でまた捕まり三年の刑で執行猶予，さらにまた捕まって，もう実刑を免れないわけですよ。刑務所から勘定すると，六年くらいいたわけですよ。そういうわけで，残りを訳して改造社に持って行って出版した。昭和8年頃，ハイネは有名なことは有名だったけど，恋愛詩人として有名なんで，哲学などについて書いていようとは，またマルクスと知り合いだなどとは思われていなかったんだよ。その頃は生田春月などの訳があったかな。まあ，高山樗牛の「巌を抱きて云々」に出てくるハイネといったイメージだ。という状況では，ハイネ『ドイツ哲学宗教史』などというタイトルでは売れるわけはないと思って，ぼくは『ドイツ古典哲学の進歩性』という題に代えたんですよ。「はしがき」や「解説」には，その旨を書いたけどね。

　その時，「解説」はある程度長く書いたんですよ。その内容は，栗原君がぼくに教えてくれたことを書いたんだけど。まあ，栗原君に教わったことをぼくがいくらかうまく文章化したということは，ぼくにもいくらか文章の才能があるらしい。それはともかく，このハイネの本にはエンゲルスの『フォイエルバッハ論』が触れているし，メーリング[76]なども触れていた。そういうこともふまえて比較的詳しく，当時のドイツの社会状況にもわたりながら「解説」に書いた。そうしたら，一躍有名になった。

2　プロレタリア科学研究所と新島繁との出会い

太田　出獄後にプロレタリア科学研究所［プロ科］と関わりがおありでしたね。

高沖　そう。文学的なものを書く前に，ぼくはプロ科に関係したんですよ。ぼくは経済学を勉強して，世界情勢や経済情勢を研究しようと

思ってたんで，プロ科の世界情勢班とかいうのに関係した。

太田　それは三・一五で出獄した後ですね。

高沖　そうそう。ハイネを翻訳した前後だったか，その辺はよくわからないが。

太田　『カンディード』を訳されたのは，出獄直後とのことでしたが。

高沖　そうそう。でも，その時はまだ文学をやると決めていたわけじゃないんだ。そのあと栗原君とハイネを訳した。それとプロ科との関係の先後がよくわからないんだ。

太田　プロ科に関係されたのは，だれかに誘われたのですか。

高沖　それもよくわからない。プロ科に関係したんだが，プロ科はいくつかの専門部会に別れていて，その中の世界情勢に関係した班に属した。そのキャップが小椋広勝[77]という人。ここにメンバーが五，六人いた。小椋さんは東京商科大学［現・一橋］を出た人で，三・一五の被告になった人だった。出獄後，彼はヴァルガ[78]という有名な経済学者(注2)の『世界経済年報』いうのを訳していた。叢文閣から出していた。ヴァルガは1929年の世界恐慌を予言したというので有名になっていた。小椋さんは戦後には立命館大学の教授になった。ぼくは初めて『プロ科』の何月号かに「ベルリンの戦い」という題で五十枚くらいのドイツの情勢を書いた論文を載せたことがある。

太田　それは本名でですか。　ペンネームですか。

高沖　そこんところはよくわからないけど，ペンネームだと思う。

太田　ベルリンの戦いというのは，当時のナチズムと左翼勢力との戦いという意味ですね？

高沖　そう。「ベルリンの戦い」は，『ローテ・ファーネ［赤旗］』とか『インテルナチオナーレ』とかいうようなものの資料・データによって書いた。

太田　プロ科の活動の様子はどんなものでしたか。

高沖　神田に事務所が在って，会合する場所を持っていた。あの時代は，唯研だって会合する事務所が在った。当時は家賃なんて安いもん

だった。

太田 プロ科に集ったのは共産党系の人々だったということになりますか。

高沖 多かったね。共産党員は少なかったと思う。そういうことはともかく、プロ科にいた人としては、小椋氏のほか、新島繁、秋沢修二[79]、寺島一夫［本名・佐藤一郎］[80]、まあ偽名をしてたからよくわからんが。

太田 新島繁さんとはそこでお知りあいになったんですか。

高沖 プロ科で知り合った。昭和8年に、マルクベット・ケルニ［不詳］と言ったかな、ドイツ人で、『ソヴェット同盟に於ける文化革命』だったか文化五ヵ年計画か、文化計画か、そんな題名のパンフレットがあって、それを入手して、ぼくはそれを訳そうと思った。とにかく文化関係の事業ですよ。そしたら新島君も訳しているということを聞いて、ぼくは国際情勢の部会で、彼は新興教育関係の部会にいたけど、それで会ったんだ。彼は東大独文出身で、北［通文］[81]さんなんかと同級だよ。それから彼とよく接触するようになった。ともに高円寺に住んでたからね。たくさん教わったよ。その後は不義理にしてしまったけど。戦後は、神戸大学の教授になった。

太田 新島繁は「唯物論全書」に、『社会運動思想史』を書いていますよね。

高沖 そう。あの人は筆の達者な人ですよ。

太田 この方も、先生と同じで、ドイツ文学に限らず、古代からルネサンス時代から、幅広く論じておられますね。

高沖 そうそう。

太田 プロ科は割合短い期間の活動ですね。プロ科との関わりはいつ頃まででしたでしょうか。

高沖 昭和8年頃までだと思う。当時、フランス共産党関係の宗教問題の研究者が書いた『教会の社会的役割』という本を訳して出版したところ、ほとんど即日に発禁になった。プロ科は、弾圧で実質的には

その頃に解体していたと思うし，ぼくも行かなくなった。しょっちゅう弾圧があってね。発禁になったり。中心メンバーも何人かやられたんじゃないかな。

太田 プロ科が弾圧でやられたので，再建という意味合いも含めつつ唯研につながっていったということでしょうか。メンバーとしては，プロ科の人間でも，唯研に直接は関わらなかった方々も多いですが。

高沖 そのあたりの人脈で言うと，プロ科の前に『新興科学の旗の下に』という三木清や羽仁五郎[82]がやっていたのがあって，本多謙三[83]もいた。ただ，プロ科から唯研へというあたりの事情は，直接には知らない。

3　長谷川如是閑のこと

高沖 ぼくは文章を書くのは多少なれていた。ぼくが本格的に文章を書くようになったのは，今言ったプロ科の「ベルリンの戦い」だった。ハイネを訳した後もまだ，世界情勢などの勉強をしたいという考えがあって，「ベルリンの戦い」の後で，長谷川如是閑[84]の『我等』に三回くらい論文を書いた。これは自分から原稿を持ち込んだんだったように思うが，だれかの紹介だったかもしれない。よくわからない。ぼくが初めて行ったのに，ぼくの原稿を採ってくれたんですよ。文学じゃなくて世界情勢を書いたもの。その時は，『ユマニテ』などによりながら，フランスの選挙などを採り上げて書いたのを憶えてる。岡何とかいうペンネームで書いた。

　長谷川という人は，ジャーナリズムの大御所で，『我等』という個人雑誌を続けていくだけの読者層・支持者を持っていた。長谷川如是閑と会った時，朝日新聞の幹部社員の嘉治隆一[85]が来てた。社会思想社の一員で当時の社会民主主義者だね。彼は長谷川如是閑の面倒を見てた。嘉治氏に偶然会ったら，その『我等』の論文は，旧姓の岡本の字をとって，岡という名前になっていたんだが，東大の岡義武さんが

ペンネームで書いたのかと思ったとぼくに言ってたよ。だから，ぼくのヨーロッパ情勢の研究論文いうのは，そうバカにしたものでもないらしかった。で，長谷川如是閑いう人は，ぼくが共産党に関係しているということは知っているんだよね。それでも平気なんだ，彼は。

　戦後に静岡大学の憲法学の教授になった鈴木安蔵君が，紹介してくれ言うんで，連れてったよ。長谷川如是閑は河上肇を知ってるわけだからね，河上のことや大山郁夫[86]のことなんかの話をした。長谷川如是閑はリベラリストで左翼嫌いではなかった。珍しい人だ。ぼくといろいろ情勢なんか話をしてね。日本のインテリは，進歩的な人は別だけど，累が自分に及ぶのを恐れるんだよね。ぼくはいろんな人に会ったけど，その中では長谷川如是閑が一番偉かった。

　ぼくは如是閑のところへよく出入りしてた。そういえば，如是閑が文化勲章を貰ったとき，嘉治が祝賀会の幹事になって出席しないかとぼくに言ってきたことがあった。ぼくは行かなかったけど。

太田　当時は，共産党の側に社会ファシズム論的な発想はなかったのですか。

高沖　社会民主主義勢力がファシズム的になるのはもう少し後だね。社会民主主義との関連という点では，講座派と労農派の対立にだってそういう面がある。この対立は結局山川均などの社会民主主義的なものと，第一次共産党が堺利彦や荒畑寒村[87]やなんか捕まって，共産党の再建をする時に分れたんだ。それまでは堺も共産党的な考えを持って，共産党を作ったわけだからね。ところが捕まって，社会民主主義的になって再建の共産党に参加しなかった。荒畑寒村だけは態度があいまいなまま再建の委員会には幾度か出席したのだと思う。そこで彼は三・一五事件の時にいちおう検挙された。そういう対立は前からあったんだ。大正末期からだね。

鷲山　1935年頃といえば，文化擁護作家会議などがあった時代ですが，先生は例えば文化擁護作家会議の情報やコミンテルンのディミトロフの人民戦線政策などの情報は，どのようにして得られていたのですか。

高沖　ディミトロフのは一般の新聞で得たんじゃないかな。

4　舟木重信との出会いと『思想』

太田　先生は政治活動から距離を置かれて，翻訳や執筆に重点を移されたわけですね。

高沖　そうなるね。その点では舟木さんのことを話さなくてはいけない。ハイネを一緒に訳していた時，栗原君が捕まる前に，ぼくにこう言っていた。「もし，わからないとこがあったら，吉祥寺に舟木重信という人がいる。君も知ってるだろう」と言うから，「名前だけは知ってるよ」と答えると，「その舟木さんを，ぼくの紹介だと言って訪ねるとよい」というんだ。ぼくは，特にわからないところはあまりなかったけど，詩みたいなところでちょっと理解しにくいところがあった。ハイネの訳を改造社に渡す頃，昭和7年頃だったかな，秋だったと思う。電話もあまりないときで，舟木さんの家にも電話もなかったと思う。アポイントメントをとるなどということも出来ないので，突然舟木さんのところへ行った。そして栗原君の紹介だがと言って，わからないところなどについていろいろ話をしたわけですよ。

　舟木さんも前の奥さんを亡くされた後で，お嬢さんと二人でばあやをおいて暮していた。で，舟木さんはぼくと共鳴した感じで，「君，ちょくちょく遊びに来いよ」という話になった。

鷲山　舟木重信のお兄さんも作家志望じゃなかったですか。

高沖　そうそう。ぼくは舟木さん一家の人々とはほとんど交際があった。

太田　フランス語の翻訳，ドイツ語の翻訳と続いたわけですね。

高沖　ぼくは当時はフランス語のほうをよく読んでいた。フランス語で小説を読んでいられるなら，一生監獄にいても楽なもんだとすら思ったくらいだ。面白いからね。だけど，ハイネの本の翻訳・出版を転機に，自然にドイツ文学の方へ変って行ったんですね。ハイネの本

を訳すことでいろいろ知識を得て、ヘルダーやレッシングに非常に興味を持ったんです。そこで、ドイツのマルクス主義者の研究などを参考にしながら、ヘルダーの『イデーン』を読んだんですよ。そして「ヘルダーの『イデエン』における弁証法」^(注3)という論文を書いた。昭和8年のはじめ頃ですよ。

この論文を書いた時、舟木さんに「この論文を『思想』に紹介してくれ」と言ったわけですよ。そしたら、すぐ紹介してくれた。当時の『思想』は、事務的なことは別として、林達夫[88]と谷川徹三[89]が原稿を採択する権限を持っていて、両氏の同意がないと載らない時だった。ぼくは舟木さんの紹介状をもって、林達夫に直接原稿を渡した。そしたら、載せましたよ。

次に、レッシングの戯曲論を論じた五十枚くらいの論文を持って行って、今度は事務員に渡した。無条件に載せてくれると思ったんだけど、ふた月たってもみ月たっても載せないんですよ。それで、ぼくは短気だから、載せないなら原稿を返してもらおうと思って取りに行った。すると、事務員は、その原稿は谷川氏が自宅に持って行っていると言うんですよ。ぼくは、では谷川氏に会おうと思って、数日後だったかに谷川氏の家に行った。そしたら彼がいて、応接間に通した。「先生、あの原稿、だめなら持って帰ります」と言ったんですよ。そしたら、「いや、まだ読んでいない。今読むから、ちょっとここで待ってくれ」と言うんです。

で、応接間を見回すと、出窓があって、立派なドイツ語の本が並んでいた。あの時代のドイツ語の本は、風格のある美本で、装飾に使えるような立派な本だったな。ディルタイ[90]とかグンドルフとかオスカー・ヴァルツェル［ドイツの文学史家］とかペーターゼンとか、あの時代はやったリテラトゥール・ヴィッセンシャフト、文芸学の有名な本が並んでた。それを見ていると、谷川氏が入ってきて、「この論文は私一人が読んで、そのまま返すような論文じゃない。林君と相談して決めますから、それまで待って下さいよ」と言ったんで、ぼくは

そのまま帰った。そしたら,『思想』に載せました[注4]よ。それでぼくは,論文はある程度書けるんだと,その当時思ったんですよ。

5　『藝術学』など

太田　論文も,世界情勢から文学論へと,活躍の場が広がったわけですね。

高沖　その頃はぼくはよく勉強したと思うんだ。フランス文芸理論,テーヌ[91]とかブリュンチエールなどね。それからレッシング以来のドイツの文芸理論ね。ディルタイなどもいろいろ読んだ。ぼくに,本を書いてくれいう話があって,ぼくは昭和11年頃,『藝術学』いう本を書いた。別にマルクス主義的じゃないんだけど。ある程度大きな本で,これは相当売れたんですよ。

太田　出版社はどこですか。

高沖　ナウカ。で,ぼくは収入は少なかったけれど,文芸理論家としてある程度評価されるようにはなってきたんです。高橋というガラス屋からは出て,その頃は高円寺に住んでいたんですよ。ガラスをプープー吹いているところで「藝術学」は書けんからね。

鷲山　どのくらい売れたんですか。

高沖　『藝術学』は二千部かな。改造文庫のハイネの翻訳は五千部刷った。でも,やはり金に困って,何か翻訳をしようと思った。舟木さんの弟子で小口優という人がいるんだ。頭のいい人だった。

鷲山　グンドルフの『シェイクスピア』を訳している人ですね。

高沖　そう。で,その小口氏に「何か翻訳するのにいい本はないか」と聞いたんだ。そうしたら,早稲田大学の図書館の本だけどと言って,アンリ・ドランという人の『ニーチェとジイド』という本のフランス語原書をぼくに示した。当時,ニーチェもそうだけど,ジイドが流行ってたんですよ。で,「高沖さん,この本は売れるかもしらんよ」って言うんですよ。ぼくは訳そうと思ったけど,著者がどういう

人かわからない。

　淀野隆三(注5)という，東大の仏文を出て，岩波文庫にプルーストを訳していた人がいた。彼は三高で梶井基次郎の親友で，その随筆などを編集して出したりもしていた。東大仏文で三好達治とも同級かな。平岡昇さんより二級くらい上だと思う。その淀野君は後に明治大学の仏文の教授になった。

　そうそう，彼は保田与重郎や亀井勝一郎なんかと一緒に日本浪曼派の一員になっていましたよ。淀野君の親父は京都で鉄工所を営んでいて大金持ちだったらしく，堀ノ内に大きな立派な邸宅を持っていましたよ。日本浪曼派の一部の連中が，その淀野君宅に集まってましたよ。淀野君は最初はプロレタリア文学同盟とかに入っていて，左翼だったの。だんだん右翼化していった。

　彼がやや右傾化しはじめた頃だったと思うけど，それはともかく，以前から彼を知っていたから，彼の所へ本を持って出かけて行った。そしたら彼は，「調べてみるが，ぼくも半分訳したいな」と言った。「だけど，これは早稲田の図書館の本だから半分に割るわけにはいかないよ」とぼくは言った。すると，「この本をぼくは探す」といって，見つけ出した。で，ぼくが前半を訳して，彼が後半を訳して，建設社という本屋があってそこから共訳として出したんですよ。あまり金にならなかったけど。昭和10年頃ね。

鷲山　舟木先生とハイネ研究を出されたのが，昭和8年でしたね。

6　『歐州文藝の歴史的展望』と清和書店

高沖　その頃，清和書店[92]が本屋を始める頃で，文学史の叢書でも考えていたのか知らないが，本の執筆者を探していて，岩波書店に行って，林達夫に本屋を始めるということから話して，その中でドイツ文学史を書く著者はだれがいいかと聞いたんでしょう。そしたら林達夫はドイツ文学史の新しい傾向のものを書くということらしく，ぼくを

推薦したと言うんだ。『思想』に二度書いていたこともあるし，ハイネの翻訳も読んでいたのかもしれない。青山学院を出ていた清和書店の親父さんが来て，そういう事情で「ドイツ文学史」を書いてくれと言うんだ。ぼくは「冗談じゃない。ドイツ文学史を本気で書けば何年もかかる。これから本屋を始めようというのに，執筆期間に出す金もなかろう」と言ったんだ。「本屋を始めるに当たって何か原稿が欲しいというなら，二，三カ月で書く。ドイツ文学というのじゃ売れないだろうけど，それよりはヨーロッパ文学なら読者の範囲も広いので，期待できて売れるんじゃないか，ぼくも金がほしいし」と言ったんだ。本当に二，三ヶ月で書いた。

太田 それが『欧州文藝の歴史的展望——ダンテからゴーリキーまで——』ですか。かなり大きな本ですね。

高沖 ある程度大きいんだ。この本は清和書店の処女出版になるんだけど，それだけに彼はしょっちゅうぼくのところへやってきて，「まだできないか，まだできないか」と催促するんだ。ぼくも冒険心でやった。あとで見ると間違いもあるけど。いつだったか平岡さんに，「本を書くと間違い犯すことになるからあまり好きじゃないんだ」言うたら，「本当にね，ぼくも本を書くと何かともかく間違ってる」と同感してたよ。

ところが，この本は，戦前・戦後を含めて，八千部売っていますよ。最初，千刷ってまた追加した。敗戦直後のまだ本のない時，戦前版のまま三千部刷り，それから評論社だったかで，二千部刷った。昭和25年頃。

清和書店からは，ぼくの本の後に甘粕［見田］石介[93]君の『ヘーゲル哲学への道』が出た。

太田 この『欧州文藝の歴史的展望』の場合，獄中で読まれた本がかなり生きているという感じでしょうね。

高沖 そう。まあ，基礎にはなってる。フランス語も獄中で勉強したんだしね。

鷲山　ゴーリキーなどのものはドイツ語で読まれたんですか。

高沖　いや，ゴーリキーは［改造社で］いろいろ訳されていた。

太田　戦後いろいろ出た『世界文学全集』のようなものは，戦前にはどの程度あったのですか。

高沖　あまりなかった。あったらこんな本は書きませんよ。

　昭和11年の『藝術学』の出版のあとに出版記念会を開いた。出版記念会の存在自体を知らなかったけどね。受付を舟木さんの奥さんがしてくれた。出席者に，舟木さんはもちろん，大塚金之助[94]や土方定一君など。二十人足らずだったけれど，栗原君がいたことも憶えてる。

鷲山　先生が御自分で書かれた本や翻訳は手元にはないのですか。

高沖　ぼくは，一度書いた物を見直すことはほとんどないし，書いたものも訳したものもほとんど何も残っていない。高村［宏］君が古本屋で『戯曲論』を探してくれたけど。

　『ニーチェとジイド』についてはね，戦後，ぼくは大学も出ていないのに，学術会議準備会に呼ばれたら，休憩の時，秋山英夫がぼくのところに来て，あなたの『ニーチェとジイド』の訳を読みましたと話しかけてきた。彼はニーチェに心酔してたみたいだけど，ぼくはニーチェはあまり好きではないので，答えに窮していたら彼は怪訝な顔をしていたけど。

太田　先生は1935年当時，『ニーチェと現代精神』という本をお書きになっていますね。

高沖　そう。ニーチェの思想はファシズムと非常に関係が深いということ。そういう意味でニーチェを批判した。ファシズムに近い哲学だという見解はヨーロッパでもあった。ファシズムに利用されたというよりは，ファシズムの源流であるとぼくは思ってる。ただ，民族主義はニーチェにはあまり強く出ていないけどね。意志の哲学とか超人主義とか，力への意志ね，これは独裁者的な方向なんですよね。ニヒリズムの点が一番大きいかな。ヒトラーの考え方だってニヒリズムだものね。ただ，こういう考えがあまりうまく表現できなくって，失敗し

た本だよ，あれは。

(注1) ブック・レヴュー欄にはこの「書評」は見えない。池田薫訳『カンディード』のブック・レヴューはある。高沖によれば，池田訳より高沖訳のほうが早い。戸坂が書いたのは書評でなく，エッセーで触れたのかもしれない，とのこと。
(注2) ヴァルガの著作としては，1936年に『国際経済時報』(福田書房)が，「国際政治経済研究会」の名前で翻訳・出版されている。
(注3) 正しくは，「ヘルデルの『イデエン』における進化論と弁証法」『思想』1933年9月号。
(注4) 「レッシングの美学及戯曲論の社会歴史的意義」『思想』1934年2月号。
(注5) ここは高沖の記憶違いであろう。淀野隆三は，1935年に岩波文庫で『フィリップ短編集 小さき町にて』を出版，その後もフィリップの本二冊を，岩波文庫から出版した。しかし，『岩波文庫解説総目録』に従えば，淀野の岩波文庫での翻訳はこの三点だけである。

「山本有三論」冒頭(『中央公論』1938年新年号)

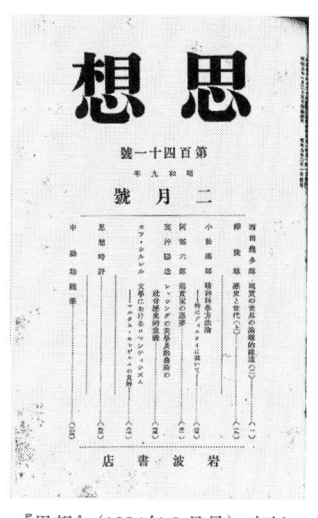

『思想』(1934年2月号)表紙

第7章　文藝評論の世界　1930年代後半（その1）

1　唯物論研究会[95]のこと

高沖　唯研の話になるけど，唯研に何年頃入ったかわからないんだけどね。

鷲山　唯研にはだれかに誘われて入ったんですか。

高沖　戸坂潤ですよ。戸坂潤に阿佐谷だったかの喫茶店に呼ばれた。

太田　それ以前にどこかで面識があったのですか。

高沖　一回は会っていたと思うけど，どこだったか忘れた。ぼくは，『カンディード』の訳を戸坂潤に渡したことは憶えてる。訳が出た時よりかなり後だけど。彼は『唯物論研究』でちょっと書いていた。その前だけど，戸坂氏に阿佐谷の喫茶店に呼び出されたんですよ。唯研にはそれまで入っていなかったんだが，そこで入会を勧誘された上に，幹事になってくれと言われた。だけど，入ってすぐ幹事というのもちょっと変でしょ。幹事には岡邦雄[96]とか新島繁とか石原辰郎[97]ね，相川春喜[98]もいたかな。入会してしばらくしてからならともかく，とぼくは言って幹事は断ったんだ。戸坂氏の顔にちょっと失望の色が流れたのを憶えてる。気の毒なことをしたなと思ったけどね。入ったとは言いながら唯研の事務所にはしげしげと行ったわけじゃない。数回行っただけかな。唯研の研究会で演劇論の講演をしたこともあった。それから，三笠書房から出した『文藝思想史』の執筆も，戸坂と会ったその時に引き受けたんだったかな。はっきりしないけど。

　銀座や日比谷公園の近くに，東北ビルいう木造の建物があった。今から思うと雲泥の差だね，そんなところに木造の建物があったなんてね。その中の一フロアを借りて，唯研の研究会や講演会をしてた。家賃なんか当時は安いもんですよ。プロ科だって神田に事務所を持って

たし。で，その唯研の集りの終るときに，皆の前で三笠書房の人から『文藝思想史』の印税を渡された。百三十円だったかな。その頃ぼくは毎月じゃないけど，隔月くらいに原稿料を中央公論から六十円くらい貰ってたんですよ。で，その倍ちょっとだった。そしたら，戸坂が，「さあ，皆で喫茶へ行こう」と言うんですよ。岡邦雄もいたな。新島君もいたし，何人かいた。十二，三人もいたかな。樽平いう銀座の安い飲み屋に行ったよ。十円そこそこしかとられなかったよ。そのあと，喫茶店みたいなところに入って，コーヒー飲んで別れた。高円寺に住んでいたので，新島君とまた飲んだよ。そんなこともあった。

太田　『文藝思想史』を書くように勧めたのは戸坂さんだったとのことですが，本のタイトルも決められていたんですか。

高沖　そう。向うが指定したんだ。「唯物論全書」はそういうものだと思うけど。専門家に割当てたわけね。岩崎昶[99]なんか『映画論』を書いてるでしょ。そういうようなものだ。唯研の集りが数年前にあって，横浜市立大学の早瀬利雄[100]という人に会った。当時，『現代社会学批判』［1934年，同文館］を書いていた。

太田　唯研で先生がつきあわれた人々にどのような人がいましたか。

高沖　戸坂と新島君かな。それから本間唯一も割合知ってた。石原辰郎も。それから，武田武志[101]は，専門がちょっと近かったので話をした。

太田　「唯物論全書」で『美術論』を書いた人ですね。

高沖　まあ，一番親しかったのは新島君ね。彼は東大独文の出身で，戦前，日大の講師か教授をしてたが，左翼思想のためにクビになり，洋書の古本屋をやってた。奥さんが小学校の先生だったかをして稼いでいた。新島君は，北通文さんや枝法[102]なんかと同期か，前後ですよ。

　戦後は民主主義科学者協会，民科にいた。ぼくや一条［重美］くんや北條［元一］[103]君，小場瀬［卓三］[104]さんなんかと一緒だった。その後で，［新島君は］神戸大学に行った。その歓送会をしたことを

憶えてる。で，彼が亡くなった後，杉並のどこかで追悼会を開いた。そこに神戸大学の連中が何人か来て，世界文学会にも関係していた仏文の小島輝正[105]がいた。

　小島氏から，新島君の後任としてぼくに神戸大学に来ないかという話があった。彼はぼくのことはよく知らないらしかった。小川というギリシャ語の教員もぼくに来ないか言ってきた。だけど，ぼくは大学も出ていないし，あまり乗り気でなかったんだけど，大阪市大で社会思想史の教授だった栗原君に相談したら，甘粕君も大阪市大にいるし，神戸にも知り合いがいるから，ぼくらで働きかけるからというんだ。栗原君は京都の府立一中で，桑原武夫と同期なんですよ。新村［猛］[106]さんより一，二級上ですよ。

　栗原君は，ぼくの府立一中の友人で神戸大学にいる堀喜望という人，この人は広辞苑に協力者として名前が出ているけど，その人に話してみると言ってくれた。堀氏はいいだろうと言ったとのこと。条件は，関西に住むこと。もう一つは，神戸大学文学部は服部英次郎[107]が作ったので，今，奈良女子大にいる服部氏に挨拶に行ってほしいということ。服部氏は，岩波文庫にアウグスティヌスの訳(注1)を出している中世哲学の学者だ。で，ぼくはやめたよ。だって，会ったこともない服部英次郎に会って何をいったい話をするいうんだってね。ばかばかしいし。

鷲山　これは先生の人柄を物語る面白いエピソードですね。

高沖　学歴なんか問われたら困るもの。

鷲山　雑誌『唯物論研究』には何かお書きになっていますか。

高沖　雑誌には三，四回書いたかな。ただ，唯研の雑誌の論文に何を書いたか記憶がない。雑文だからね。(注2)

2　『中央公論』

高沖　その頃，大塚金之助さんと知りあって，親しくなった。大塚さ

んも吉祥寺に住んでいて、よく会っていた。で、昭和10年頃、『中央公論』の編集者の一人だった畑中繁雄[108]氏が大塚さんのところへ来ていた。

畑中さんは戦後日本評論社に行き、そこの取締くらいになったと思う。戦前には中央公論社にいて、それから横浜事件にも関係したんですよ。編集者はいろんな人に会いに行くわけで、大塚さんのところにも編集者がよく来た。彼は売れっ子だったし碩学だった。大塚さんはベルリン大学に留学して、それからコロンビア大学にいて、外国に五、六年いたんじゃないかしら。それで、マーシャルの『経済学原理』四巻の翻訳があった。そんなわけで、大塚さんの原稿は編集者がとろうと思って行くわけですよ。あまり書かなかったようだけど。

畑中さんから戦後になって聞いたところでは、大塚さんの所に行けば「高沖君に書かせろ」と推薦するんだって。だけど、畑中さんの意見では、高沖氏は多少有名だけど、まだ『中央公論』に書かせるほど有名ではないというんだ。だけど、大塚さんが何回か言うので、ぼくに書かせたというんだね。昭和11年［1936年］9月号に最初に『中央公論』(注3)に書いた。畑中さんの話だと、大塚さんは、今ぼくが注目してるのは、経済学では杉本栄一[109]、社会学では清水幾太郎[110]、文学じゃ高沖と言ったというんだ。

太田 大塚金之助氏は、先生には直接はおっしゃらなかったんですね。
高沖 そう。その後、戦争が激しくなって、多くの人が捕まったり、言論の世界も言論報国会式になっていった。ぼくの原稿は、はっきり左翼的というのではないが、よく読めばそういう線を持つものだった。

ある時、大塚さんがぼくのところへ来て、もう雑誌や新聞に原稿を書くのはやめろと言ったのね。後で考えると、大塚さんは自分の推薦でぼくが論文を新聞・雑誌に載せるようになっていたことに責任を感じていたんだね。ただ、偉いと感心したのは、大塚さんは自分が『中央公論』に推薦したなどということをぼくには一言も言わなかったんですよ。でも、情勢が危険になってきたということで、井の頭公園の

すぐ近くに住んでいたぼくのところを訪ねてきて、「雑誌や新聞に書くのは危険だから止めろ」と言い、「生活のことは、三井物産に知人がいるし、教え子が満鉄調査部にいるので、その翻訳ができるよう世話をするから、それをして、原稿を書くのをやめろ」と言った。普通なら、推薦はしても、後は本人の責任だとするところでしょ。なかなかの人だと思いましたよ。

話が戻るが、ぼくが初めて『中央公論』に昭和11年9月号に書いた論文については、青野季吉[111]が「読売新聞」で、小林秀雄[112]が「朝日新聞」で、阿部知二[113]がどこかで、それから河上徹太郎[114]もいたかな、皆ぼくの評論の悪口を新聞のコラムなどに書いた。それでぼくは突然有名になった。

太田 反響が大きかったわけですね。

高沖 そう、反響がね。まあ、雑誌が『中央公論』だったいうこともあるけどね。その他にも何人かぼくの評論を採り上げた。それで、『中央公論』はぼくの論文なら何時でも採りますいうことになったんだ。内容じゃないんだ、センセーショナリズムなんだね。雑誌社としては、内容がいいとしてもだれも問題にしないと、反響がないとまずいのね。一般の新聞が採り上げてくれれば、雑誌としては権威がつくわけだ。反響があるようにということを目指して書いたわけじゃないけど、結果はそうなってね。

『中央公論』には、十何回書いている。(注4)

原稿料は、昭和11年に『中央公論』に書いた時は一枚二円だった。一年くらいして三円に上げたけど。そして、杉山平助[115]が書いた「国民文学論」をぼくに批判してくれ言うて来た。日本主義の愛国的な評論家だった。「国民文学論」いうのは国民主義に立脚した文学論で、一種のファシズムなんだよ。それを書くとぼくは危なくなるよな。だからぼくは嫌だと言ったんだ。だけどどうしてもというから書いたよ。そしたら原稿料を四円五十銭に上げたよ。

3　大宅壯一と「東京日日新聞」

太田　「東京日日新聞」との関わりはどういうものでしたか。
高沖　『中央公論』がぼくを採り上げると，他のジャーナリズムをぼくを無視することはできないわけですよ。「東京日日新聞」の学芸部の顧問をしていた大宅壯一が来て，ぼくに「東京日日」に書けと言った。ぼくは引き受けて，夕刊に四回くらい書いた。一枚五円くれたよ。

ともかく，「東京日日新聞」に隔月だったかな，「文芸時評」を書いた。昭和13年頃からだったか，昭和15年の1月15日にやられるまで，本名と与田裕次郎［文字不詳］という偽名で交互に書いていた。(注5) いちおう問題にはなった。丹羽文雄116)なんて雑誌でボロクソにぼくの悪口書いていた。平野謙もぼくの悪口を書いていた。

窪川鶴次郎117)，［佐多］稲子の元の旦那ね，彼が『現代文学論』［中央公論社，1939年］という単行本を出して，そのブック・レヴューをしてくれと言ってきた。新潮社の『新潮』という雑誌に書いたよ。彼はぼくに，「高沖君，いくら偽名を使っても，君の文章だということはすぐわかるよ」と言ってた。宇野浩二118)なんかも「読売」の座談会だったかで，ぼくの評論を話題にしていましたよ。だから，いちおう人はいくらか問題にした評論を書いていたんですよ。その頃，ぼくは『中央公論』にも書き，「東京日日」にも書いていて，当時としては相当やっていた。「東京日日」は「毎日」の前身で，当時は「朝日」と拮抗していたよ。「読売」なんかはまだ小さかった。

ぼくが杉山平助を批判した論文ね，その批判と反批判，それから，「東京日日新聞」に書いた評論ね。これは偽名と本名を交互に使ったものだが，これらをまとめて出してみようかなあと思ってるんだがね。『中央公論』は本名，「東京日日新聞」は本名と与田裕次郎いう偽名と交互だった。偽名はヨタがあるような名前だ。この新聞には昭和13年から14年の年末まで書いた。

当時は『改造』と『中央公論』しか有名な雑誌はなかったんで，部数も多かったと思う。その点も，今みたいにいろんなのがたくさんある状況とは違っていた。『改造』と『中央公論』に書けば，評論家としては第一級と見なされたわけだ。それで，ぼくは虚名を博したんだ。『新潮』も二回書かせたかな。『文藝』(注6)とかからも執筆依頼が来た。当時あった「都新聞」「国民新聞」にもいくつか書いた。「中外[商業]新報」，今の「日本経済新聞」にも書いた。

　日本評論社から『日本評論』いう総合雑誌が当時出てたんです。それに，ぼくは「ニーチェとファシズム」とかいった，ニーチェをファシズムの先駆として論じた論文を書いた。大塚金之助さんもその雑誌に何か書いていて，大塚さんに会ったら，「君はいくら原稿料を貰った」言うから，二円五十銭ですと言ったら，大塚さんは，「ぼくは五円だぞ」って言ってた。先生の半分か，と言って笑ったのを憶えてる。

　それから，大宅壮一が「東京日日新聞」，今の「毎日新聞」の記者と一緒に，『文學界』(注7)を批評してくれと言ってやってきましたよ。東大の卒業生ばかりを中心に作ったものね。

　その他いろんな雑誌に書いたよ。「信濃毎日新聞」とか「福岡日日新聞」[不詳]などの地方の新聞なんかにも何回か書いた。大学新聞も，「関西学院新聞」に一番多く書いた。あそこはキリスト教的で，学風がいくらかリベラルだったからね。いくらか反体制的なものがあってもよかったのかな。月に三，四十円稼いでいたかな。(注8)

　昭和15年に捕まってからはそういう執筆もできなくなったけど。

　同人雑誌も批評してくれいうてたくさん送られてきた。『近代文学』(注9)も送ってきていた。佐々木基一や荒正人119)なんかがやってたものね。ぼくが無視してから，彼らはぼくを悪く言うんだ。埴谷雄高120)なども近くに住んでいたけど。彼らもその頃は無名に近い存在だった。そんなにたくさんの同人雑誌をいちいち見てはおれなかったからね。

　同人雑誌は，ぼくに新聞・雑誌に採り上げてほしかったわけね。だ

けど,ぼくは勉強したいし,そういう同人雑誌は採り上げなかったのね。

　ジャーナリズムの世界では,誰も問題にしないようなのは,どんないいものを書いてもだめなんだ。ハッタリの世界という面がある。内容がよければ問題にならなくてもいいというのは,生活の資を稼がなくてもいい学者の場合ならいいかもしれないがね。ジャーナリズムの中で生活しようと思うと,これはセンセーショナリズムだから,人が問題にすることが,書かなきゃだめだという所に載らなきゃだめなんだ。少なくとも一度や二度はそれに載っておかないと無視される。問題になれば雑誌が売れるわけだ。ただ,文章はちょっと苦労するね。まあ,ぼくらは本当の学者じゃないよね。

鷲山　文芸時評というのは,先生の場合,その月々に出た雑誌の小説の批評が中心ですか。

高沖　そう。『改造』『中央公論』『新潮』その他がいろいろ小説を載せていた。それらを批評するわけですよ。「東京日日」で文芸時評を書き始めたら,同人雑誌が次々と送られてきて,大変な量だったよ。

4　武者小路実篤[121]など

太田　当時そうして読まれたものの中で,印象に残っているものがありますか。

高沖　あまりないね。ぼくはヘーゲルとかレッシングとか,そういう美学的な問題に関心があって,そういう観点からも雑誌小説を読むんだけど,メーリングの言葉じゃないけど,小雀を撃つのは空気銃でいいんですよ,だけど大砲で小鳥を撃つような感じでね。当時の文芸批評の多くは仲間褒め式のレトリックで,「この小説はこういうところがうまい」とかなんとか書いて,作家と酒を飲み交わすわけ。「文壇付き合い」をするわけだ。今はどうか知らないけど。ぼくは,そういう付き合いは全然しなかった。ぼくは,客観的に書こうとして,メー

リングを読んだり，ルカーチを読んだりしていたけど，相手は何年も
あたためていた小説を書いているとは限らないし，金もうけ半分で書
いているようなのもある。そういうのを美学的観点から相手にすると
困るわけだよね。そういうわけでぼくのほうにも矛盾があった。

　だけど一番困ったのは，サーカスの綱渡りじゃないけど，綱の上を
歩いて行く感じ。右へ行くとファシズム的な日本の今の戦時政策に基
本的に同調するようなふうになる。反対の方へ行くと，捕まる危険の
ある文章になる，あるいは新聞に載らないような内容になる。何度も
止めようと思ったよ。だけど，食べるためには仕方がないというとこ
ろかな。だからぼくは昭和15年に捕まってホッとしたですよ。もう書
かなくていいと思ってね。

鷲山　文芸評論は何年間ですか。

高沖　文芸評論は昭和11年から捕まるまでで，「東京日日新聞」は昭
和13年からだから二年か二年半くらいかな。当時は『朝日年鑑』や
『読売年鑑』の人名録にずっとぼくの名前も出てた。単行本では虚名
は博せなかったけど，文芸評論で虚名を博したもの。ぼくは『中央公
論』に載せたのも含めて，昭和12年から14年にかけて，やがて大戦争
になる，既に戦時体制に入っていた時代の時事的な文芸評論というこ
とで，その中のいいものを集めて，まとめて出版できないかなと思っ
たりもするんだけど。戦時中にマルクス主義を表面に出してはいない
けど，それを基礎に書いた評論ということでね。当時はもうそういう
ものはないでしょう。

太田　先生がそのようにお考えになる論文は，『中央公論』と「東京
日日新聞」とに載ったものですか。

高沖　そうね。『中央公論』に載せたものの全部でなくても，その三
つか四つ。「東京日日新聞」のほうは，どんなことを書いたかもう忘
れたが，ファシズム的なものに同調する要素はないよ。当時はそんな
ものばかりだったけどね。

鷲山　その評論の中で，丹羽文雄なんかも批判したわけですね。

高沖 そうだと思う。ぼくのことどこかでボロクソに書いていたからね。

　ぼくも仲間褒めに転じてやり出したら，ぼくの文芸評論の特色がなくなり，「東京日日新聞」も失望するだろうと思ってた。ぼくもうまく仲間褒めをして，作家たちと酒を飲んで文壇付き合いをして，ジャーナリズムの中で生き残ろうと思えばできないことはなかったと思う。そのかわり思想はのらりくらりしたものになるだろうけど。ところが，ぼくは客観的な批評を重んずるからね，人付き合いなんかで筆をまげるのはいやだからね。だからぼくは作家たちとはほとんど付き合っていない。作家はぼくのことを知っていますよ。だけど付き合っていないわけだ。

　ただね，吉祥寺に住んでいた頃，昭和12, 3年頃かな。「日経」，当時は「中外［商業］新報」と言ったかな，その文芸部か学芸部かの記者をしていた丸山という人も吉祥寺に住んでいて，お互いに知っていた。彼は東大の国文を出た人で，戦争で亡くなったけど。彼はその「中外新報」の連載小説も担当で，当時そこに書いていたのが武田麟太郎[122]だった。丸山君が今日，武田が吉祥寺にぼくに会いに来るから一緒に会おうという話になって，当時の吉祥寺は田舎で何にもないところだったけど，公園のそばの店で彼に会った。武田はいろいろ面白い話をしてたよ。

　それからその丸山君と一緒に武者小路実篤に会った。実篤も吉祥寺にいたからね。丸山君は実篤に絵の本か何かを出させてたんだね。実篤の言った言葉を一つだけ憶えている。当時実篤はじゃがいもみたいな絵ばかり描いていた。あれが高く売れるんだよね。喫茶店なんかに掛けてある。画商が来て買っていくんですよ。ぼくが実篤に「どうして絵ばかり描いて小説は書かないのか」と聞いたら，「小説を書く時は情熱を注がなきゃ書けない」と言うんですよ。そりゃそうでしょ，形象化するのに平常な心じゃ書けない。「だけど絵は情熱を高めなくても，静かな心で安らかに描けるから絵のほうがいい」と言ってた。

そんなもんかと思ったよ。

　そういうわけで，作家たちにもあまり会っていないんですよ。

鷲山　先生はその時代，生計は原稿料で立てていたわけですね。

高沖　そうね。原稿を書くというと，他の人は知らんけど，文章に苦労するんだよね。内容もあるけど，表現力の問題ですよね。人が読むように，読ますように書かなきゃいけない。そういう点で締切間近になってもなかなか書けないんだよね。書けないいうより，書くのが嫌なんだね。ある程度は考えなきゃいけないし。だけど仕方がないから徹夜して書いたり，井の頭公園を散歩したり府中辺りまで歩いたりして想を練ったり，そんなことで時間を費やしていた。そういうことで，以前ほど勉強しなかったな。ただ，舟木さんとはよく会って話をした。近くに住んでいたから。大塚さんともね。もう一人，土井義信[123)，ハイネを訳した人ね。東工大にいた。新島君や北［通文］さんと同期くらいだ。彼らとよく会ってた。

　今思い出したが，南喜一の関係で，戦中に勝目テル[124)のところへ行ったことがある。ぼくが『中央公論』に論文を書いていた頃で，その勝目テルのところで，梨木作次郎[125)という，後に石川県から共産党の国会議員になったただ一人の人で，自由法曹団の弁護士だった人に会った。自由法曹団の連中は検挙されて，梨木さんも検挙されて弁護士の資格をなくしていた頃ね。彼に，「ぼくはああいうものを書いているけど，ぼくは捕まらないだろうな」と言ったら，「高沖さん，そりゃ，ちょっと違うよ」と言われたのを憶えてる。

5　『世界文化』とのつながり

鷲山　先生と『世界文化』[126)との関わりは，どんなものだったんですか。

高沖　『世界文化』との関わりは清和書店にある。清和書店からはソ連の文芸百科事典だか文学百科事典だかの中の，ルカーチがロマンに

関する討論などをしている関係のものを翻訳して出してたんですよ。熊沢復六[127]（またろく）という訳で。この人は東京外大のロシア語を出て，築地小劇場に入って小山内薫[128]の教えを受けていた人ね。ぼくも清和書店に顔を出していたので熊沢君と知り合った。熊沢君は，どういう関係か知らないが，『世界文化』と深く関係してたんですよ。京都の『世界文化』の同人の中には，英独仏の同人は揃ってる。新村猛さんもいるし，真下信一[129]とか和田洋一[130]もいるし，だけど，ロシア語の人はいない。それで，熊沢君を中に入れたんだね。ぼくを熊沢君は知ってるものだから，ぼくを『世界文化』の寄稿家にしたんだ。ぼくは同人にはならなかったけど。

太田 『世界文化』の人たちと直接の接触はあったのですか。

高沖 昭和11年頃，京都に用事があって行った時，『世界文化』の連中が歓迎会を開いてくれて，和田さんや新村さんも出たし，久野収[131]や中井正一もいたし，それからあと何人かいた。真下信一はどうだったかな，十人くらいいた。有難いことだ。どうして京都へ行ったか忘れたけど。

　後で仲良くなった中井正一はぼくと同郷なんだ。彼は尾道で，ぼくは三原。

鷲山 新村猛さんとはずっと親しかったですね。

高沖 新築地劇団に関係した頃，何かの用事で京都へ行った。新村出〔新村猛の父〕の弟子の何とかいう人に会う予定だった。住所は知っていたけど，さてどう行ったものか。新村さんの所へ行けばわかるだろうと思って新村さんのところへ行った。雨が降っていた。傘も持っていないから濡れてた。相手の住所を聞いていたら，新村さんのお母さんが出てきて，そんな濡れた格好じゃ上がるのも大変でしょう，と言って，下着をくれたよ。ずいぶんやっかいになった。

（注1）　服部英次郎によるアウグスティヌス『告白』（上巻・岩波文庫）の翻訳は1940年出版。

(注2) 雑誌『唯物論研究』の高沖陽造執筆論文を，その復刻版（青木書店）によって検すれば，以下の通りである。

　「啓蒙思想家としてのレッシング――彼の業績とその世界観」第13号（1933年11月）

　「アンドレ・ジイドの道」第38号（1935年12月）

　「『意識』の問題私見」第45号（1936年7月）

　「帝国主義における文藝の一素描」第46号（1936年8月）

　「ナチスの文藝学」第51号（1937年1月）

　「ナチスのレッシング論」第68号（1938年6月）

　「ナチスのレッシング論（2）」第69号（1938年7月）

　［参考］〈ブック・レヴュー〉伊豆公夫「高沖陽造著『文藝思想史』」第52号（1937年2月）

(注3) 高沖の論文「純文学昂揚のために」である。

(注4) 高沖の『中央公論』掲載論文には，次のものが確認できる。

　「純文学昂揚のために」1936年9月号

　「日本現代作家批判」1936年12月号

　「現代文藝批評家論」1937年4月号

　「文藝展望台」1937年10月号

　「山本有三論」1938年新年号（1月号）

　「ルポルタアジユの本質」1938年2月号

　「杉山平助論」1938年8月号

　「地獄からの脱出（杉山平助氏の主張）」1938年10月号

　「国際政局と文学者」1939年11月号

　「作家と国民」1941年1月号

　「民族精神と文学」1942年1月号

(注5) 「東京日日」への執筆に関しては，「夕刊に四回くらい書いた」という発言と，「昭和13年頃からだったか，昭和15年の1月15日にやられるまで」という発言に食い違いがあるようにも読める。しかし，この点は，調査できなかった。

(注6) 『文藝』は，1933年11月から44年7月まで，改造社から発行された文芸雑誌。当初の編集長は上林暁で，その後は小川五郎（戦後のペンネームは高杉一郎）が継いだ。高沖の『文藝』掲載論文には，

　「神話の時代」1939年1月号

　　　　「『空想家とシナリオ』」1939年12月号

　　　などがある。後者はむろん中野重治作品評で、この作品が「人生と
　　　時代の重要な諸問題」にふれていることを評価している。
（注7）　『文学界』創刊は1933年10月。同人は川端康成・武田麟太郎・小林
　　　秀雄・林房雄など。当初は文化公論社から発行されたが、のち1936年
　　　7月からは文藝春秋社の発行となった。
（注8）　高沖は「いろんな雑誌に書いた」と語っているが、『明治・大正・
　　　昭和前期　雑誌記事索引集成　社会科学編　執筆者索引5』（皓星社，
　　　1998年）によって検索すると、『唯物論研究』『思想』『中央公論』所収
　　　論文以外では、次のごとくである。
　　　　「シエクスピアの世界観」『現実』（1934年6月号）
　　　　「文藝統制論」『社会評論』（1935年10月号）
　　　　「ヒユーマニズムに於ける政治と文藝」『日本評論』（1936年11月号）
　　　　「本年思想界の動き」『ペン』（1936年12月号）
　　　　「ナチスの国防政策」『自由』（1938年1月号）
　　　　「文藝評論家」『新潮』（1939年5月号）
　　　また、『明治・大正・昭和前期　雑誌記事索引集成　人文科学編（第
　　　28巻）新聞雑誌文学一覧　三』（皓星社，1996年）には、これまでに引
　　　いたもの以外で、次の論文名がみえる。ただし、編者はこの本の索引
　　　をみつけることができず、頁を繰りながらごく限られた時間に調べた
　　　にとどまる。
　　　　「ナチスの文藝批評と文藝學」「時事」，1936年5月3日
　　　　「文藝時評」「都」，1937年6月27日
　　　　「日本的文藝論」「東日」22，1938年
　　　　「リアリズム文学の将来」（高沖ほか）『早稲田文学』1938年6月
　　　　「文藝評論はふるさとに帰れ」「都」，1938年8月5日
　　　　「中堅作家論」『新潮』1938年11月号
（注9）　『近代文学』は、1946年1月の創刊。戦前・戦中の話に戦後のこと
　　　が混じったのは、高沖の記憶違いか。あるいは、当時刊行されていた
　　　『現代文学』をさすか。

第8章　新劇の顧問となる　1930年代後半（その2）

1　新劇の『ファウスト』評を書く

高沖　熊沢復六君は，ぼくが新築地劇団[132]の顧問になるきっかけも作った。大正年代の末期に，小山内薫が築地小劇場へたてこもって，土方与志[133]と一緒にやってたでしょう。そこの文芸部員に熊沢君は入っていて，小山内や八田元夫や千田是也[134]なんかにも顔が通っていた。熊沢君はドストエフスキーのほか，ロシアの戯曲も少し訳していたと思う。

　昭和11年頃だったかな。清和書店で彼に会った時，今度，新協劇団[135]で久保栄[136]の訳・演出の『ファウスト・第一部』をやると言うんだ。『新演劇人』とか何とかいう演劇雑誌を出すいう人と一緒に清和書店に来てるんですよ。あの頃は不況で失業者がいっぱいいて印刷も暇で，雑誌を出そうと言うとすぐ出せたんだ。で，熊沢君はぼくに，この雑誌に『ファウスト』劇の批評を書いてくれ言うんですよ。今晩だか翌日の晩だか忘れたけど，ともかく，この『ファウスト』を一緒に見に行ってくれないかと言うんだ。

　ぼくは批評を書くのは嫌だと言った。ぼくは新築地劇団の劇は何回か見に行ってたし，冬の寒い日に舟木さんと一緒になったこともある。一緒に帰ることになって，舟木さんは酒が好きだから，銀座のお多幸いうおでん屋に入ったよ。こんな美味しいおでんがあるのかと思ったよ。だから，劇についてはいちおうのことは知っていた。だけど，熊沢君がどうしても書いてくれというので，『ファウスト』の第一部だけだけど，見に行った。

　レッシングを研究していた頃に，『ファウスト』くらいはドイツ語で読んでいなければダメだと思って，大塚金之助さんに『ファウス

ト』の原書を借りて、数カ月かかって読んでいた。ぼくはものを書き出してからは本格的な本を読む時は、常に批評的な頭をもって読むでしょ。そういうことなく、面白く無心で読むいうことはあまりない。だから、本当の本を読む楽しみを知らないということになるかもしらんけれど、『ファウスト』だけは、ぼくは面白いと思って読んだ。ぼくは、人間の根本についてこんなに優れた表現をするのかいうんで驚嘆しましたよ。

その前には、モリエールも読んだしシェイクスピアも読んだし、レッシングもシラーも読んだが、こんなふうに人間そのものの持っている情熱から意志から、いろんなものを全的に表現するとはと、ぼくは本当に驚いたですよ。いまだかつて本を読んで驚いたいうのは『ファウスト』だけだ。ひとつひとつが教訓みたいな含蓄のある表現だものね。例えば、よく引かれるメフィストフェレスの言葉で、「すべての理論は灰色だ」「緑なるものは、生活の黄金の木だ」いうのがあるでしょ。「わが胸に二つの魂住めり」とか、人間の本心からのほとばしりを表現した言葉みたいなんだよね。シェイクスピアにもそういうところはあるだろうけど、『ファウスト』には本当に感激した。ゲーテの他の本にはあまり感激しなかったけど。

ぼくは二十歳くらいの時、新潮社から出た茅野蕭々の『ファウスト』の解説を読んだけど、チンプンカンプンさっぱりわからなかった。その時の先入観があって、『ファウスト』にはあまり近づかなかったんだけど、まあ、ぼくにとっては驚嘆した書物の第一のものだな。

そうういうわけで、『ファウスト』の内容は知っていたから、劇の批評くらいはできるだろうと思って行った。その時のファウストは滝沢修[137]だったと思うな。メフィストが千田是也かな、グレートヒェンが細川ちか子[138]ね。兵士などに小沢栄太郎[139]、当時は小沢栄といってたかな。その他端役に宇野重吉[140]とかね。何日か上演される初日だったと思う。

鷲山 久保栄の『ファウスト』というのは有名ですよね。

高沖　訳も悪くないしね。

鷲山　鷗外訳に比べても，江戸文化に造詣の深い久保の訳は，闊達な舞台語になっていますね。演出も戦前のピカ一だという。

高沖　まあ，そういうわけで，批評を書いた。いろいろ批評が出た中で，ぼくの批評は悪くなかったんだろうな，この批評によって，ぼくは千田などに新築地劇団の文芸顧問になってくれと頼まれた。

鷲山　じゃあ，いい批評だと気にいられたわけですね。

高沖　いいかどうか知らんが，まあ，無視は出来ない批評だ，ぐらいかな。で，顧問になった。そこにいた人では，薄田研二[141]。それから本庄克二ね，東野英治郎[142]だが，彼なども知ってますよ。何年前かな，東野が水戸黄門を止めた時，ちょっと会ったよ。

　まあ，俳優ともいろいろ知り合いになったけど，当然ながら主に知ったのは演出家ですよ。千田とか，八田元夫，岡倉士朗[143]ね，岡倉由三郎の息子さんですよね。

太田　岡倉天心の弟ですね。

高沖　英語学者ね。大家ですよ。東京高等師範の，福原麟太郎よりちょっと前の教授で，研究社の大辞典の編集者［『英和大辞典』研究社，1927年］。それから，新協劇団の久保栄や，亡くなったけど鈴木英輔ね。中山なんとかという人。そういう人たちと知り合った。

　それで，新築地劇団のみならず，新協劇団でも，戯曲についての話をしましたよ。それで，新協劇団の何人かと知り合った。

2　新劇の世界の一面

鷲山　劇団の関係がわからないのですが，築地小劇場(注1)があるでしょ。あれは大正期ですか。それと新築地劇団・新協劇団の関係はどういうものですか。

高沖　小山内薫のもとで，土方与志が演出家でやっていた築地小劇場も，小山内が死んだし，土方も演出を止めたしで，何人かの俳優諸君

が止めたでしょ。築地小劇場の土地や劇場の所有の問題もあったな。初めは土方さんのものだったんだな。土方子爵のものだったんだけど，終り頃は藤山愛一郎[144]も財政的援助をしたんじゃないかな。これは大金持ちで藤山雷太の息子ね。

鷲山　すると，築地小劇場には土地や劇場の所有権などの問題があって，小山内薫や土方与志のもとで演劇の修行をした人たちが新築地劇団を作った，と。

高沖　まあ，その間になおいろいろ問題はあるんだがね。

太田　政治的な問題もあったんですか。

高沖　そう。プロレタリア演劇連盟[注2]いうのがあったから，そういうのに参加するとかしないとかね。私的な問題ももちろん絡んだだろうけど，ぼくはそこはよく知らない。で，本来は一つになるはずのものが，新築地劇団と劇団築地小劇場と，二つに別れた。で，新協劇団は久保栄とか村山知義[145]とかだね。村山はもとはちょっと別だったが，ここで一緒になったんじゃないかな。杉本良吉[146]もここ。

鷲山　新築地のほうは千田是也。

高沖　そう。八田元夫，岡倉士朗。俳優は薄田研二とか山本安英[147]とか東野英治郎とか，東山千栄子[148]はどうだったかな。

鷲山　そうすると，新築地劇団が戦後になって俳優座になった感じですね。

高沖　まあ，人脈的には，そうかな。新協劇団が民藝ね，だいたい。

鷲山　滝沢や宇野は新協劇団のほうにいたんですね。

高沖　そう。でも，イデオロギー的にはあまり差はない。時として一緒にやるんだから，俳優なんかはね。だけど別れたのには，いろいろ経緯があるんでしょう。

鷲山　で，先生が顧問をしたのは。

高沖　新築地のほうね。だけど，新協劇団にもいろいろ関係を持っていた。だから久保栄とも関係があった。

　『理論』という雑誌を出したんですよ。執筆者はぼくと，山田肇い

うの知ってる？　明治大学の演劇の教授。それから早稲田大学でロシア語の教師だった木寺ね、早く死んだ松尾隆[149]ね。そういうのが何人かでクゥオータリーを出したんですよ。久保がそれを見て、自分もクゥオータリーを出したいと思ったんでしょ。当時は、ぼくは本をずいぶん出していたので、昭和16年に中央公論でも[『戯曲論』を]出したし、岩波なんかは別かも知れないが、ぼくが本を出すと言えばどこでも引き受けてくれたですよ。その点では、久保よりもぼくのほうがジャーナリズムでは有名だったから、久保はその辺を配慮して、ぼくにぜひ来てくれと言った。行くと、久保はクゥオータリーを出すと言うんだ。演劇は久保、映画は飯島正[150]、文学はぼく。音楽は吉田隆子。ぼくは当時ちょっと忙しかったから、生返事をしたんですよ。本屋と積極的に相談する気もなかった。メンバーも感心しなかった。

　まあ、久保栄という人が才能豊かな人であるということ誰も認めると思うんだ。語学も達者だし劇も書くし、学問もドイツ文学の範囲を越えたいろんな知識を持っているということは、ぼくも認めるが、この話はちょっとね。で、雑誌の話はそのままになった。「翻訳家としての久保栄」というパンフレットをぼくに書けって言われてね、テアトロ社で書いて出しましたよ。どんなこと書いたか忘れたよ。あの人は躁鬱的なところがあったんじゃないかしら。天才的なところがあるかと思うと、劇場で会ってもあまり話をしてこない時があってね。

　それにあの人は戦後に自殺するでしょ。どうして自殺したのかよくわからない。戦前に自殺するならまだわかるが。

　そういうわけで、劇団関係者とも何人か関わった。

　八田元夫のお父さんは佐渡の相川中学の校長をして、その後、東京の府立三中［現在の両国高校］の校長、そして旧制新潟高校の校長をした。その時の生徒の中に、北一輝の弟の呤吉[151]がいた。この弟は戦後、日本自由党の結成に加わった。

鷲山　この頃、先生は演劇に随分と関わったのですが、それ以前に演劇への関心はおありだったのですか。

高沖　まあ，演劇はよく見てはいたよ。それに，『思想』にレッシングの演劇論を書いていたから，ズブの素人というわけではなかった。
鷲山　昭和10年頃の先生はずいぶん多産な時期だったんですね。
高沖　新劇も偶然だし，本当はぼくは文学なんかやるつもりはなかった。人生と言うのはいろいろ変わるものでね。本当は世界情勢をやりたかった。
鷲山　必要に応じて対応できるというのは凄いですね。

3　『ウィンザーの陽気な女房たち』

鷲山　文芸顧問としてどんなことをされたんですか。
高沖　千田がね，シェイクスピアを演出しようと言い出し，ぼくが『ウィンザーの陽気な女房たち』[152]がいいと提案し，劇団の何人かを前にして，この作品をどういうように演出したらいいかなどについて講義したんですよ。シェイクスピアについてもいろいろ本を読んでいたからね。

　で，フォルスタッフは古い貴族だ，すべての希望を失っていて，没落する貴族のタイプとして描かれている。このフォルスタッフをからかう女性群は，健全な主婦なんだ，と。ブルジョア的な主婦たちに古い貴族が翻弄されるということは，ブルジョア的な英知を示していると論じ，そういうふうに演出すべきだといったようなことを詳しく講義したんだ。皆はそれに共感したんだ。これはぼくのドグマじゃなくて，カール・カウツキー[153]とかの本でも，共通することが述べてある。

　まあ，それはともかく，千田が演出して『ウィンザーの陽気な女房たち』を上演したわけですよ。

　戦後になって，新築地劇団の裏方の人が，全会計を記した劇団の帳簿を持っていて，出版したの。佐々木基一君の友人で，尾道の人なんだけど。その本によると，一番儲からなかったのは，その『ウィン

ザーの陽気な女房たち』だというんだ、いやになったけど。

太田　『ウィンザーの陽気な女房たち』は、シェイクスピアの中でも、非常にポピュラーというわけじゃないからということもあるでしょうね。

高沖　まあそうかもしらんが、とにかく戦後その会計を見た時はいやになったよ。

　それから、これを上演したあとで、「報知新聞」、これは今みたいにスポーツ新聞じゃなかったけど、そこに劇評が載ってるんですよ。新関良三が書いた。今でも憶えてる。シェイクスピアに階級関係を認めるなんてもっての外だ、と。

太田　演出の意図はよくわかったわけですね。

高沖　そう。まあ、ぼくの解釈が俳優の方にきちっと出てたわけだ。もっとも、演出はぼくがしたんじゃない。演出は千田がしたんだと思う。

　その解釈を考えている時に、ぼくは英文学の専門家じゃないので、『ウィンザーの陽気な女房たち』についてもっと専門的な学者の意見を聞こうと思ったんだ。それで、新村猛さんにその話をして、新村さんがぼくを京大の英文の教授のところへ連れて行ったんですよ。バーナード・ショウ[154]の『シーザーとクレオパトラ』だったかな、それを岩波文庫[(注3)]で訳してた、山本修二［京大教授。1925年、菊池寛[155]との共著で『英国愛蘭近代劇精髄』を出版］と言ったかな。

　バーナード・ショウは演劇に詳しいしね。二、三年前に、新村さんがぼくに、連れてったこと憶えてますかって言ってたよ。

鷲山　新村先生自身もそのことは印象深かったのですね。その人に会うために京都に行ったんでしょうか。

高沖　そうかも知れん。

太田　で、その教授はどんなことを言われたのですか。

高沖　憶えてないな。まあ、ぼくはぼくの解釈を変える気はなかったけどね。周辺的なことでは学ぶところはあったんだろうけど。

4　演劇との関わりの中で出会った人々

太田　石堂清倫[156]の本に彼が栗原佑・中野重治[157]と一緒に住んでいたことがあるとあったのですが，先生は当時その中野重治とは面識がありましたか。

高沖　その頃のことは知らない。彼らが一緒に住んでいたのは，ぼくが栗原君と知り合う前だったから。中野重治とは劇団の関係で会った。村山知義脚色で［島崎］藤村の『夜明け前』をやったんですよ。これは面白かった。終ってから，ぼくと中野重治と，もう一人は誰だったかな林房雄[158]だったか，三人で座談会を開いたことがある。昭和10年より少し前かな。当時の雑誌『テアトロ』(注4)に載った。

鷲山　林房雄が右翼的になった頃ですか。

高沖　その後だったと思うな。何年頃かな。

太田　中野重治は，1937年に執筆禁止になってますが。

高沖　ぼくも執筆禁止になったよ。

太田　それはいつ頃ですか。

高沖　1940年に検挙されて，出てからは禁止だ。

太田　その執筆禁止というのはどういう形で知らされるのですか。文書ではないと思いますが。

高沖　文書ではそういうことはしない。そんな法律はないし，聞いたことがない。特高が主だった編集者にそれとなく伝達するんだ。

太田　演劇の話に戻りますが，秋田雨雀[159]という方は，どんな方だったですか。

高沖　劇作家で劇評家。プロレタリア文学の初期の人だ。ぼくもいろいろ世話になった。その後，不義理をしちゃったけど。女房の父親と早稲田の英文で同期だった。

鷲山　杉本良吉はご存じでしたか。

高沖　杉本とは，昭和13年1月に彼が国境を越える半年くらい前の秋

に，何回か会いましたよ。でも，ああいう行動の話は聞かなかった。彼は白皙の美男子でね，岡田嘉子[160]が恋人にするに値するスマートな美男子ですよ。

鷲山 岡田嘉子も新協劇団に属してたんですか。

高沖 杉本が岡田嘉子を知るに至った経過は，ぼくの推測ではこうなんだ。新協劇団に久板栄二郎[161]いう劇作家がいたんですよ。彼が『北東の風』[注5]いう作品を書いたんですよ。当時有名で，観客動員も多かった。これは鐘淵紡績の武藤山治を主人公・モデルにしている。これを演出したのが杉本じゃなかったかと思う。それから，井上正夫という新派の俳優のやっていた井上演劇道場とかいうのがあって，そこの女優に岡田嘉子がいた。で，『北東の風』の主人公の夫人，これは相当な役なんだが，それに岡田嘉子がなったんでしょう。その前から杉本と岡田は知り合っていたかどうか，それは知らないが，この劇の頃知り合ったと思う。これは彼らが逃げる一，二年前ですよ。

太田 二人がソ連に逃げたのを知って，先生はどんなふうにお感じになりましたか。

高沖 びっくりしただけで，よく真相が分からなかった。

鷲山 先生もソ連に行きたいと思われませんでしたか。　あこがれとか。

高沖 思わなかった。ソ連に共感はあったけど，あこがれというのはどうもね。だいたいぼくは，前にも言ったけど，西ヨーロッパへの関心が強くてね。

5　戦後の一コマ

高沖 演劇の話だけど，築地小劇場の裏方をしてた人で，会計から宣伝をやり，帳簿の担当もしてた広島出身の森信三という人がいる。その人が新築地劇団の成り立ちから終りまでの会計から機関誌などのことについての本[注6]を出した。会計などの事実をそのまま載せた。そ

の本が出た時に会があって,そこに千田や東野英治郎が来てた。原泉子[162)]が来てた。三国一朗,宮口精二,茨木憲もいた。ぼくの話の後で宮口がぼくのところに来て自己紹介をして,『俳優会』とかいう雑誌を示して,この編集をしているんだけど,今の話をテープにとったが,できれば原稿を書いてくれと頼んだ。しばらくして,締切はいつだったかと思って貰った名刺の電話番号の所に電話したら,今風邪をひいていて電話口に出られないと言うんだ。風邪くらいなら電話口に出られそうなものだと思ったけど,まあ,そのままにしておいた。

そしたら4月になって,肺癌で死んだ。宮口氏のことを文学座の仲谷昇だったかがテレビで思い出を語っていたけど,彼は野球が好きでね,新協劇団や新築地劇団の連中が戦後,野球チームを作った。宮口はピッチャーやったけど,タバコが好きで,マウンドの上でもタバコを吸っていたというんだ。それはともかく,なかなか立派な人格の男で,話もきちっとしてた。

鷲山 黒沢明の『七人の侍』では,物静かで求道的な剣豪・久蔵の役でしたね。

高沖 そうそう。ぼくは『戯曲論』という本を書いたからね,俳優の間でもある程度名前は知られてた。で,テープを採ってみたら,まあまあ面白いということになったらしい。彼はその雑誌にある程度自分の金を出してたらしい。彼はゴルフをするわけでもないし,雑誌を出すことしか道楽はなかったみたいね。俳優の情報などを載せて年三回ほど出していた。

6 新劇の活動

鷲山 文芸顧問の頃,どんな出し物を演っていたんですか。

高沖 昭和12,3年頃に,ソ連の革命的演劇をやってた。記憶にあるところでは,キルションの『風の街』とかね。これはロシア革命の頃のバクー,ここの石油はフランス資本が握ってた。そこを中心にする

ストライキと革命運動みたいなものを劇にしたもの。

それから［ハイエルマンス作・久保栄訳］『帆船天佑丸』というのをやってた。これはオランダの左翼的な劇で、網元があって、男たちが帆船で漁をしに行くんだけど船が沈んでしまうという日本でもありそうな話で、面白い劇ですよ。

劇団の逮捕の一年くらい前は、フリードリヒ・ヴォルフ[163]の『プロフェソール・マムロック』かな、当時は何て訳だったか、久保が訳して演出してた。それは、ナチズムが勝利して、ユダヤ人の学者を迫害する。文化弾圧とユダヤ人迫害を重ね合わせたようなものだった。

それからハウプトマン[164]の『ディ・ヴェーバー［織工］』もやった。

鷲山 先生はフリードリヒ・ヴォルフの『トーマス・ミュンツァー』を訳されましたね。

高沖 そう。戦後のヴォルフの死の直前かな。出し物ではほかに、豊田正子の『綴方教室』をやったり、長塚節[165]の『土』をやったり、『ファウスト』『ハムレット』もやった。ぼくが指導した『ウィンザーの陽気な女房たち』。

それから貴司山治の『洋学年代記』といって、シーボルト事件を扱ったもので、高野長英とか渡辺崋山とか洋学者たちを配して、天文方だか地図の話だかが出てきたりする、そういう劇もやっていた。それからこの間死んだ劇作家の和田勝一(注7)——彼は真山青果の弟子だけど——が坂本龍馬の海援隊について書いた劇ね、それをやっていた。

太田 真山青果のものを上演したことはあったんですか。

高沖 それはなかったでしょう。肌合いが違うから。

7 『婦人文藝』の文学講座

太田 ところで、神近市子[166]との関わりはどういうものだったのですか。

高沖 神近は、その前には『女人藝術』［1923年創刊］というのを出

していた。それがなくなって『婦人文藝』という雑誌を出した。金は藤山愛一郎が一種のジャーナリズム対策に使うために出してるという噂があった。嘘か本当か、それは知らない。月刊で出していた。新島繁君が世界情勢について書いたりしてたけど、ぼくは書いた憶えはない。ヨーロッパ文学の講義をしてくれと頼まれて数回した。最初は十人くらいだった。神田須田町の「みよしの［不詳］」という甘味の店で二階が借りられた。部屋を借りて汁粉などをとるわけですよ。そしたら人数が五十人くらいに増えた。その頃、コム・アカデミー事件[167]があった。山田盛太郎[168]とか平野義太郎[169]とかがやられた。要するに何人か集って研究会をしていたというのが口実になってた。

太田 1936年7月ですね。

高沖 相川春喜なんかもやられたんじゃなかったかと思う。そういうことが起きているのを新聞で読んでいた。ヨーロッパ文学の講義といっても、集会の正規の手続きをとっているわけでもないし学校でもないし、捕まると自分は左翼だしね。それで、女性がそういう形で五十人も集れば、当然その仲に共産党員も入ってるんだ。当時は研究会とかがないもんだから、女性が集ってきたわけですよ。ぼくは、これはもう少ししたらやられると思った。コム・アカデミー事件の直後だった。で、ぼくはこの集りはもう止めると言って、理由も述べた。ぼくが講師だとみんな捕まってしまう、と。その女性たちの中の、共産党的というか全協派とおぼしき連中は強硬派ですよ。捕まってもいいからやろうというんだ。でも、止めようという連中もいて、二派に別れた。ぼくはそういうふうに二派に別れるのは賛成しがたいんでとにかく止めると言って止めたんだ。

昭和15年に捕まった時、特高が神近の集りのことを出した。そこにいた女性が講師は高沖だったと語ったと言ってね。やはりその講座には左翼の連中がいたんだね。特高が、「ある被疑者を調べたら、君はマルクス主義的な文学講座を開いていたと言うんだが、どうなんだ」と聞くんだ。で、そういう時に、「そうだ」というと拙い。そういう

時は，彼らはこれを罪にしようと考えているか副次的なものとしているかどうかの感触をよく見なければいけない。ぼくはね，「ぼくは日本男子だから女ばかりを相手にそんな講義をするわけがない」と言ってやったら，この問題はそれ以上追及しなかった。

　戦後にね，川崎だったかに文学関係の講演に行った時，受付をしていた女性が，「神近のところの講座を受けてました」と言ってたよ。そんなことが二回くらいあった。

鷲山　神近市子はその雑誌を月刊で出していたんですね。

高沖　最初は長谷川時雨の『女人藝術』に協力してたけど，神近は同じくらい名声があったからかな，袂を分って『婦人文藝』を主宰するようになった。神近はちょっと美人でエロティックな要素のある女性ですよ。

太田　そりゃそうでしょうね。大杉栄との関係もありますし。

高沖　美人で，ちょっと外国人くさいところがあった。長崎出身で，津田塾を出てる。新聞記者をしたし，翻訳もしてたし，カリスマ性があった。

鷲山　神近は，『婦人文藝』という雑誌を月に一回出しながら文芸講座をやっていたんですね。

高沖　いや，文芸講座は神近が直接関係していなかったと思う。

鷲山　『婦人文藝』の読者会という感じですね。

高沖　そうね。特高が問題にしたのは，その神近のところの文芸講座だが，その他にもう一つあった。

8　新宿での座談会

高沖　これは，昭和13年か14年頃だったと思う。新宿の喫茶店で，テーマは特別に持たずに座談会をしてた。錚々たるメンバーがいた。舟木さんもいたし，新島君もいたし，平岡さん，本田さんもいた。甘粕［石介］くんとその奥さんもいた。この奥さんは早く亡くなってし

まったけど，当時は東京音楽学校の助教授だった。ピアニストでね。そういう関係で「海ゆかば」を作曲した信時潔を連れて来たよ。

　それから日本文学の風巻景次郎[170]，近藤忠義[171]。そういう人も入ってた。それから博物館の課長で田中一松という古代美術史の専門家で考古学みたいなこともする人もいた。そのことは，甘粕君が初めて捕まったらしく，そのことを吐いたらしいんだね。それで特高にぼくもこの件を聞かれた。だけど，「へぇー，そんなことがあったかなぁ」とかトボケたり，「記憶にないけどなぁ」と言ったりして，どこまで本題にする意図があるか感触を探ろうとした。

太田　取り調べられ，のプロですね。

高沖　そりゃ，もう何回もやられてるからね。こちらはなるべく事件を小さく小さくするように持って行くんだ。なるべく人の名前を出さんように。どうしても出さなきゃいけないときは仮名にするとかね。

　余分なお喋り，雑談をするときにね，よく引掛かるんだ。向うは引掛けよう引掛けようとして，ポロっと出るように仕向けるんだね。刑事とか検事とか，奴らはそういう技術を学んでるんだから。ベテランだね。何の気なしに話してると，いつのまにか核心に行っちゃう。そこで突っ込まれて白状しちゃう。そういうようにして皆やられちゃう。ぼくはそういうことがないように，いいかげんに答えて，なるべく事件に触れないように触れないようにしてたわけだ。

（注1）　築地小劇場は，1923年に土方与志によって創設された。その後，1929年に新築地劇団が，1934年に新協劇団が結成された。

（注2）　これは「日本プロレタリア劇場同盟」（プロット[172]）のことか。

（注3）　バーナード・ショウ作・山本修二訳『シーザーとクレオパトラ』（岩波文庫）は，『岩波文庫解説総目録』によれば，1953年の刊行である。

（注4）　雑誌「テアトロ」は，1934年から40年にテアトロ社から発行された演劇雑誌。秋田雨雀が名義上の編集者。

（注5）　この作品は「長編戯曲　北東の風（二百枚）　　久板栄二郎，舞台

装置・村山知義」として，雑誌『文藝』1937年3月号に掲載された。1937年3月に築地小劇場で新協劇団公演。演出は杉本良吉。『文藝』同年5月号には，鈴木英輔「『北東の風』観劇記」が掲載されている。
(注6) 森信三『新劇史のひとこま――新築地劇団レポート』(花曜社，1984年)のことを指す。
(注7) 和田勝一（1900年3月～93年4月）は，劇作家で新築地劇団文芸部長をつとめた。戦後の仕事に，『喜劇集　おやぢ』(労働文化社，1947年)などがある。高沖とは戦後も長く親交があった。

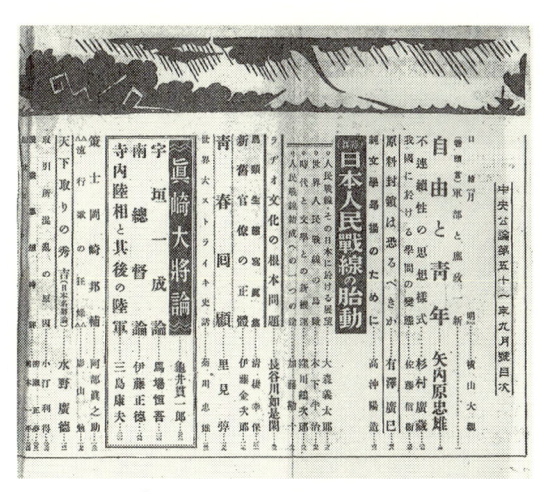

『中央公論』1936年9月号目次

第9章　1940年の逮捕の頃

1　1940年の逮捕

高沖　そういうような文芸評論などを書いていて、ぼくは昭和15年1月25日に捕まった。
太田　1938年のいわゆる唯研事件の時は捕まらなかったわけですね。
高沖　その時は、ぼくは幹事ではなかったから。会員はまだ捕まっていない。その後、昭和15年に「唯物論全書」を書いている人も捕まった。岩崎昶なんかもその時捕まった。
太田　それは一斉逮捕という感じですか。
高沖　そうらしかった。昭和15年頃は太平洋戦争の準備を当時からしてたんだね。都内の警察の留置場は特高関係の検挙者がいないところはなかったと思う。ぼくがいた目黒署もそうだった。
太田　どうして目黒署なんですか。
高沖　田無署に捕まって目黒署に移された。特高関係の取調べは警視庁特高課の警部や警部補がやるんですよ。ぼくの担当になったのは、自宅から警視庁に行く途中に目黒署があると言うんだ。

　ぼくが入った時、伊藤律が入ってた。それからワンさんという中国人の金持ちらしい留学生がいたし、朝鮮人の学生がいた。皆、特高の外事関係[注1]で逮捕されてた。
太田　取調べで問題にされたのはどういうことだったのですか。
高沖　ぼくの書いた著作、文芸評論全体が問題にされた。人民戦線への協力だ、と。
太田　人民戦線の「ためにする」というわけですね。
高沖　それで、手記を書かされた。あの時、踏み絵みたいに手記を書かせるんだ。自分の書いた評論がすべて人民戦線のために役立つよう

に、そういう精神で書いたと書かせようとするわけですよ。そう書けば、人民戦線は共産党がやってるからというんで、治安維持法違反にできる。ぼくは相手がどう出るか試そうと思ってね。手記のそこのところを、商業新聞・商業雑誌に書いたし、売れなきゃ食べられないし、「唯物論全書」の『文藝思想史』だって売るために書いたし、よく売れるように考えて書いた。ぼくの執筆の動機の基本はコマーシャリズムだって手記に書いたんだ。人民戦線のために書くとか、人民戦線の思想を宣伝をするとか、そんな神聖な気持を持って毛頭書いていない、と書いてやったんだ。

そしたら特高の河野［不詳］いう警部補、警視庁の特高課のヤツが怒ってね。「今まで君を紳士的に扱ったけど、こんな手記を書かれるんじゃ困る。こんなもの上司に見せるわけにはいかんし、紳士的な取り扱いを止めざるを得ない」とか何とか脅しをかけたよ。どうしても人民戦線の一翼になるようにしないと承知しないんだ。で、まあ、いいかげんに書いて出したよ。その手記を検事に見せるんですよね。特高は、検事が納得するように書かれてなきゃダメなんですよ。

太田 1928年の三・一五の時は天皇制、まあ、天皇制という言葉ではなかったにしても、それが問題だったわけですね。

高沖 転向する場合はね。

太田 1940年の場合は、天皇制ではなくて、人民戦線になっていたわけですね。

高沖 ポイントは人民戦線になっていた。

2 目黒署留置場の伊藤律

高沖 目黒の留置場に入った時に、伊藤律が雑役をしていて、立話をした。四人看守がいたけど、三人はそういう立話をしても何とも文句を言わなかった。一人だけ嫌なのがいた。伊藤は、よく問題にされるところだけど、「高沖さん、尾崎秀実を知っているか」と、高橋健二

が聞いたのと同じ事を聞いた。「いや，知らん。君は知っているのか」と言うと，「今日，尾崎が面会に来てくれた」言うんだ。

尾崎は一高出身で伊藤律はその後輩になる。伊藤は恵那中学の出身で，一高に入ったんで，恵那きっての秀才と言われたそうだ。同窓ということで尾崎に近づいたらしい。出所したら満鉄の調査部に行くようなことを言っていた。この話をしたのは夏の頃だったな。

伊藤はぼくが留置場に入った時には既にいて，一年近く一緒の留置場にいた。彼のほうが先に出たけど。伊藤の取調べ担当は伊藤猛虎[173]といった。

鷲山 伊藤律は高沖陽造の名前は知っていたんですね。

高沖 名前は知ってた。

鷲山 先生は伊藤を知っていたんですか。

高沖 知らなかった。ぼくより十歳くらい若いし。まあ，留置場の中での彼の所業はあまり褒めたものじゃなかったな。彼の学問のほうは知らないが，口の巧さという点じゃ秀才だ。それで［戦後になって］共産党でも徳球［徳田球一］に取り入ったんだろうと思う。そりゃ，うまいもんですよ。それで，看守だってコロっとまいらす。ぼくらじゃ言えないようなことを言うから。おべんちゃらを。特高の受けも違う。

例えば，自分の金で食べるんだけど，時々外の食事をとる。留置場の食事だけじゃ，まいってしまうからね。そういうような外の食事を取れる回数だって特高のオボエめでたいと多くなる。それに一高中退というんで，特高連中からすると，コンプレックスがある。それを彼は利用するんだね。

で，伊藤は上に対してそうするのに，下に対しては逆のことをするわけですよ。同じ留置場に入っている朝鮮人の学生がいるでしょ。その学生だって特高関係で捕まっていて，同志的であるのに，「コラッ，何やってんだ」と怒鳴るわけですよ。これはちょっと許せないですよ。企業が植民地の人間をアゴで使うような態度で接するんだ。ああいう

苦しい所で，人間の性格は一番よく現れますよ。そういう時，毅然としているかぐらぐらしているか，ね。そういう男ですよ。朝鮮や中国の学生がぼくに言うんだもの。「高沖さん，伊藤さんは共産党関係の人だって言うけど，本当ですかねえ」って。彼らだってマルクス主義的な立場にあったから，精神的に同志的なものを求めてるわけですよ。だけど，伊藤のほうはドライもドライ，いいところですよ。

彼は，いちおう先輩だし，いちおう名声を持っているぼくにはそういう態度は取りませんよ。ぼくには礼儀を尽くしますよ。だけど他の人に対する態度を見ると，本当にいやになっちゃう。

雑役をしてて看守と一緒にいると，夜に泥棒やなんかが留置場へ連れてこられるでしょ。持ってるものを皆出すでしょ。そうすると，何をモタモタしてるんだと言ってひっぱたく。同囚でしょ。看守じゃないのに，何で殴る権利があるんですか。どういう罪で入ってきたにしても。初めて会ったのに。そんなこと，たいした学問しなくたって分別できることだよ，悪いということは。泥棒したにしたって，伊藤のものを盗ったわけじゃないし。看守に気にいられるためにああいうことをやるんですよ。酷い奴ですよ。

ぼくは留置場に入って，メソメソ滅入った人は知ってる。参ったっていう人は知ってる。それはそれでいいんですよ。憎むべきものは何もない。だけどオベンチャラを言うのは別だ。

鷲山 なぜ彼は雑役をしてたんですか。

3　中国人ワンさんのことなど

高沖 それまで，中国の留学生のワンさん言うのがいたんだ。特高の外事課か，とにかくスパイ容疑で捕まってる。彼は周恩来をちょっと太らせたような感じの人で美男子で風格があった。デパートか何か経営してた人の御曹子だった。留置場の人たちに，「ワンさんは気の毒だなぁ，毛沢東の名前も何も知らないのに，共産党の共の字も知らな

いのにとっ捕まって」って言われて，看守もそう信じてた。

　だけど，特高はそうは考えなかった。特高はそんな生易しいもんじゃない，スパイ容疑でこれ［拷問］をやったわけですよ。ワンさんは上流階級的な振舞いの人で，カタコトの日本語を話す。看守はワンさんを雑役に使ってたわけですよ。特高はいろいろ取調べをして，口を割らなかったので半殺しにした。そのために，もう歩いて留置場に入れない。担いで留置場に入れたんですよ。うめいているんだから雑役もできなくなって，伊藤がその代りになった。ワンさんも十日くらいしたら治りましたよ。だけど雑役の仕事は，伊藤に回ってしまった。伊藤を憎んでましたよ。

　ワンさんは密かにぼくと話をしましたよ。ぼくは看守と喧嘩したりして，ワンさんから見て不審な点はなかったからね。そしたら，よく知らないどころじゃない。毛沢東も，共産党のことから戦争の状況からよく知ってて，いろいろ話しましたよ。彼は，ぼくが出る前に釈放されて，退去命令だか帰国命令だかで中国へ帰って行きましたよ。

鷲山　毛沢東の名前は日本で当時どのくらい知られていたんですか。

高沖　そりゃ，よく知られてたよ。朱徳とか林彪も。日本軍と戦った将軍の名前は新聞によく載った。昭和12, 3年頃かな。

太田　手記の話ですが，結局どうなったんですか。

高沖　しょうがないからコマーシャリズムは直したよ。特高を怒らせた点は他の人の場合でもあるらしく，昭和16年に京都へ行って，新村さんにも会ったけど，中井正一の家に行った時，彼は「俺が手記を書いて，特高が読んだら，特高がパァーっと部屋にその手記の紙を放り投げて，『こんなものを書いて。上司に見せられるか』って言いながら，その上を踏んで歩くんだ」って言ってたよ。

　前に『ジュリアス・シーザー』を読んで感激したという話をしたけど，文芸評論を書いている頃，古本屋でシュレーゲル174)の翻訳を見つけた。ドイツ語で『ジュリアス・シーザー』を読んだことはなかったから，買って持っていた。

ぼくが捕まって，家宅捜索をされて，左翼めいたものは盗られて，洋書のほうは奴らよくわからんから，本の赤い表紙のものが盗られたんだけど，目黒署に持って来ているわけですよ。レクラム文庫は茶褐色でちょっと赤いでしょ，表紙が。それで没収された。

4　スリのことなど

高沖　同囚に前科五犯のスリがいて，そのスリがぼくにスリのやり方を滔々と話したんですよ。デパートで反物を盗ったとかシャネルの香水を盗ったとか言う。そのスリの所に彼の奥さんが餅菓子を差入れに来る。だけど，これは面会の場で食べられるだけで，房に持込むことはできないので残したと言うんだ。で，ぼくはそのスリに「君はいろいろぼくにスリの技術を教えたけど，そんな技術を持ってるんなら，その餅菓子をスリ盗って房に持ち帰ることはできないのか」って言ったんだ。「だけど刑事がいる」と言うから，「刑事が前にいたって，そこをスリ盗るのがスリの妙技じゃないのか。ぼくは甘いものに飢えているんだ。その妙技を見せてくれ」って言ったの。留置場では甘いものは食べられないからね。

　そしたら，「今度女房が来たらやってみよう」ということになり，その時が来た。そしたら，まあ，汚いと思うけど，たもとから桜餅を取り出してぼくにくれたよ。彼は餅菓子を二つスリ盗ってきたよ。三つ目に手をかけたら，刑事が「金子，何するんだ」って言ったんだと。

鷲山　餅は房に持ち帰れなかったのですね。

高沖　そう。いかなるものも房には持ち帰れない。だから面会の場で食わなきゃならない。

鷲山　じゃあ，スリ犯金子が菓子を房に持ち帰ったことは違反なんですね。

高沖　そう。だから刑事が「金子，何するんだ」って叫んだわけよ。彼は「三つ持ってこれなかった。二つで我慢してくれ」って言ったよ。

彼がいなくなった頃になって，特高にぼくが呼出された時，帰りに部屋の隅を見ると，それまで気付かなかったけど，押収してきた本が縄で縛って積み上げてあるんですよ。ひょっと見たらぼくの本が置いてある。その一番上にドイツ語訳の『ジュリアス・シーザー』が置いてあるの。ちょっと小さい型のために，十分縄にかかっていなくて，引っこ抜けば手にすぐ入りそうだった。それでぼくは，これは取ってやろうと思った。あのスリだって取ったんだから，おれだってとスリとってやろうと思ってね。で，特高の奴がちょっと向うをむいている間に，パッと引抜いてポケットに入れて留置場の中へ持ってきた。こりゃいいやと思って房の中で読んだ。同房の者もいたけど，別に何も言わなかった。ぼくはもう半年以上いる頃だからね，牢名主みたいなもんだ。それを毎日読んでいた。

　終り近くなった頃，房の点検いうのがあるんだ。医者が着るような白服着て，二人で回ってくる。これはおそらく警視庁の専門の者が毎日各署を回っているんだろうと思う。突然来るんだ。そして囚人を外に出して，房の中を点検する。それで，その点検で，突然ドアがパッと開いて，ハンカチも持ち込んじゃいけないんだけど，暑いからハンカチを持ってた。そのハンカチと『ジュリアス・シーザー』が見つかっちゃったわけよ。兵曹長を務めた看守だったが，ぼくに文句を言うわけにもいかず，だれ言うともなく「今日の点検は本とハンカチが出なけりゃ満点だったのに」って言ってた。「注意されたよ」と言ってこぼしてたよ。

太田　市谷の監獄では本を読んでいたということでしたが，当時留置場では本が読めないわけですね。

高沖　何も読めない。じっとしているか，話をするだけですよ。

鷲山　一部屋に何人くらいいたんですか。

高沖　五，六人かな。皆一週間から十日くらいで出て行くよ。罪ある者は刑務所に送られる。罪がなければ釈放される。ぼくみたいに半年以上いる奴はいない。留置場の飯を一年も食べていたら栄養失調で死

んでしまうよ。

鷲山　先生は，結婚されたのはいつですか。

高冲　その後ね。

鷲山　じゃあ，差し入れに来る人もいなかったんですね。

高冲　まあ，一人いたけどね。

　留置場で秋が近づいた頃，手記も書き終わったが，何の応答もなかった。留置場の食事は，弁当屋が一食十銭のものを持ってくる。一カ月もしていたら栄養不良で死んでしまうようなものだった。それは，二十日くらいしかいない人間でも耐え難いものだった。

　その頃，食事の件で伊藤がうまいことを考えた。当時，目黒署には朝鮮人が六，七人イモヅル式に捕まっていた。なぜ捕まったかというと，当時はもう昭和15年，物のない時で，当時は「光り物」言ってたよ，銅とか錫とかね。町工場などでも材料がなくて困っていた。そういう時，電線を切ってまとめて売ったことに関与したことになっていた。彼らが本当にそういうことをしたのか，買っただけなのか，その辺はよく知らないが，ともかく商売がうまいらしく，金を持っていた。で，留置場の食事では耐えられなくて，外の弁当屋から弁当をとるんだが，伊藤が雑役をしていたからその仲介・手渡しをするわけだ。伊藤が四人の看守を口説いて，留置場の全員分の弁当を，その朝鮮人の金でとるようにした。留置場に元来納める十銭の弁当に，金を上乗せして，三十銭くらいの弁当にしたわけだ。相当な弁当になったよ。

太田　その朝鮮人たちは何と言ったんですか。

高冲　それでいいと言ったよ。自分たちも食べられるんだから。自分たちだけ食べるわけにはいかんだろう。

太田　お金を上乗せして弁当を買うのは，留置場の規則では禁止されているのですか。

高冲　そうね。看守は四人いたが，一人以外はいい連中たちだった。ともかく，伊藤はそういう話をまとめるのはうまかったよ。

5　新劇についての取り調べ

高沖　秋になった。特高がぼくを呼出した。ぼくは、書類は検事のほうに回っている頃なのに、どうしたのかと思いながら階段を上がって行ったら、河野［不詳］という警部補がいた。「何だ、もう調べは終ったんじゃないのか」とぼくは言ったら、「いや、実は新劇のこと、新協劇団・新築地劇団のことを調べている」と言うんだ。

太田　先生は、その件については何も手記には書かれていなかったのですね。

高沖　そりゃそうだ。評論だけについて書いただけだ。全協の運動もしてたし、袴田に金を持って行ったりしたけど、もちろんそんなことは書かない。それから［前に話したように］神近市子のやってた『婦人文藝』の女性相手の文学講座もやったけど、書かない。そんなことを書けば、もっと罪が重くなる。袴田の所へ金を持って行ったなんてことが知られれば、明白に治安維持法違反となって、三年きちっとやられますよ。ぼくは何回も警察に捕まっていて、素人じゃない。捕まった時、素人はね、特高に「君は何で捕まったかわかるか」と聞かれて、あわてた連中だと、向うが考えていないことまで喋っちゃう。いろんなことに関わっていれば、向うが調べようとしていないことを出すことだってある。だから、素人は困るんだ、一緒にやってて。そういう時ね、人の名前まで出すからね。

　だから、ぼくは絶対に自分のほうからは言わない。のらりくらりとして、彼らが何でぼくを調べようとしているのか、彼らをして言わしめる。で、ぼくは『中央公論』とか「東京日日」とかで文芸評論を書いていた。合法的に出ているもので、犯罪になるようなことは少しもしていないし、戦争についてとやかく書いた論文などはない。戦争に行っていない日本人の若い男が捕まる時代だからぼくもつかまったんだ、と言ってやった。そしたら、「そんなバカなことがあるか」と

言ってた。そういう調子で，唯物論研究会に入っていただろうと言われれば，そのことだけに限定して答える。

　だから，新劇については全然喋っていなかった。そうしたら「実は新劇のことを調べてる」と言うんだ。まあ，劇団のパンフレットの類は沢山出ていたからね。そういう所にぼくの名前も何回も出てくる。それに向うはよく調べてあるんだ。君はいついつ劇団で講義をしてとか，ぼくの忘れてるようなことまで調べて聞くんだ。そうして，ぼくがしていた文芸顧問について，「この文芸顧問というのはどういうものだ」と聞くから，「文芸顧問は正式の団員じゃないんだ。何か聞くことがあれば聞くというもので，手数をかけるからというので，そういう名前をぼくにくれたに過ぎない。正規の団員じゃないから，聞かれてもイヤなら答えなければいいし劇団がぼくに答えを強要することもできないけれど，ぼくも劇団にこういうものをやれと提議をすることもできないし，提議を劇団が認めなければならない理由もない。まあ，名誉職みたいなものだ」と答えた。そして，「ぼくみたいな正規の劇団員じゃない者までそんなに詳しく調べるとは，何か相当の理由があるんだろう。検挙するつもりなんだろう」とぼくは言ったんだ。

　そしてこう言ってやった。「ぼくの見るところでは，この間まで演っていた長田秀雄[175]の書いた『大仏開眼』[1921年]は，今の日本の政府が盛んにやっている国民の団結を図る方向と共通の意図を持つものだし，肇国の精神に順応した劇で国策演劇だ。劇団は軍隊の慰問まで考えてるようなことを聞いている。そういう劇団を何故検挙するんだ。おかしいじゃないか」とね。そしたら「君は何を言うんだ」と言うんだ。「『大仏開眼』は長田秀雄が書いたままのものならまだよかった。けれども，あれを上演するに当たって普通の感覚で書かれた科白（せりふ）を，村山知義と鈴木英輔，——鈴木は新協劇団の演出家で，日大芸術学部の講師をしていた人。東大英文を出た人かな——と二人で，——千田によると，松本克平[176]も入ってた言うんだけど——『この科白は唯物弁証法的でない』『この科白はマルクス主義的でない』と

言って科白を書き換えたんだ」と。

太田 その時，もう千田是也は捕まっていたんですか？

高沖 捕まっていない。ともかく，「今言ったように『大仏開眼』の原作を改作したんだ。だから国策演劇なんかとは違うんだ」と河野という警部補は言うんだ。だからぼくは，「じゃあ，彼らを検挙するのか」と聞いた。もし検挙して，高沖も関わっていたということになると，手記の書き換えということになるし，そんなのはもういやだから，聞いたわけだ。

そしたら，「検挙しない，検挙しない」と言いながらも，「今はもう文化団体という組織は全て壊滅させたんだ。残っているのは新協劇団と新築地劇団だけだ。あれが演劇をやると，どんな演劇をやろうと，伝統的な関係から反戦主義者と自由主義者とマルクス主義者とが劇場に集る。目の上のタンコブみたいなものだ」とか言うんだ。「じゃあ，検挙するつもりじゃないか」と言ったら，「検挙しない」と言う。あまりいい気持じゃなかった。二，三日したら，特高が……。

そう，特高が検挙する時は早朝に襲うんですよ。冬だと六時ころ，夏だと五時頃かな。今は，茨城県知事なんか昼間やられているけど。ぼくも朝やられた。和田洋一君の『灰色のユーモア』だったかな，自伝みたいなもので［見て］も，やはり朝やられてる。

太田 三・一五でも朝襲われたんですね。

高沖 そう。寝てる時で，起きようかどうしようかという頃だった。［1940年］1月25日の唯研の検挙の時も朝だった。

で，河野という警部補と劇団の話をして二，三日あとの朝，目黒署に朝7時頃和服の着流しで入ってきた男がいる。秋だったんだな。見たことのある男だなと思って見ていると，鈴木英輔なんだ。「おい，鈴木君」とぼくが声をかけたら，君もいるのかという顔をしてた。「なんで捕まったんだ」と聞いたら，日大芸術学部の講師をしてたんだけど，そこに「朝鮮人の学生が何人かいて，その勉強会のチューターをしてた。その朝鮮人たちが全部やられた。その関係か，新協劇

団の関係かだと思うが、どちらだかわからん」と言うんだ。

　で、その二日くらい後、彼が調べられた後で、ぼくのいる前を通った時、話を聞いたら「新協劇団も新築地劇団も全部やられてる。女優まで全部」と言うんだ。特高がぼくと話をした翌日くらいには、新劇関係を皆捕まえたんだ。ぼくには、その後、劇団関係のことを特高は聞かなかったけどね。

太田　先生は劇団員じゃないと考えたんですかね。

高沖　うん。まあ、劇団員じゃないのは事実だからね。その後、11月の末頃に起訴猶予となった。そりゃそうだよね。だって、文芸評論を書いた、「唯物論全書」に『文藝思想史』を書いたというだけのことだから。それが人民戦線を援助したなんてね。

　出ることは出たけど、住んでいる所を特高に届けなきゃいけなかった。その時、ぼくは高円寺に住んで、管轄の杉並警察署の特高課に、ここに住むからと届けに行ったら、千田が捕まって調べられていた。そしたら千田がぼくにね、「『ファウスト』の唯物弁証法的解釈という説明を手記に書けと特高に言われて、女優さんが皆困ってるよ」と言ってた。

鷲山　新劇関係者が全部逮捕されたというのですが、それは何が悪いというのですか。

高沖　今までの全行動が悪いというんだ。昭和15年の秋ですよ。太平洋戦争の準備期に入ってる。

太田　要するに、国策に協力しない、非協力だから検挙ということですね。

高沖　まあ、協力したって、今までが左翼演劇だからね。

太田　劇団員はどのくらいいたのですか。

高沖　五、六十人くらいだったかな。

（注1）　警視庁特別高等警察部に「外事課」があり、ここには「支那人留学生の思想運動並支那人労働者取締」担当係があった。

第10章　出獄後から敗戦まで

1　時局に関して

鷲山　起訴猶予で出獄となったわけですね。当時，大塚さんや舟木重信さんたちとはどんな話をされたんですか。
高沖　文学や戦争のことかな。世間的な話ですよ。
太田　戦争に関しては，どういう戦闘があったとか，ヨーロッパのことなども話されたと思いますが，見通しという点はどうでしたか。
高沖　まあ，他の問題でもそうだが，ものごとに悲観主義的な人と楽観主義的な人とがいる。科学的な分析の前に，そういうことが働く面がある。で，ぼくはやや悲観的な方で，懐疑的だ。希望的にはファシズムが負ければいいと思ってたけど，ファシズムはそう簡単には片付かないと思ってた。

　当時のことでこういうことがあった。高橋健二が当時吉祥寺に住んでいて，舟木さんと一緒に彼の家を訪ねたことがある。昭和16年の秋だったと思う。ぼくは高橋の名前は知っているけど会ったことはなかった。彼の奥さんのお兄さんで明治大学の英文学者の村山英太郎[177]というのはよく知っているんだけど。何故行ったんだったか用件を思い出せないし，何を話したかも憶えていない。

　帰りの時のことは憶えてる。彼の家を辞す時に，彼が，「あなたは尾崎秀実を知っていますか」と聞くんですよ。伊藤律にも同じことを聞かれたけど，ぼくは政治的な評論家とは付き合っていないから，知らないわけですよ。尾崎がスメドレー[178]の『女一人大地を行く』を訳していたことは知っていた[(注1)]が，彼は近衛文麿のブレーンだったし，向う側の人間だと思ってた。で，ぼくは「知りません」と言ったら，高橋健二が「大変な事件に巻き込まれたようですよ」と言ってた。

「私は一高の寮で彼と同室だったから彼をよく知っているんだけど，大変なことで検挙されたようですよ」と。新聞にもどこにも発表されていない時ですよ。(注2)

2　ミッドウェー敗北を知る

太田　先生は，当時非常に親しかった新島繁さんと政治情勢などについても話合われたことと思いますが，その中で何か印象に残っていることはありますか。

高沖　親しくしてたのは新島君だが，東中野に住んでいた時は，近所に甘粕石介のほか，フランス文学者の平岡昇，フランス社会学の本田喜代治[179]がいた。平岡さんを除くと，甘粕君も本田さんもぼくも皆，清和書店から本を出しているんだ。平岡さんと本田さんは親しかった。で，四人で集ってよく話をしてた。そこに新島君も来たこともあった。皆，戦争に反対は反対だったけど，沢山の人の中では言えないし，表立って突っ込んで議論した記憶もない。ただ，その四人だけの時は戦争の具体的内容で，新聞には載っていないようなことをいろいろ話題にした。それが人から人にある程度伝わるんだね。

　こういう話がある。ドイッチャーの本をいろいろ訳した山西英一[180]という人は，栗原君のお父さんが広島高師の英文の教授だった時の生徒なんだ。山西氏はその先生の息子である栗原佑のことを知っていて交際していて，ぼくとも知り合いになった。

　山西氏は玉川学園の創設者の小原国芳[181]の秘書というか片腕というか，小原といい関係にあった。小原国芳が何年頃だったか，イギリスへ行った時，山西氏を連れて行ったわけですよ。だけど，山西氏はイギリスで，トム・マンとか，イギリスのトロツキストとかと連係をとったりしていた。そのために，小原においてきぼりをくっちゃった。だけど彼は高等師範学校を出て，中学校の主任だかをしてたわけですよ。

ロンドンには当時そういう経歴の人はなかなかいないわけですよ。当時は今みたいにアメリカ中心じゃなくて、イギリス中心ですよ。アメリカは戦後には力を持ったけど当時はそうじゃない。外交も経済もロンドンが強くて、ポンドはインタナショナル・カレンシーだった。そういう所だから日本の上流階級の人間が沢山いるわけですよ。横浜正金銀行とか商社とか、そういう所の連中は、やはり子弟の教育は、日本人の教師から受けさせたいわけだ。

　宮内大臣の松平恒雄、秩父宮妃の父だが、その息子の教育をしてくれ言うて、人を介して頼まれたわけですよ。それから銀行や何とか物産みたいな所の連中から子弟の教育を頼まれて、結構向うで生活できたわけだ。松平は駐英大使をしてたが、その後、宮内大臣になった。彼が日本に帰ってくる頃、山西氏も日本に帰ってきた。それで、玉川学園じゃなくて、成蹊高等学校の教師になった。あれは三菱系統の学校で、松平は三菱と繋がってたから、松平の口利きでというわけだ。

　で、その山西の教え子に、ミッドウェー海戦で父親を亡くしたのがいた。ミッドウエーで、海軍は航空母艦を集中するんだけど、大打撃を受けて、真珠湾で勝ったものも全部失っちゃう。総指令官は南雲で、その下のなんとかいう少将の艦長の息子が成蹊にいた。その親は山西さんに自分はこういうわけで戦争に行くから息子をよろしく頼むと言って出かけて行った。戦いに負けて何人かボートで逃げる時、帽子だけ部下に渡して、自分は艦橋に立って沈んで行ったというんだ。そういう話を比較的早く聞いた。そんな話を、その四人でした。そんなような戦争の具体的な話をした。

太田　そうしますと、太平洋戦争になって日本は勝った勝ったと言っているけれども、必ずしもそうじゃない、といったような話ですね。
高沖　うん。そういうものを話のタネにしてることが多かったな。ぼくはそこでした話をまた誰か別の人に話すといった具合だ。
太田　舟木重信を偲ぶとして出された本の中で、山西さんは、ドイッチャーの『トロツキー伝』だったかを出す時に、舟木先生のお世話に

なったと書いていますね。

高沖 そうだったかな。舟木さんはぼくか栗原君かを介して山西氏と知り合ったんだろう。山西氏は誠実な人間的にはいい人だったが、トロッキーの崇拝者だった。まあ、トロッキーも今になって思えば、彼の方が正しかったかもしれないね。一カ国の共産主義というのは、経済の立場からすれば難しいものね。経済のダイナミックな発展という点では、資本主義はモデルチェンジをして競争をして、動態的な経済の発展を可能にしたが、社会主義は競争主義・勝者の経済学・効率主義じゃないんだな。

　現代のアメリカだって何千万と失業者がいて、ホームレスもいる。だけど、それを救おうという経済体制じゃない。彼らは淘汰された人間なんだ。そういう競争主義・効率主義で全力で走ってる資本主義と競っても、対抗するのは難しいよね。全体が社会主義ということになれば少し話が違ってたという気もする。

　思想面だって、次々とモデルチェンジをしてる。実存主義だ何だと言ってたかと思えば、モダンからポスト・モダンみたいなものだ。どれだけ創造的なものが出てきたのか。それから、ポケット・ベルで一秒か二秒早く電話をかけたところで人間の幸不幸は決まらないと思うんだがね、ぼくは。まあ、そういうふうに競争してるんだね。

鷲山 一国社会主義論というのは、ドイツ革命の挫折の後で、社会主義体制をどうするかということと絡んでいましたから、なかなか難しい問題でしょうけどね。

高沖 競争主義の他に、戦後は中ソが対立したでしょ。アメリカと組んでソ連をやっつけようみたいな、インタナショナリズムなんかどこへ行ったんだみたいな状況があった。「ソ連カード」をどう使うかというようなことで。

　社会主義の側にもインタナショナリズムがないんだからね。自分らの勢力を伸ばすことばかり考えてね。これじゃ成功しませんよ。覇権主義で、マルクス主義じゃないんだ。失敗するのが当然だよ。

3　平岡昇のこと

太田　平岡昇とはどういう関係だったのですか。
高沖　清和書店で知り合った。平岡さんと本田さんは仲が良かったから自然と相互に知り合った。本田さんも唯研の時に捕まるんですよ。
太田　1940年ですか。
高沖　そう。本田さんは旧制大阪高等学校のフランス語の先生をしていた。ところが，左翼的言動があったのか，大阪高等学校を辞めざるを得なくなって辞めた。大阪じゃ食えないというので東京で仕事をするために出てきた。京都大学の落合太郎の紹介状を持って辰野隆のところへ来たわけだ。その紹介状には，この男は左翼的なことでクビになったんだ言うことも書いてあったんでしょう。でも，その点，辰野隆はそういうことをとやかく言わない自由な先生らしいからね。同じ時代の東大独文の木村謹治みたいにファッショじゃないから。

　で，辰野氏は本田さんの面倒をみたわけですよ。東大の医学部のフランス語の先生みたいなことをしてたんじゃないかな。加藤周一やなんか教わったんじゃないかな。平岡さんが回想して書いているところでは，彼が東大の助手をしていた頃学生だった。そういう年頃ですよ。中村真一郎とか加藤周一なんかが学生だった。皆，反戦的な連中だったらしいけど。昭和10年頃かな，二，三年彼らと交際してた。だけど，ぼくが吉祥寺に引越して，もう戦争中は彼らとはほとんど会うことはなかったと思う。

　戦後に淀野隆三君が亡くなって，本郷のどこかの寺で葬儀があって，そこへ行く途中で向うから帰ってくる人がいて，一人は平岡さんで，もう一人は田辺貞之助だった。平岡さんが名刺を渡して，ここにいるから遊びに来てくれというんで，それからまた交際が始まった。
鷲山　平岡さんが駒場で教えていた頃ですか。
高沖　退官した頃かもしれない。平岡さんは駒場の前は埼玉大学［旧

制・浦和高校］で教えてた。この時，笑い話があった。昭和19年頃，田辺氏もここに来たんじゃなかったかな，文科丙類でね。だけど，ここの校長が文部省よりももっと文部省的なファッショだった。それで，浦和高校に行ったら敵性言語を習わないと言って生徒自身がボイコットするというんだ。

鷲山 生徒自身がやるんですか。そりゃすごい学校だ。

高沖 全部の生徒がじゃなかったらしいが，校長もその言い分に同調する。で，一年くらいいたら辞めざるを得なくなったと言うんだ。で，退職金が一円五十銭。

太田 先生の『中央公論』の原稿料が一枚四円五十銭くらいの頃でしょ。

高沖 旧制高校がそういうようにファッショ化するんだけど，その先頭をきる奴がね，旧制高校の倫理の教師とか，文学・哲学の連中が多いのね。案外，自然科学の教師は，文部省方針に反対もしないけど，同調しないし担ぎもしない。物理学や生物学の先生のほうがきっちりしてる，と平岡さんが言ってた。浦和高校の文科系の教師連中は，一生懸命働いて，朝鮮や大連の高校の校長か何かになって行ったりしたのが何人もいる，とね。

　東京教育大の枝法（えだはかる）が東長崎から近いところに住んでいた。平岡さんが上高田に住んでいて，ぼくがひばりが丘にいる。みんな西武線沿線なんで，三人でテーマを定めず，雑談会を毎月一回やろうということでやっていたことがある。

4　徴用

鷲山 先生の場合，徴用はどうだったんですか。

高沖 ぼくにも昭和18年だったかな，徴用が来ましたよ。ぼくはドイツ語で初めて助かった。あの頃，ドイツ語を知ってる人は今みたいにそんなに沢山はいない。ドイツ語を翻訳してくれという注文が，いっ

ぱいというわけじゃないけど、生活に困らない程度にはいくつもあった。日独防共協定と三国同盟の時代だからね。いやだと思ったけどしょうがない。生きていくために、他にすることができない。雑誌ももうなくなっていたし、筆で食うことはほとんどできない。だからそういう翻訳を頼まれて、何とか食えたわけですよ。ドイツ語で初めて命が助かった。

　三鷹に、今で言うと職業安定所みたいな、徴用の事務所があって、上から何人か出張してきて、徴用に該当するような人間に葉書を出すわけだ。ぼくのところにもそれが来た。政府の命令ですよね。で、そこへ出かけた。背広を来た男がいたよ。ぼくは挨拶をする前に、開口一番言ってやったよ、「ぼくは日本で相当の名前の聞こえたドイツ語のほうの大家なんだ」。何しろ威かしておかないと、と思ってね、「ドイツ語の翻訳を相当引き受けて困ってるくらいなんだ」。と。そしたら、「あっ、おみそれしました。すぐ帰って下さい。名簿から外しておきます」と言った。徴用を逃れた。
鷲山　それで逃れられたんですか。

5　ケマル・パシャの翻訳

高沖　そうね。ぼくは大学の教師じゃないし。

　そうそう、その頃こういうことがあった。ファッショ的な国際［日本］協会とかいうところに石川準十郎[182]いう早稲田大学の政経学部の教授がいた。政経学部の出身で、戦後に政経学部の教授になった。本来ならあんなファッショがなれるとは思わないんだけど、早稲田大学の創立時代の煙山専太郎[183]いう有名な教授がいた。その煙山の娘と結婚したので教授になった。彼は当時はまだ教授じゃなかったけど、ヒトラーの『マイン・カンプ［わが闘争］』（注3）を訳してる。その『マイン・カンプ』を出しているところからぼくに話が来た。石川さんが、大川周明[184]が局長だった東亜経済調査局と関係があってね。

大川周明はドイツ語はできるんだよね。極東裁判で,「インダー,コンメン ジー」とか言ってた。「インダー」というのはインド人ということでしょう。「こっちへ来い」と言うんだね。もう狂ってたけど。

鷲山 東条英機の頭を叩いた頃ですね。

高沖 そう,その前後ね。狂ってたけどそう言ってた。相当ドイツ語はできたんだろうね。まあ,その大川周明は軍部から十万円でも引き出すんだからね。石川はファッショだし,その大川の読みたい本の翻訳を引き受けていた。その一環で,石川は大川からケマル・パシャの『デァ・ヴェーク・ツァ・フライハイト［自由への道］』の翻訳を引き受けていた。

　これはね,オスマン・トルコが第一次世界大戦で負けて,アラビアのロレンスじゃないが,領土の多くを失うわけですよ。そして,トルコは今でもギリシャと仲が悪いけど,そのギリシャ軍がトルコ国内に入り込んでいたわけ。その中で,イスラム教を国教とした制度から,自由な,イスラム教と政治を分離した国を作るわけですよ。ケマル・パシャはそのトルコ再建の将軍なんだ。

　この本は,ケマル・パシャの第一次世界大戦後の国民議会での演説を集めていて,自由への,あるいは独立への道というわけで,かなり厚い演説集ですよ。それを大川は自分でドイツ語で読まないで,石川に翻訳させようとした。先に金を渡しちゃって,石川は翻訳があまりできないから,仲介をした男は困ってるわけですよ。それで,ぼくに訳してくれというわけ。

　『マイン・カンプ』の訳も,清水元［不詳］とか言ったな,後に日本出版協会の課長になり,中大の教授になったように聞いたが,その清水が石川の名で実際は訳してた。この石川氏と一回会ったことがある。当時は日本出版協会が出版を全部押さえてた。その系列課長みたいなものでしたよ。

　それで,ぼくは［ケマル・パシャの本を］訳した。とても大きな本になるはずだった。原稿をその事務所に持って行ったよ。空襲で皆焼

けちゃったけど。金は先に貰ってた。それから間もなく終戦になったから、大川周明も読む暇はないよ。

太田　執筆禁止になったのですが、そういう仕事で何とか生計をたてていたわけですね。

高沖　そう。新島君は、ドイツ大使館に行って、ドイツから来た文書の翻訳をしてパンフレットなどを作ってた。皆、そんなみじめな嫌なことをしてでも生きていくしかしょうがないでしょう。魂を売るように。それとも自殺するか。まあ、田舎で畑でもあれば野菜でも作るけど、畑もないし。でも、ケマル・パシャの訳はまあそんなに悪くなかった。トルコ近代化のことだしね。

太田　大川周明は中東関係に詳しかったんですね。

高沖　そう。彼はファッショだけど、その方面じゃ日本でも相当の学者だった。東大を出て、インドから中近東にかけて比較的詳しく知っていたし、興味を持っていた。『植民政策史』といったかな、そんな本もあるでしょ。［『近世欧羅巴植民史』1941年のことか］まあ学者だし、何にも書かない学者よりはいいかも知れん。

鷲山　先生は昭和16年から戦争の終りまで、翻訳で生計をたてていらっしゃったわけですね。その頃に結婚なさったんですか。

高沖　そう。

6　憲兵隊に逮捕される

高沖　ぼくは最後に、憲兵隊に捕まった。それは、もうソ連軍がベルリンへ迫ってる頃だった。

太田　1945年春ですね。

高沖　そう。その時に、ぼくは結婚して家を借りていた。そこは岸田劉生[185)]がお母さんのためにつくった離れだった。八帖と六帖と四帖半だったな。母屋とは離れてた。それを誰かに借りて貰いたがってるいうんで、織田一磨という帝展の無鑑査の版画家がいて、亀井勝一郎

が吉祥寺で仲良くしてたが、その織田氏がぼくに借りてくれないかというので、ぼくのところへ来た。それで借りたんですよ。四十三円くらいで高かったけど。成蹊高等学校のすぐそばだった。今でも成蹊はあるけど。中島飛行機製作所も近いし、成蹊には航空関係の学科だかがあって、空襲では両方が狙われたわけですよ。

日本女子大の鈴木和子[186]さんね、ハイネ研究家の。彼女が「岸田劉生の長男の継之助さんが私の学校の事務の部長をしていて、高沖さんに会いたいと言っている」と言ってた。だけど、この間新聞を見ていたら、継之助君が死んだと出ていた。ぼくは会えなかったけど。

その継之助君が十九歳の頃だ。日大の法学部に行ってたが、徴兵が来て出征することになった。明日、徴兵で行くんだというんで、岸田劉生未亡人がぼくに、たいしたこともできないが、心ばかりの送別会を開くから来てほしいと言うんだ。継之助君の顔は知っていたし、当時はやっていた「同期の桜」を彼が歌っているのを聞いてはいたが、ほとんど話をしたことはなかった。家族以外はぼくだけだった。

その時、こういう話をした。まさか彼女がその話をストレートに他所でするとは夢にも思わなかったけど、まあ、普通の人いうのはそうかなとも思ったよ。「この戦争は間もなく必ず負けだ。百パーセント負ける。だから継之助君も戦場に行くことはもうないと思うけど、行ったって、できるだけ弾に当たらんようにして、人を殺さないような場所に逃げて、生きて帰ることを考えるのが一番いい」と言った。「この戦争は負けだから、どうすればいい、いうことになると、人民戦線内閣を作って、天皇制はやめて、アメリカにいる大山郁夫を大統領にするのがいい。その上で講和を結ぶ。それ以外にない」と、まあだいたいそんなことを話したわけですよ。

岸田未亡人はお茶の師匠なんですよ。お茶の看板を掲げて、あまりもう弟子は来なかったけど、時々、谷川徹三とか武者小路とかが来てた。志賀直哉[187]は見なかったけど。だから彼女はいちおう、芸術家の未亡人だという誇りを持ってるわけですよ。皆、モンペを履いて、

防空頭巾を被って，竹槍を持つばかりというような格好をしているる中で，和服を着て通していた。

　この辺にどういう人がいたかというと，岸田氏の隣りには，平野という家があり，この人は日露戦争当時の大佐ですよ。武蔵野在郷軍人会の副会長をしてた。その息子は二人とも戦死した。それから西川正身君がいた。彼とぼくが貧乏人で，あとは皆，金持ちだった。自宅が百五十か二百坪あるんだ。それから名古屋地方裁判所検事正の家があり，そういう反動的な立場の連中が住んでいた。それから，川島浪速の弟がいた。川島芳子[188]というのを知ってる？

鷲山　「男装の麗人」というのでしょ。満州で諜報活動をしてた。

高沖　そう。彼女は清の王族の流れの人間だ。当時，満州浪人というのが沢山いた。宮崎滔天とか。川島浪速もその流れの者で，川島芳子の義父をしてた。それから日本画家もいた。そういう中だから，岸田劉生未亡人は，和服姿でいたけど，それは反戦的とかいうことではなくて，単に美学的というか感情だけで，モンペをはいたりするのがいやだったんだな。だから皆から嫌われてた。だけど，彼女はぼくの話をどこかへ言って話した。

鷲山　天真爛漫というか。

高沖　それを憲兵隊に密告した奴がいる。で，ぼくは捕まった。憲兵隊が二人で軍服を着て，夜の10時頃にぼくのところへ来た。女房は疎開していて，ぼくは一人だった。「だれだ君たちは」と言ったら「憲兵隊の者だ」と言う。「憲兵隊が何の用だ」と言ったら，何も言わずに本を調べ出した。「君たち素人だろ。そんな本を調べたって，左翼的なものなんか出てきやしないよ」「頭の中に皆入っているというわけか」「そりゃ，君たちの想像に任せる」というやりとりがあった。それで，「本はいいとしても，憲兵隊に同行してもらいたい」と言うんだ。「何でこんなに夜遅く同行しなきゃいけないんだ」と言ったら，「ともかく同行してくれ」と言うんだ。

　ぼくはその時，なぜ憲兵隊が来たのか分らなかった。他の事件で捕

まった連中から名前が出たのかなという気がした。だけど，最近はやられた連中もいないしな，と思ったけど，まあいい，と行ったんだ。中島飛行機製作所の前にバラック建ての憲兵分隊の建物があった。

7　憲兵隊の取り調べ

高沖　その建物で，ぼくを捕まえに来た連中とは違う背広を着た男が，「こっちで調べるから」と言ってぼくを別棟に連れて行って調べ出した。その時，ハッと思った。これは岸田未亡人が例の話を誰かにストレートにやったに違いないと。そこでぼくは頭をパッと切り換えて，大山云々は絶対に言わなかったことにしよう。彼を大統領にして，天皇制をやめてということね。

鷲山　それだと明白に治安維持法違反ですね。

高沖　うん。しかし，全部言わなかったことにするのは無理だから，戦争に負けるということは言ったと認めよう。負けていいとか悪いとかいうことではなくて，負けるのは現実なんだ，と。それで覚悟したわけだ。彼らは調べ出した。で，ぼくはこう言った。「君たちはどう思っているか知らないが，ナチス・ドイツはもう負ける。今やソ連軍はベルリンに迫ろうとしている。ドイツはもう負けだ。そうなった時，日本はどこを頼りに戦うのか。単独で世界を相手に戦うのか。正気のある人間にはそんなことは不可能だ。この戦争は負ける。負けたあとどうなるか，そんなことはぼくは知らない。しかし，負けることだけは確信を持って言える」。そしたら，取り調べ者はそのことを調書に書いた。

　で，今度は本題だ。「日本が負ける」と言ったというくらいじゃ，軍法会議にかけたって，そうたいした罪にはならない。問題はそのあとだ。さて，相手はどう出るかとぼくは構えた。だけど，彼は調書を片付けて，「調べは終りました。どうぞ署名して下さい」。拍子抜けしたよ。彼は軍曹で，その中島飛行機製作所の前の憲兵分隊の人じゃな

く，連隊からわざわざ来てるわけですよ。こちらのは法務関係の軍人はいないから。ぼくは彼に，「調べは終ったの？ あなたなかなか紳士的だねえ，憲兵隊にしては。憲兵隊というのは大変な所だと聞いていたんだが」と言ったら，「いやあ，世間ではいろんなことを言うんですよ」と言うんだ。そして，「まあ，一本点けなさいよ」と言って，誉(ほまれ)いう軍隊のタバコを出して点けたよ。タバコのない時だったけど。夜中の2時だった。で，ぼくは帰ろうとした。そしたら，「いや，泊って貰います。毛布は沢山ありますよ」って言うんだ。

二畳か三畳の部屋だった。朝御飯は，麦飯のにぎり飯が二つとほうれん草の茹でたの。醬油も塩も付けないで。その頃は，外でも配給は大豆くらいで，米はない。だから，米が少し入ったにぎり飯はともかく，おかずが茹でたままのほうれん草だけじゃね。それで，隊長に塩か醬油くらいつけるように言わなくちゃいかんと思った。留置場のそばに，補助憲兵いうて，上等兵がピストル下げて，歩きながら見張りをしている。留置場にはぼくしかいなかった。その憲兵に「ねえ，君」と言ったら，「何ですか！」と軍隊調で答えた。「ぼくが隊長に面会を要求してると隊長に言ってくれ」と言った。

特高に捕まった場合，同じような要求を何回も出した。だけど，看守は「わかった，わかった」と言うだけで，実際に連絡をとってくれるのは十回に一回くらいだった。いちいち聞いちゃおられんというわけだ。

それが，この憲兵隊では違ってた。そういう点は素人の集りだった。その時，憲兵隊長は原っぱで，朝礼をしていて，部下を前にして「軍人勅諭」を読んでいた。「一つ，軍人は何とか」というやつ。それを読み終った時，その補助憲兵が隊長に向かって，「隊長殿，高沖が面会を求めております」と軍隊口調で言ってたよ。警察とは大違いだ。「よしわかった。待ってるように言っておけ」という隊長の声が聞こえた。すると，その補助憲兵は，ぼくに，「隊長殿は，待っているように言っています」と言うわけだ。

しばらくしたら、隊長が来た。彼は中大の法学部の出身の憲兵だった。隊長で少尉か中尉だったかな。六、七人の憲兵を指揮している。で、ぼくは「あんな朝飯で、ここへぼくを何日置くつもりだ。餓死してしまう」と言った。「すぐに釈放してほしい。日本がまもなく負けるということは明らかで、これは流言蜚語なんかじゃない。犯罪にはならない。もしすぐに釈放しないというなら、もっとましな御飯を食べさせてほしい。軍隊と同じものを、一緒に食堂で食べさせてくれ。後は留置場にいてもいいから」とね。

　すると、「ふざけるにもほどがある。ここに入ってきた左翼は半殺しにするんだぞ」と言うんですよ。だけどね、ぼくを威嚇するような力はないんだね。本気で言ってるのか、いい加減に言っているのか、ぼくには解るんだ。威力が伝わってこない。だからぼくはニヤニヤ笑ってたんだ。そして、「あんな御飯じゃ死んでしまう。もしぼくが死んだら君の責任だぞ」と言ってやったら、「えぃ、面倒臭いな、じゃあいい、皆と一緒に御飯を食べりゃ」というわけだ。で、一緒に御飯を食べたよ。

　食事の時、彼に「君は何で職業憲兵になったのか」と聞いたら、「いや、職業憲兵になったんじゃない。同盟通信に務めてたんだ」と言う。当時の同盟通信は大きな通信社で、新聞社などが金を出していて、独占的な通信社だった。その上海支局長で、戦後に国際文化会館の理事長をした……

太田　松本重治[189]。

高沖　そう。彼がそこにいた。吉田茂が外務大臣にしようとしたが、ならなかった。まあ、その同盟通信で、権威があった。その憲兵隊長は、徴兵されて、憲兵に回されたんだ。特に憲兵になるつもりがあったわけではなかった。そういう連中と、戦争の話はしなかったけど、雑談をして一週間くらいいた。助かったよ。

　その頃、彼から、「田舎から送って来たから、食べないか」と、リンゴを二回ほど貰ったよ。秋田雨雀と同郷だと言ってたから、青森県

のどこかかな。当時はリンゴなどとても手に入らない時期だったが。ぼくが,「いつ釈放するんだ」とまた聞いたら,「君は軍属じゃないから, 軍法会議には回さない。戦争は負けるんだと言った君の調書を, 八王子検事局に送るんだ。検事局が釈放しろとか, 何か言うまでは釈放しない」と言うんだ。

鷲山 最後になって, 今までの蓄積がものを言って, いい御飯にありついたわけですね。

8　検事の取り調べ

高沖　一週間ほど憲兵隊にいたら, 検事局から出頭命令が来て, 憲兵と一緒に検事局へ行った。そうしたら, オオツキ[不詳]という検事だったけど, 戦後, 最高検の検事になった男。この野郎ね, 本当にこの野郎だ。癪に触ってしょうがない。

岸田さんは素人なんで, 憲兵隊に全部べらべら喋ってることは確かなんですよ, ね。大山のことから天皇のことから全部。なぜ憲兵隊がそこまで突っ込まなかったか, 日本は負けるという発言だけに限定したか。昭和史を書く人なんか, こういうところを書いてほしい。ぼくの体験から言いたい。ナチス・ドイツが負け間近で, 日本が孤立無援になっていたとき, 日本の官僚が, 公務員全体が, 警察機構から裁判所まで, 憲兵隊・軍隊機構まで, もう全然自信を失っていた。一撃を喰らわせればすぐに参ってしまう。8月15日の全面降伏なんて問題じゃない。もう5月の時点で, ぼくが捕まった時点で, 自信を失っていた。

だから, あの時, ぼくのやり方が巧かったということはありますよ。ぼくは何遍も捕まった男だから。ちょっと捕まったくらいでは驚きも何ともない。普通だったら, 憲兵隊に捕まったら震えあがるだろうけど, 別にぼくは冷静に考える能力を失うほどあわてもしない。ぼくも普通人よりはるかに巧い対処をしてることは事実だけど, それだけ

じゃない。彼らのほうが，権力機構のほうが，自信を失っているところを突くと，彼らはそれを跳ね返す力はなかったわけですよ。だれに対してもそうだった。それが検事とのたたかいでよくわかりますよ。憲兵隊ではぼくの喋ったことを知りながら，そこまで追及しないんだもの。憲兵隊はそこまで係わりたくないわけですよ。訴える者がいたから，密告する人間がいたから，体面を作らなくちゃしょうがないから捕まえただけの話で，面倒くさいことなんだな，もう。功績にも手柄にも何にもならない。だって，日本という国がどうなるかわからないんだもの。自分らがそこに勤めておられるかどうかわからないんだから。こんなことで神経を使うなんて馬鹿馬鹿しいと彼らはそう思ってる。だから，一番軽い「日本は負ける」という発言だけに留めた。

　だけど，検事はそうじゃない。検事は軍隊よりも馬鹿だったから。彼らは憲兵隊の調べは中途半端だ，もっとあるに違いない，ということで岸田さんを調べてるわけですよ。というのは，ぼくを調べてる間に，事務の女の子が「田無警察署の特高主任さんがお見えになりました」言うて通知してたのでね。ぼくのことを調べたに違いない。検事は憲兵隊を指揮することはできない。所管が違うから，憲兵隊を使って家宅捜索させるわけにはいかない。だけど，警察は指揮できる。それで，警察を手足に使って独自にぼくの家を二度も三度も家宅捜索していたんだね。

　だけど，田無署の特高主任にしてみれば，自分がぼくを捕まえたわけじゃなく，憲兵隊が捕まえたんで，いくら働いたって自分の功績にゃならない。だから，真面目にやるのは馬鹿馬鹿しいという感じがあるわけだ。というのはね，後で家に帰った時，田無署の特高は家宅捜索はしたけど，毒にも薬にもならない雑誌を二，三冊持って行っただけだったの。新島君から来ていた手紙があったけど，まあ内容で問題になる手紙ではなかったが，まだこんな連中とつきあってるのかとは言われるようなものね。その手紙は押収せず，そのまま家にあった。つまり，ぼくのことでは証拠が挙らない。検事だと，拷問にかけるこ

ともできない。警察なら別だけど，その特高もあまり動かず，検事は孤立無援だった。

　ぼくは「警察はいやだから，刑務所へ移してくれ」と言ったんですよ。八王子に刑務所があるんですよ。少年刑務所なども。それで，移ることができた。その時，八王子の警察からぼくの名前と犯罪を書いた通知状が来るわけですよ。それを八王子刑務所の看守が見て，「ぼくはここに長く勤めて看守をしているけれど，高沖ほどひどい罪名が並んでいるのを今まで見たことがない」と言ってた。そりゃそうだ。不敬罪でしょ，治安維持法違反，言論出版［集会結社等］戦時取締法違反とか三つついている。それで，治安維持法には死刑があるでしょ。不敬罪は，有罪になれば五年以下いうことはないんだし，死刑もある。死刑になる犯罪が二つあるわけだ。

鷲山　つまり，検事は先生が岸田夫人に話されたことを全部書いて，連ねたわけですね。

高沖　そうでしょ。天皇制をやめる言うのは不敬罪だし，人民戦線内閣云々は治安維持法にひっかかり，また流言蜚語を飛ばした。罪名からして，岸田夫人が全部喋っちゃったことは明らかなんだ。検事はぼくに，「君の犯罪を始めから全部正確に話してくれ」と言った。ぼくは「犯罪なんかないよ。憲兵隊がぼくを全部調べたんだから。それ以上のものはない」。「そんなことはないだろう」。「じゃあ，憲兵隊に行って聞いたらいいじゃないか」。検事は，ノートを広げてペンをとり，何か書こうとしてたけど，何も書かずにバッと閉じて帰って行くんだ。

　また，何日かしてやって来て，「こういう戦局の中で君はどう考えているんだ。君の心の中を言って貰いたい」と言うから，「あんた，いつ坊主になったんだ」と言ってやろうかと思ったけど，まあ，それはちょっとひどいから，「心の中は愛国心に充満してると答えるしかないだろう。心の中なんてのは道徳か宗教の問題で，法の問題じゃないんだ。法の対象は行為なんで，心の問題じゃない。だいたい，検事

が心の問題なんて，ちょっとおかしいんじゃない？」と言ったら，また怒っちゃってね。何か書こうとしてノートを広げてるけど，またバッと閉じて何も書かないで帰って行くんだ。もうぼくと勝負にならないわけですよ。何一つ進展しないんだから。

9　権力側の危機意識

　今，特捜部ってあるでしょ。あれが検事の花形なんだが，当時は思想検事が花形だった。中枢にいるのは出世できる。思想検事が思想犯を調べるのは，特別の訓練を経ているわけですよ。今の特捜部だって，財務・経理関係などについて訓練を経ている。ところが，あのオオツキいう検事は，八王子辺で鶏を盗んだとかそういうのを調べていた検事で，思想なんてちっとも知りゃしないんだよ。取り調べ方を知らないんですよ。で，三度目，その検事が来て，「明日，東京の地方検事局に行く。そこへ行って君のことを相談してくる。今日はもう調べないから」と言って帰って行った。

　それを聞いてぼくは，東京地検の思想検事が出てくると，これゃ今までのようにはいかんなあと思ったの。向うはベテランだから。まあ，それでも何とか対応してやろうと思った。だけど，ひょっとしたらその検事は来ないかも知れないとも思った。もう7月になっていて，爆撃が激しい時だからね。もう降伏の一カ月前でしょ。もうぼくの小さな事件なんか東京地検の連中がかかる心の余裕なんかないだろうと思ったの。憲兵隊は事実そういう対応をした。自信がないわけだ。オオツキという検事が愚直で馬鹿なんだ。

　で，四，五日して，東京地検の検事じゃなくオオツキがぼくを呼出して，ぼくにこう言った。「実は，君の犯罪の不敬罪と治安維持法違反を罪名から削除する。ただし，言論出版［集会結社等］取締法違反だけはある。君は負けるという流言蜚語を飛ばしたから」と。この取締法は戦時立法で，新聞・右翼新聞なんかを対象にしたものだった。

一番重くても一年で，罰金刑もある。だからぼくは「それは当然だ」と言った。ぼくの推測では，オオツキが東京地検に行って思想検事に相談して，「君は呑気だねえ」とからかわれたと思うんだ。君は今こんな時期に一体何をしているんだってね。たいした事件でもないし，ぼくも共産党の大物でもないし，そんなものに係わり合って，負けるかどうかの瀬戸際だって言うのに，一体何を考えているんだってね。今に至ってこんなことで爆撃の中を東京地検まで出向いて相談するなんて，よほど馬鹿扱いにされたと思うんだ。それでそんなものを放っとけと言われたんでしょう。それで，不敬罪と治安維持法違反を削ったんでしょう。

だけど，すぐに無罪にするわけにもいかんでしょう。彼にも面子があるからね。いちおう起訴したんだから。裁判もせずに追い出すわけにはいかんでしょう。「君の流言蜚語はこういう罪に当たるんだ」と言って，京都大学の何とかいう助教授の本を見せた。ああいうのが出ると解説する奴がいるでしょ。京都大学などの法学部の助教授あたりのあまり売れそうにない奴が，法が出ると何でも解説するもんですよ。その解説書を持ってきた。ぼくが理屈をこねるから，検事に正面から反論するから，それを押さえるために，京都大学の助教授の権威を借りて，ぼくを説得しようとしたんだね。

だけどぼくは「そんな解釈は間違ってる」と言ってやった。「そんな解釈をしたら，何でもかんでも流言蜚語になるじゃないか。本当のことを言っても皆，流言蜚語になるのか。戦争に負ける，というのは真実なんだ。そんな解釈は間違ってる。ぼくはそんな解説書は承服できない」と。そしたら「君，六カ月以上の禁固にすることはしないよ」と言うから，「六カ月なんて冗談じゃない。人を馬鹿にしてる。何で流言蜚語になるんだ。絶対にそんなことは承認できない」と答えた。「ぼくはたいして持っていないけれど，少しは金を持ってる」と言った。金を持っていたって，物がなくて何も買うことができない時期だった。配給物資しかないし，その配給だって米はなく大豆しかな

いような時期だった。金を持っていてもどうにもならない時期だった。

ぼくは、「金を持っていても仕方がない、金を紙きれにした政府に金を返したい。それには、罰金刑がいいと思うから、罰金刑にしてくれ。五十円くらいの罰金刑で手を打とう」と言ったの。そしたら、「君を執行猶予にしたいんだけど、君は三・一五事件で一回執行猶予になってる。執行猶予に一回なると、つまり執行猶予五年をくうと、五年経つと罪は消える。罪が消えてから七年経たないと、再び執行猶予にはできない。君はまだ七年経っていない」^(注4)と言う。「いや、執行猶予じゃない。罰金刑で終らせたい。それで妥協する。それ以外は認めない。懲役とか、実刑を科すなんてもっての外だ」と言った。それで彼は帰って行った。

7月の末頃に裁判になった。で、今度は裁判官と喧嘩したわけだ。「そんなことを知らずに判事が勤まるのか」とか言ってね。判事が弱ってたけど。結局、執行猶予になった。それで出た。

鷲山　罰金はくらわなかったんですか。
高沖　しなかった。
太田　それが7月ですね。
高沖　7月の20日頃かな。戦争の終る直前だ。

10　若き日を顧みて

太田　1920年代から敗戦まで、先生は組合運動をされ、著作を書き、演劇活動にも加わられたわけですが、一番充実していたとお感じになっているのはどの時代ですか。
高沖　労働組合運動だよ。
太田　三・一五の前ですね。
高沖　そう。今は争議もあまりないね。当時は労働組合法も何もなかった。当時の争議の仕方だけど、まず、ビラ貼りとかいろんな合法的なことを注意してやるわけですよね。だけど、解決しなければ段々

と非合法へ持って行くんだね。それが争議の基本。その時の選択の仕方で，いろいろこちらにも間違いもあったかも知れない。

鷲山 でも，その争議を成功させたというのが面白いですね。争議は失敗することが多いじゃないですか。

高沖 そう。成功させたのもあれば，花木ゴム争議みたいに負けたのもある。負けたのもあるけど，成功したのもある。

太田 戦後に民科に係わられていますが，それが戦前の唯研などに連続しているという意識はあったでしょうね。

高沖 あったよ。ぼくは民科の関東評議員になった。芸術部会にいてね。民科では，あまりたいした活動はなかったけど[注5]。

(注1) 原書は，Agnes Smedley, *Daughter of the Earth*, 1929。尾崎が訳したのはこの本であるが，訳者名は尾崎秀実でなく，ペンネームの白川次郎となっており，訳書名も『女一人大地を行く』(改造社，1934年) であった。

(注2) 尾崎秀実の検挙は1941年10月15日，事件発表は42年6月16日。

(注3) 石川は「国際日本協会」から『マイン・カンプ』の研究書を出しているが，翻訳を出版したかどうかは不明。

(注4) このあたり，年数計算などがいささか不審だが，そのままにしておく。

(注5) 高沖は，1958年3月，小場瀬卓三・北條元一との鼎談「戯曲の諸問題」(NHKラジオ第二放送) に出演した。(『北條元一文学・芸術論集』本の泉社，2002年，所収の著作年表による。)

■主要事項・人名　註■

　　　　　　　　　　　　　　　　　　　　作製　本村四郎
　　　　　　　　　　　　　　　　　　　　　　（永田広志文庫代表）

＊凡例＊

1) 掲載は左から人名，事項。括弧内は読み，並びに本名もしくは筆名・別名。生年（必要に応じて月），没年（同），職業，出身地，卒業校等々の順序。

　　尚，生年，没年及び項目中の年号表記は全て西暦によって表示した。

2) 関連項目については矢印（⇨）で必要に応じ指示した。

1) **頼　山陽**（らい　さんよう，本名・襄，字・子成，別号・三十六峰外史）1780—1832。

　江戸後期の儒学者。安芸国賀茂郡（現・広島県）。

　1797年江戸に出て尾藤二洲の塾に学ぶも翌年帰郷。21歳の時出奔，9年間自邸内に監禁さる。この間，読書にふけり『日本外史』の草稿を作る。1809年備後国神辺の菅茶山の招聘で廉塾塾頭となった。1811年大阪へ赴き，篠崎小竹を頼り，さらに京都にも赴き子弟を集めた。多くの文人・学者と交流，特に梁川星巌，大塩平八郎らと親交を深め，大塩の本には序文を寄稿。晩年肺病を患らい，京都で病没した。主著『日本外史』（1827年，松平定信に献じたもの），『新策』『日本政記』など。1931年—33年に全集全8巻が刊行されている。

2) **Heinrich Heine**　1797—1856

　Zur Geschichte der Religion und Philosophie in Deutschland，『ドイツの宗教と哲学の歴史』1834年刊。

3) **Gotthold Ephraim Lessing**　1729—1781

　啓蒙期のドイツの劇作家，批評家，文芸理論家

4) **Johann Gottfried Herder**　1744—1803

　ドイツの思想家。イデーンとは *Ideen zur Philosophie der Geschichte*

der Menschheit, 1784–91『人類史哲学考』を指す。

5) **舟木 重信**（ふなき　しげのぶ）1893・7—1975・4。

　　小説家・独文学者。早稲田大名誉教授。広島県。東京帝国大・文（独文科、18年）卒。兄は小説家舟木重雄。兄重雄と共に葛西善蔵、広津和郎、宇野浩二、志賀直哉、武者小路実篤らと親交。早大独文科創設以来、同大で教鞭をとる。この間、三木清らとファシズムに抗して学芸自由同盟を結成（33年）、同書記長。ハイネについて書き始め、抵抗知識人の姿勢を貫き、わが国の科学的なハイネ研究の基礎を築く。53年以来、ドイツとの友好に尽力した。著書『楽園の外』(33年)、『ゲーテ・ハイネ・現代文芸』(36年)『詩人ハイネ・生活と作品』ほか。

6) **近松 秋江**（ちかまつ　しゅうこう、本名・徳田浩司）1876・5—1944・4。

　　明治・大正期の小説・評論家。岡山県。東京専門学校（現・早大）卒。結婚生活の破綻を機に『別れたる妻に送る手紙』(1910)で文壇に登場。『疑惑』(1913)、『黒髪』(1922)が有名。浜口雄幸内閣の政策批判を意図した『水野越前守』を発表。主著『近松秋江傑作選集（全3巻）』(39年)。

7) **森戸 辰男**（もりと　たつお）1888・12—1984・5。

　　経済学者、文部大臣。広島県。東京帝国大法科大学（経済科、14年）卒。19年新設経済学部機関誌『経済学研究』創刊号に寄せた論文「クロポトキンの社会思想の研究」が危険思想と摘発されて「朝憲紊乱(びん)」罪に問われ検挙・起訴された（所謂「森戸事件」）。事件により東大を去り、大原社研に入る。欧州などへ留学。戦後45年11月日本社会党結成に参加。46年以降衆院議員（当選3回）。47年6月より片山内閣、芦田内閣の文相就任。6・3制学校制度の発足（47年）、公選制教育委員会設置（48年）等重要施策をつかさどる。50年—63年広島大学長。63年—72年まで日本育英会会長。66年「期待される人間像」の答申で戦後教育改革の手直しを推進したが、当時の社会状況の下、これは後の国家に好都合な"管理教育"の萌芽をはらむものであった。

8) **井伏 鱒二**（いぶせ　ますじ、本名・満寿二）1898・2—1993・7。

　　小説家。広島県。早稲田大文学部中退。『山椒魚』（『幽閉』改題）によって作家の途を歩む。戦後発表された66年の『黒い雨』で野間文芸賞を受賞。広島の原爆投下を扱った同作品は今村昌平監督によって映画化

され，国内のみならず，海外でも高い評価を得た。戦前の33年に『ジョン万次郎漂流記』で直木賞を受賞。著書『井伏鱒二全集（全14巻）』（74年—75年）。

9) **福原　麟太郎**（ふくはら　りんたろう）1894・10—1981・1。

英文学者，随筆家。広島県。官立東京高等師範学校（後，東京教育大，現，筑波大）英語科（1917年）卒。在学中，岡倉由三郎に師事。21年同校助教授。イギリス留学後の31年東京文理科大（東京高師の後身）助教授（39年—55年教授）。実証的方法と文学的感性の調和した学風によって，トマス・グレイ，ジョンソン，ラムについて新解釈を提示し英文学を一般の読者に近づけた功績により知られる。62年日本芸術院賞受賞（64年同会員）。68年文化功労者。主著『福原麟太郎著作集（全12巻）』（68年—70年）『福原麟太郎随想全集（全8巻）』（83年）ほか。

10) **中井　正一**（なかい　まさかず）1900・2—1952・5。

美学者，文化運動家。大阪府。京都帝国大・文（哲学科美学専攻，25年）卒。京大大学院時代の30年，美学・芸術史研究の同人誌『美・批評』を創刊。35年同誌を拡充し月刊『世界文化』を創刊する。36年から『土曜日』を刊行し，民衆的な文化運動のメディアを目指した。両誌に掲載された中井ら同人の論文，エッセー，欧米文化の近況紹介等はファシズムの状況下での良心的灯火となっていた。37年—38年にかけて行なわれた"人民戦線"への弾圧によって検挙・起訴さる。敗戦後，45年尾道市立図書館長。48年に国立国会図書館初代副館長に就任。一連の中井の業績は，専門研究をアカデミズムから解放し，批判的民衆文化創出のための理論的武器になり得るように再検討を加えている点にあるとされる。主著『中井正一全集（全4巻）』（64年—81年）ほか。

11) **佐々木　基一**（ささき　きいち, 本名・永井善次郎）1914・11—1993・4

文芸評論家，中央大教授。広島県。東京帝国大・文（美学科，38年）卒。戦前唯物論研究会に小田切秀雄，荒正人らと学生会員として参加，この間文芸学研究会を作り活動。戦後，近代文学同人。日本文芸家協会，新日本文学会等の各会員。著書『リアリズムの探求』『芸術論ノート（Ⅰ・Ⅱ）』の外，『昭和文学交友記』等。主な訳書にベラ・バラージュ『映画の理論』『視覚的人間』（共訳）等がある。

⇨荒正人

12) **大杉　栄**（おおすぎ　さかえ）1885・1—1923・9。

アナキスト。香川県。東京外国語学校（現東京外国語大）仏語科（1905年）卒。1903年外語入学の年，幸徳秋水を訪ね，平民社の研究会に参加。外語卒業後，日本エスペラント協会を設立，エスペラント語学校を開設し校長となる。06年に電車賃上げ反対運動に加わって検挙・投獄さる。雑誌『光』に記載した「新兵諸君に与ふ」で起訴，このため学校は廃校となった。08年1月「金曜会屋上演説事件」で堺利彦，山川均らと検挙され入獄。6月の「赤旗事件」で投獄された。12年10月荒畑寒村と『近代思想』を創刊。13年サンジカリズム研究会を組織する（のち平民講演会）。16年4月辻潤の家を出た伊藤野枝と同棲，11月に四角関係から葉山の日蔭茶屋で神近市子に刺される。18年伊藤と『文明批評』を創刊。19年には北風会を結成し講演活動に携わった。20年8月の日本社会主義同盟の発起人となり，10月極東社会主義者会議に出席のため，上海に密航する等して，アナルコサンジカリズム傾向を強めていた実際運動を展開する一方で，翻訳・著述活動も精力的に展開したが，23年9月関東大震災後の混乱の中，伊藤野枝，甥の橘宗一と共にとらえられ，憲兵隊で甘粕正彦大尉らによって虐殺された（甘粕事件）。主著『大杉栄全集（全12巻，補巻1巻）』（63年—65年）。主要訳書にクロポトキン『相互扶助論』（17年）ほか。

13) **正則英語学校**（せいそくえいごがっこう）

　現・正則学園高校。1896年，当時第一高等中学校（後の一高，現東大）教授の地位にあった斎藤秀三郎（予備校の元祖名物教授）によって，ときの官立上級学校（旧制高等中学等）への進学熱を背景に創立された予備校の老舗の一つ。1902年創立の正則予備校と共に，明治30年代中葉〜40年代にかけて相ついで設立された私立大学の予備校に先駆した存在でもあった。明治の40年代の予備校は――「月謝さへ収めれば，何人と雖も，何時からでも，大威張りで入学出来る。従つて，学校の方でも，幾百人が定員と云ふ事はないので，入れられる丈入れる」（『受験世界』）といった様相を呈していた。明治32年当時の正則英語学校は生徒在籍数3000人を抱え，翌33年には三階建て600坪に及ぶ校舎を神田に建立する程の活況であった。

　因に，斎藤秀三郎は第一高等中学教授の職を辞し，予備校教師として，その生涯を全うしたが，生涯の著作を並べるとゆうに3メートルの高さに達する程の分量を残し，多くの学生は彼を見たい，また彼から学びた

い，ということで正則英語学校へ詰めかけた。『英文解釈法』の著者南日恒太郎（三高教授の後，学習院大教授）は国民英学会で斎藤に学んだ一人であり，『新（々）英文解釈研究』の著者山崎貞は正則で斎藤の薫陶を受けた高弟の一人でもあった。

⇨斎藤秀三郎

14) 斎藤　秀三郎（さいとう　ひでさぶろう）1866—1929。

　　英語学者。宮城県。工部大学校（後の東京帝国大工学部，1883年）中退。宮城外国語学校（宮城英語学校），東京帝大予備門を経て工部大学校に学ぶ。在学中3年間に図書館にあった英書を読破。中退後，84年郷里仙台で私塾英語塾を開設。87年二高（現東北大）助教授。さらに88年二高を辞した後，93年一高教授となったが97年に辞職。この間，神田に正則英語学校を創立した。斎藤の英語学は「イディオモロジー」という彼の創作概念によって，英学の中心にこの理念がすえられており，日英の熟語や慣用表現の比較研究に注がれていた。著作の中の膨大な量の引用文の記載は，斎藤の博学ぶりをうかがわせており，「日本へ来ている英米人など眼中になかった。英米人を傭うときには自分で試験をした」（福原麟太郎）とのエピソードを残す。主著『熟語本位英和中辞典』（15年）『斎藤和英大辞典』（28年）ほか。

⇨正則英語学校

15) **Charles Dickens** 1812—1870

The Posthumous Papers of the Pickwick Club, 1837 を指す。

16) **Charlotte Brontë** 1816—1855

Jane Eyre, 1847

17) **George Gordon Byron** 1788—1824

イギリスの詩人。*Manfred*, 1817, *Don Juan*, 1819–24 が有名。

18) **Washington Irving** 1783—1859

アメリカの小説家。*The Sketch Book of Geoffrey Crayton*, 1819–20 を指す。

19) 内山　賢次（うちやま　けんじ）1889・9—1972・12。

　　英文学者。英文翻訳家。新潟県。正則英語学校高等科修了（現正則学園高）。卒業後，種々の仕事を経て，英語訳述の途を目指す。32年岡邦雄，戸坂潤らの唯物論研究会に加わり，同会の解散に至るまで，会員として同会を支えた。主な訳書にルーソウ『エミール（上・下）』（改造

社)。シートン全集『動物記』(全18巻)やケンリー『博物記』等のわが国への早期の紹介者として知られる。

20) **佐川　春水**(さがわ　しゅんすい)一生没年不詳

予備校教師。英語学者。明治末―大正期にかけ中学卒業生,高校進学のための受験教育界で活躍。受験生の間では英作文,和文英訳等の分野で,斎藤秀三郎,南日恒太郎らと共に,注目・人気を集めていた。著書に受験英語参考書多数――『正則英作文』『プッシング講義』ほか。

21) **堺　利彦**(さかい　としひこ,別名・堺枯川,石渓道人ほか多数)1871・1―1933・1。

社会運動家,ジャーナリスト。福岡県。第一高等中学(後,一高,現・東大)中退(89年)。中退後,高小の英語教員,新聞記者等を経て『万朝報』に入る。理想団創設に参画。1902年社会主義協会参加。翌年日露開戦に反対。黒岩涙香と対立し幸徳秋水らと共に平民社を設立した。06年日本社会党結成に参画するも,同党禁止後は幸徳らの金曜会に属す。09年の赤旗事件で入獄したため,大逆事件での連座を免れた。以後,売文社を拠点に活動。20年日本社会主義同盟を結成(消滅)。22年自ら主宰のML会,無産社等の共産主義グループを統合し第一次共産党を結成(初代委員長)。23年検挙をうけ,収監さる。党再建で山川均らと共に共産党の合法政党化を主張。コミンテルンより批判され,共産党と決別した。27年荒畑寒村,山川均らと"労農派"を形成,28年無産大衆党を結成,委員長となった。29年に日本大衆党から東京市会議員に当選。都市問題等に尽力。満州事変勃発の際,全国労農大衆党対支出兵反対闘争委員会委員長に就任したが,31年12月脳出血を再発させ,2年後に死去した。著書に『堺利彦全集(全6巻)』(70年―71年)ほか多数。

22) **山川　均**(やまかわ　ひとし)1880・12―1958・3。

社会主義理論家。岡山県。同志社大中退(1896年)。夫人は山川菊栄(婦人運動家)。1906年2月日本社会党に加入。上京して『日刊平民新聞』編集に携わる。08年6月―10年9月「赤旗事件」で入獄。16年『新社会』編集に加わった。19年に『社会主義研究』を発刊,ロシア革命,ソビエト等を研究・紹介した。22年8月『前衛』で「無産階級運動の方向転換」を発表し運動に大きな影響を与えたが,山川の主張・山川イズムは前衛の分離を主張した福本和夫より折衷主義との批判を受けた。27年に堺利彦,荒畑寒村,猪俣津南雄,鈴木茂三郎らと雑誌『労農』を発

刊。労農派の最高指導者として，共同戦線党論を展開した。37年12月「人民戦線事件」で検挙さる。敗戦後46年1月民主人民連盟を提唱，民主人民連盟委員長に就任（47年解散）。47年には『前進』を創刊（50年廃刊）48年11月社会主義政党結成促進協議会に参加。51年6月山川，大内兵衛を代表とした社会主義協会を発足させ，非武装中立論，平和革命論，多様な社会主義への実現の途の提唱等は，社会党左派，総評の労働者同志会等に大きな影響を及ぼした。主著『山川均全集』。

23) Плеханов, Георгий Валентинович 1856—1918。

ロシアの革命家。哲学者。メンシェヴィキに属し，十月革命を否定。だがレーニンは彼の理論的遺産を高く評価した。『史的一元論』(1895)は広く読まれた。

24) **宇野 千代**（うの ちよ）1897・11—1996・6。

小説家。山口県。岩国高等女学校卒。21年『時事新報』の懸賞小説で『脂粉の顔』が一等当選し創作生活に入る。尾崎士郎，画家東郷青児と続き同棲，結婚，離婚をくり返し，当時の"モガ"の風俗を象徴するかのような存在となっていた。36年北原武夫と女性誌『スタイル』創刊。更に文芸誌『文体』を刊行して文学の志を貫いた。戦後の代表作に『おはん』(47年—57年)，『刺す』(69年) など。72年芸術院会員。82年菊池寛賞受賞。

25) **尾崎 士郎**（おざき しろう）1898・2—1964・2。

小説家。愛知県。早稲田大本科（政経）中退。一時，堺利彦，高畠素之らと交遊。22年に大逆事件を扱った『獄室の暗影』を発表。1933年，『人生劇場』青春編で一躍有名となった。主著『尾崎士郎全集（全12巻）』(65年—66年) ほか。

26) **渡辺 政之輔**（わたなべ まさのすけ，別名・武田照吉，武内広吉ほか）1899・9—1928・10。

労働者。共産党（戦前）中央委員長。千葉県。尋常小学校4年修了。亀戸のセルロイド人形製作工場のプレス工見習い時代，東大新人会の宮崎龍介を知る。のち「新人セルロイド工組合」を新人会のメンバーの協力の下に発足させた。友愛会城東連合会（会長平沢計七）に加わり，労働組合運動で活躍。「渡政」の通称で知られる。21年「新人セルロイド工組合」消滅の後，亀戸で「黒色労働組合」を組織。22年川合義虎と南葛労働協会を結成，同年共産党入党。23年に関東・関西の総同盟系の

活動分子を集め「レフト（労働組合前衛同盟）」を結成。自らが発行・編集・印刷名義人となり『労働組合』紙を発刊した。第1次共産党事件で検挙，投獄さる。27年党中央常任委員。28年普選の際，党の選挙統制委員長として労農党から党員候補を立て，機関紙『赤旗』を創刊し，党の存在を公然と権力と大衆の前に示した。3月党中央委員長となる。「三・一五事件」の検挙を逃れ，党の再建に尽力した。9月党再建方針協議のため鍋山貞親と共に上海でコミンテルン代表カール・ヤンソンと会う。渡政は台湾共産党と連絡を付けるため台湾経由で帰国をはかったが，基隆港で官憲に包囲され，闘争の上，ピストル自殺を遂げた。主著『渡辺政之輔著作集』（62年）。

27) **唐沢　清八**（からさわ　せいはち）1894・2―1966・7。

労働者。東京合同労働組合委員長。関東地評委員長。共産党都委員長。長野県。高等小学校卒。23年に南葛労働会に加わり，同年創立の共青にも加入。同年の総同盟の左右対立の状況下，東京合同労組委員長に就任。25年評議会結成に参加し，関東地方評議会委員長となる。渡辺政之輔の紹介でコミュニスト・グループに入り活動。28年の第1回普選で労農党公認で立候補した（落選）。「三・一五事件」で検挙・起訴された。水野成夫らの解党派の転向により，水野らは唐沢，南喜一の転向を当局と共に画策したが，唐沢は転向を撤回。このため，37年まで服役。戦後，46年日本光学の労働者として，共産党組織建設に尽力。55年に党東京都委員長。原水爆禁止日本協議会常任理事等を務めた。

28) **南　喜一**（みなみ　きいち）1893・2―1970・1。

経営者。石川県。早稲田大商科（1917年）卒。非合法下の日本共産党に入党。「三・一五事件」で検挙，投獄。獄中で"転向"を表明。40年"転向"仲間の水野成夫と大日本再生紙会社を設立。国策パルプとの合併に伴ない，45年同社に入った。戦後，63年同社会長。ヤクルトの会長等も務めた。主著に『ガマの聖談』ほか。

29) **Бухарин, Николай Иванович** 1888―1938。

ロシアの革命家，経済学者。レーニン以後のボルシェヴィキ最大の理論家とされる。しかしスターリンの粛清にあい銃殺。『史的唯物論』は，1921年刊。

30) **佐々木　孝丸**（ささき　たかまる）1898・1―1986・12。

俳優，演出家，劇作家。北海道。神戸通信生養成所修了。20年日本社

会主義同盟に加入。21年10月小牧近江らと『種蒔く人』(第2次)を創刊し同人となる。革命歌「インタナショナル」を訳詞(後,佐野碩(せき)と改訳)。23年3月秋田雨雀らと先駆座を結成。24年5月文芸戦線社同人となり,25年11月に日本プロレタリア文芸連盟創立に参画,中央委員,演劇部責任者となった。26年11月前衛座創立にも加わり,常任議長。俳優,演出家,劇作家の分野でプロレタリア演劇運動の指導的存在となって活躍する。27年6月プロ芸の分裂で労農芸術家連盟に加わり,更に前衛芸術家同盟にも参加。28年3月ナップ結成に参加,同時に左翼劇場を創設。10月国際文化研究所所員となり,翌年日本プロレタリア劇場同盟(プロット,後,演劇同盟)委員長,さらに作家同盟にも加わる。29年7月プロットから新築地劇団に派遣されて文芸部嘱託となり,香川晋の名で演出する。34年プロット解散直前に左翼劇場改め中央劇場で三好十郎作「斬られの仙太」を演出したが,この評価を巡って村山知義と対立,新協劇団に参加せず,新築地劇団に加わり文芸部の仕事を続けた。40年8月「新劇事件」で検挙さる。戦後は薔薇座を主宰。俳優として,映画,テレビ出演多数。主著『風雪新劇志』(59年)ほか。

31)　**八田　元夫**（はった　もとお）1903・11―1976・9。

演出家。東京。東京帝国大文(美学科,26年)卒。31年新築地劇団に参加。昭和期プロレタリア演劇運動で活躍。リアリズムに依拠した演出を数多く手掛ける。40年劇団の強制解散に伴ない特高に治安維持法違反で検挙,拘禁。出獄後,丸山定夫らの移動演劇桜隊に加わり演出を担当。戦後,演出研究所を主宰。59年下村正夫と東京演劇ゼミナール(後の劇団東演)を結成。三好十郎作「廃墟」などの演出を行なった。

32)　**足鹿　覚**（あしか　かく）1904・12―1988・5。

農民運動家。政治家(社会党)。鳥取県。東京府立農業技術員養成所卒(23年)。東大セツルメント労働学校にも学ぶ。帰郷後,日本農民組合山陰連合会書記局員となり,農民運動に携わる。26年労農党創立に参加。全国労農大衆党,社会大衆党にも関わり,県連書記長となった。戦後,49年社会党より衆院選出馬,当選(7期)。68年参院選に当選。75年に全日本農民組合連合会会長を務める。社会党農政議員として活躍した。

33)　**田中　ウタ**（たかな　うた,別名・田中歌子）1907・10―1974・2。

婦人運動家。群馬県。高等小学校卒。兄秋山長三郎の影響によって社

会主義に開眼。郷里で政治研究会に入り，25年の"高崎メーデー"に参加。27年上京。婦人同盟準備会に出席し，のち東京合同本部事務所に居住する渡辺政之輔の母の所に同居して労働運動に携わった。日本共産党に入党。「三・一五事件」で検挙・拘留さる。29年の「四・一六事件」で検挙・投獄（水戸）された。満期出獄後，袴田里見と結婚（三度目，後離婚）し，非合法活動を続けた。40年に前進座に勤める。戦後は共産党に再入党し，国民救援会，日ソ友好協会などを中心に活動。中ソ対立，共産党の反中国傾向の中で，党から離れた。

34) **袴田　里見**（はかまだ　さとみ）1904・8―1990・5。

政治家。青森県。東洋勤労者共産主義大学（クートベ，28年）卒。24年武内清と共に東京・東部合同労組の渡辺政之輔を訪ね，参加。同大島支部長となり，オルグ活動に携わる。25年徳田球一，渡政の指示でクートベ留学（11月，第2期生）。26年4月ソ連で共青加入。27年4月ロシア共産党にも入党。28年卒業後，「三・一五」後の党再建の使命を帯び帰国したが，6月大阪で検挙。32年10月出獄後，非合法活動に入り，共産党東京市委員，更に中央委員候補となった。33年12月の「スパイ査問事件」では小畑達夫が死亡。袴田は『赤旗』発行を187号まで続けたが，35年3月再び検挙され党中央委員会が壊滅。懲役13年の判決を受け服役。敗戦の45年10月釈放。45年12月中央委員となる。統制委員会議長，政治局員，幹部会員，幹部会副委員長等歴任。77年12月党を除名さる。スパイ査問事件の叙述の変更を宮本顕治から要求され，これを拒絶したことが原因となっている。主著『私の戦後史』（78年）ほか。

35) **平井　直**（ひらい　ただし，本名・豊田正）1900・2―没年不詳。

労働運動家。岩手県。東京帝国大・工（機械科，27年）中退。東大新人会に所属。在学中より各種労働に関係し，25年12月頃から東京合同労組に加入。後，同常任委員となり，評議会関東地方評議会の常任委員として左翼労働組合運動で活躍。26年に渡辺政之輔の勧めでコミュニスト・グループに入り，12月の五色温泉で開かれた第3回共産党大会に出席。関東地方委員となり活動した。新潟鉄工所細胞に属した。「三・一五事件」で検挙さる。29年水野成夫らの"解党派"に加わる。転向保釈後は機械設計士として生計を立てていたといわれる。30年頃旧姓に戻す。

36) Karl Korsch　1886―1961。

ドイツのマルクス主義哲学者。1924―28年，国会議員。ソ連を批判し

たため，1926年，共産党から除名。ヒトラー政権後は，デンマーク，アメリカに亡命。『マルクス主義と哲学』(1923年) が有名。最終的にはマルクス主義一般を否定した。

37) **櫛田　民蔵**（くしだ　たみぞう）1885・11―1934・11。

　労農派経済学者。福島県。京都帝国大・法（1912年）卒。京大で河上肇に師事，経済学を学んだ。後，東京帝国大・高野岩三郎の統計研究室助手，大阪朝日論説委員，同志社大教授等を務め，再び上京，東大などの講師を務めたが，「森戸事件」を機に辞職，大原社研の所員となった。2年間のドイツ留学の間にマルクス主義を研究。唯物史観，『資本論』の読解に取組み，地代論などの分野で諸労作を残し，戦前のマルクス経済学研究の水準向上に尽力した。著書『櫛田民蔵全集（全5巻）』ほか。

38) **杉　捷夫**（すぎ　としお）1904・2―1990・12。

　仏文学者。新潟県。東京帝国大・文（仏文科，26年）卒。立教大，東大教授等を歴任。69年美濃部革新都政下で都立日比谷図書館長。その革新都政の文化政策で重要なブレーンの一人となった。専門・フランス文芸批評史。著書『フランス文学』(52年)『フランス文芸批評史（上）』等多数。主な訳書にモーパッサン『女の一生』など。日仏学術文化交流の重鎮で，仏政府よりオフィシェ賞，コマンドゥール賞を受けた。

39) **平岡　昇**（ひらおか　のぼる）1904・9―1985・12。

　仏文学者。福岡県。東京帝国大・文（仏文科，28年）卒。41年浦和高校教授。戦後49年東大教授（65年同大名誉教授，同年早稲田大教授）。専門は批評史，ルソー研究で知られる。訳書にディドロ『ラモーの甥』（64年），ルソー『人間不平等起源論』（共訳，72年）ほか。主著『平等に憑かれた人々』(73年)。

40) **鈴木　安蔵**（すずき　やすぞう）1904・3―1983・8。

　憲法学者，政治学者。福島県。京都帝国大・文・経済学部中退（27年）。京大経済学部を京都学連事件のため退学。プロ科，産労の主要メンバーとして活動。治安維持法違反で入獄。獄中で憲法学研究を始め，マルクス主義憲法学者として活動。戦後，民科に参加。1952年，静岡大教授。愛知大教授等をつとめた。主著『憲法の歴史的研究』『憲法学三十年』ほか。

41) **栗原　佑**（くりはら　たすく）1904・5―1980・1。

　翻訳家。大阪市立大教授。広島県。京都帝国大経済学部（41年，再入

学）卒。二高を経て京大に学ぶ。在学中，社研で活躍。更に同志社大社研のメンバーと共に京都無産者教育協会にも加わる。京大での日本学生社学科学連合会第二回大会に参加。このため，26年1月「京都学連事件」で検挙，起訴さる。27年，労農党調査教育部，東京産業労働調査所などに務め，28年共産党に入る。『赤旗』編集，翻訳等に携わった。「三・一五事件」では検挙を脱れたが，28年8月に検挙され「京都学連事件」と併合審理となり未決監で過ごす。36年渡中。中江丑吉，鈴江言一らを知った。44年治安維持法違反で検挙・起訴され，敗戦の年まで堺刑務所入獄。46年共産党に再入党。50年大阪商科大（現大阪市立大）講師，56年教授（68年定年退職）となる。F・メーリング，カウツキーなどの社会主義文献の翻訳・紹介者として有名。主な訳書メーリング『ドイツ史』（36年），カウツキー『近代社会主義の先駆者達』ほか多数。
⇨栗原基

42) **難波 英夫**（なんば　ひでお）1888・2―1972・3。

社会運動家。岡山県。京北中学校（現・京北高）中退。博文館記者となりジャーナリストの途をめざす。18年時事新報社入社。22年3月全国水平社設立に際し側面から援助。24年政治研究会加入。25年産業労働調査所大阪支所設立に尽力した。26年『東京毎夕新聞』編集局長。また関東俸給生活者同盟（後，日本俸給生活者組合評議会）に加わり委員長となる。27年労農党中央常任委員。新聞社を退社後「マルクス書房」を創立，プロレタリア芸術連盟機関誌『プロレタリア芸術』を発刊。「三・一五」の際は検挙を脱れてモスクワ入り，そこで「モップル」について研究。コミンテルン第6回大会のモップル決議をもち帰国。以降，『無産者新聞』『マルクス主義』編集等に携わり，共産党の非合法下でモップル運動を担当した。戦後46年共産党再入党。部落解放同盟中央委員。さらに67年日本国民救援会会長。部落解放運動，三鷹・松川，メーデー事件などの被告無罪釈放等に活躍。主著『救援運動物語』（66年）ほか。

43) **島上 善五郎**（しまがみ　ぜんごろう）1903・12―没年不詳。

社会運動家。秋田県。高等小学校1年修了。21年市電相扶会に入り，労組結成の準備活動に従事。24年市電自治会に加わり，本所支部兼本部執行委員となる。26年市電自治会本部書記，交通総連盟結成後，同本部書記を務めた。更に共産党に入り，関東地方委員会所属細胞を構成。28年の第一回普選の際は，共産党のアジテーターとなり西日本を巡回応援。

「三・一五事件」で検挙, 起訴された。34年9月の東京市電ストでは, 地下指導部として活躍。36年1月, 鈴木茂三郎らと労農無産協議会, 37年には日本無産党結成に参加し, 常任委員。同年末の人民戦線事件で検挙さる。戦後は東交再建に尽力。50年総評結成で初代事務局長。47年4月衆院選で社会党より当選（国対委員長, 中央統制委員長, 本部顧問等の要職を歴任）, 49年落選したが, 52年—60年まで衆院議員を務めた。

44) **志賀　多恵子**（しが　たえこ, 旧姓・渡辺）1906・1—1995。

経済労働研究会代表。埼玉県。東京女子大大学部社会学科卒。大学在学中, 福永（波多野）操, 三瓶孝子らと社研で活動し,「女子学連」の中心的活動家となる。マルクス主義の学習会を通じ志賀義雄と知り, 結婚。28年「三・一五事件」で検挙。33年実践活動からの転向を誓い出所, 朝日新聞学芸部記者などを務める。一方で大原社研の研究生となり, 『資本論』の研究に取組む。戦後は, 共産党に再入党をはたしたが, 後離党。「日本のこえ」を中心に, 夫・志賀義雄と共に活動した。

45) **志賀　義雄**（しが　よしお, 別名・松村徹也）1901・1—1989・3。

政治家, 社会運動家。福岡県。東京帝国大・文（社会学科, 25年）卒。夫人は志賀多恵子。東大では新人会に属し, 同会のセツルメント設立（本所柳島）に尽力。22年堺利彦を訪ね, 暁民会に加入。23年の「第一次共産党事件」後に入党。東大卒業直前に「産労」に入り, 活動する。25年徳田球一から党再建ビューローへの参加を勧められた。志願入隊1年, 除隊後の27年1月福本和夫, 渡辺政之輔らのモスクワ派遣に伴ない, 福本から党中央常任委員, 政治部長を継承, 『マルクス主義』誌編集・発行に携わり, 自らも執筆する。28年「三・一五事件」で妻多恵子と共に検挙。非転向で懲役10年服役。更に予防拘禁所に拘禁され, 敗戦の年10月解放となり, 共産党再建のリーダーの一人となる。46年4月衆院選に立候補し当選（6回当選）。50年のコミンフォルムによる共産党批判では「志賀意見書」を発表したが, 間もなくこれを撤回。「国際派」に属し徳田らと対立する。64年5月衆院での部分核停止条約批准で党議に反し賛成投票に廻り, このため党を除名さる。同年7月「日本のこえ」（77年1月『平和と社会主義』と改名）同志会を結成。社会主義の主柱としてのソ連をソ連からの支援と共に, これを支持した。主著『志賀義雄著作集（Ⅰ・Ⅱ）』ほか。

46) **麻生　久**（あそう　ひさし）1891・5—1940・9。

社会運動家，政治家。大分県。東京帝国大法科大学（仏法，1917年）卒。18年12月の黎明会創立，東大新人会結成に加わる。19年友愛会に入り，出版部長，本部主事。20年全日本鉱夫総連合会を創立して鉱山労働運動に従事。20年12月日本社会主義同盟結成に参画（発起人）。25年総同盟政治部長。26年に労働農民党中央執行委員。同党分裂に際して三輪寿壮，三宅正一らと日本労農党を結成した。無産政党が時の社会情勢の下，合同，分裂を重ねる中，日本大衆党，全国大衆党，全国労農大衆党といった中間派党で書記長，委員長を務めた。32年社会大衆党（右派）で書記長。この頃から軍部と結託した日本革命を構想し，ファシズム化を強める。日中戦争勃発に際し，戦争を支持。社会大衆党の更なる方向転換を企てた。40年社会大衆党分裂で委員長に就任。近衛新体制運動に積極的に協力する。これにより同党解党。第2次近衛内閣で新体制準備委員となったが，病没。主著に『黎明』(24年)，『無産政党の理論と実践』(25年) ほか。

47) **大宅 壮一**（おおや　そういち）1900・9—1970・11。

評論家。大阪府。東京帝国大・文（社会学科，25年）中退。東大在学中に新人会に属すも，若い頃からの賀川豊彦の影響もあり，24年「日本フェビアン協会」創立に伴ない主事。25年新潮社嘱託となり『社会問題講座』(13巻) の編集・執筆に携わる。W・モリスからクロポトキンまで28人を1人で紹介する。27年『文壇ギルドの解体期』で論壇デビュー。30年「ナップ」加入。34年『毎日新聞』社友。従軍記者となりアジアを取材。戦後は戦中の国家への協力を自省し農耕生活を送ったが，50年に論壇に復帰。新聞，雑誌，ラジオ，テレビの全メディアに登場した大宅は「マスコミの4冠王」と称されたが，作品は人物もの『おんな系図』『昭和怪物伝』，思想もの『無思想人宣言』，ノンフィクション作品『裏街道シリーズ』(5作品) に象徴されており，人物論の名人としても評価が高い。主著に『ジャーナリズム講話』『モダン層とモダン相』を含む『大宅壮一全集（全30巻，別巻1）』。

48) **服部 之総**（はっとり　しそう，筆名・佐伯峻平。本名・別読み・これふさ）1901・9—1956・3。

日本史学者。島根県。東京帝国大文（社会学科，25年）卒。東大では戸田貞三に師事，新人会にも所属。卒業後，帝大セツルメント労働学校に関係（講師）。また日本フェビアン協会準機関誌『新人』にも関係し

た。26年東洋大教授。27年産業労働調査所に入る。28年3月「三・一五事件」直後に検挙・拘留。馬島僴に協力し，山本懸蔵の国外脱出に助力した。労農党本部でも活動に携わった。31年，プロ科に参加。この間佐伯峻平の筆名で三木批判を展開。三木批判後の唯物弁証法研究会再建活動では，川内唯彦，永田広志，秋沢修二らと行動を共にし，反宗教闘争同盟準備会発足を支援。32年「唯研」参加。幹事（史的唯物論部門研究会責任者）。同年『日本資本主義発達史講座』に寄稿。33年の『歴史科学』に寄稿した論文で"マニュファクチュア論争"を引き起こした。38年11月の「唯研事件」で検挙。思想弾圧強化のため論文発表を断念し，花王石鹸に入り（宣伝部長）『花王石鹸株式会社五十年史』『初代長瀬富郎伝』を執筆。敗戦まで花王石鹸の役員を務めた。

　敗戦後，46年4月民科入会（歴史部会）。更に，三枝博音らと鎌倉大学校（48年鎌倉アカデミアと改称）を創立，教授，学監などを務めた。49年共産党入党。この間，新鸞研究をすすめた。51年日本近代史研究会を設立。52年法政大社会学部教授。絶対主義，自由民権運動，日本ファシズムに関する多くの労作を残す。主著『服部之総全集（全24巻）』（1974年—76年）ほか。

49）　**小野塚　喜平次**（おのづか　きへいじ）1870・12—1944・11。

　政治学者。新潟県。東京帝国大法科大学卒。欧州留学を経て1901年東大教授（25年間政治学講座を担当）。日本における近代政治学の基礎を築く。対露主戦論者（七博士）の一人で，「戸水事件」では大学の自治擁護に活躍。25年帝国学士院選出貴族院議員となり，28年—34年東大総長。軍国主義化の中での大学自治擁護に尽力した。主著『現代政治の諸研究』（26年）ほか。

50）　**中尾　勝男**（なかお　かつお，別名・中村勝之助）1901・2—1954・8。

　労働運動家。東京。錦城商業学校（現・錦城学園高，20年）卒。22年末出版従業員組合準備会に加入。校正，文選工等として働く。関東大震災後の出版組合再建に春日庄次郎らと協力。24年3月関東印刷労働組合を結成。25年5月関東印刷労組委員長。同年8月出版労組との合同の際，評議会出版労組執行委員長となった。26年の共同印刷争議では，渡辺政之輔，南喜一，松尾直義らと共に秘密の最高指導部を構成し活躍。同年佐野学の勧めでコミュニスト・グループに加わり，中央委員（組織部）。

五色温泉で開催の共産党第3回大会に出席し,中央委員候補となった。河合悦三と共にコミンテルンへ派遣さる。27年渡政,徳田球一,福本和夫らと日本問題委員会に参加し,「27年テーゼ」提案討議に加わった。ソ連から帰国後,関東地方委員長。水野成夫,平井直,日下部千代一と同委員会を構成(28年2月南喜一に同委員長引継)。「三・一五事件」では当日検挙を脱したが,3月27日検挙・起訴され服役。33年の佐野学・鍋山貞親の党幹部の「転向声明」が発表されると,真先に彼らに面会転向声明を書いた。37年11月仮釈放。のち渡中,戦中は上海の野田経済研究所に勤務し,敗戦後46年に帰国。

51) **戸坂 潤**(とさか じゅん)1900・9—1945・8。

哲学者。法政大講師。東京。京都帝国大・文(哲学科,24年)卒。京大在学中,数理哲学を専攻。31年4月三木清の後任として上京,法政大講師となる。32年6月岡邦雄,三枝博音,永田広志,服部之総,本多謙三らと唯物論研究会創立のための世話人となり,唯研創立と共に,岡らと会の主導的立場でこれを支えた。創立の翌年から幹事長として,会解散に至るまで,合法的団体としての会存続に尽力。37年末に執筆禁止処分となるまで,科学論,技術論,認識論,思想,風俗のほか,ジャーナリスティックにイデオロギー批判を展開した。35年7月『日本イデオロギー論』,8月『科学論』を出版。前者で時のファシズム・イデオロギーの潮流を批判した。後者は,かつての新カント主義的傾向からの脱却をねらいつつ,弁証法的唯物論の立場に立脚して執筆されたが,方法論的・図式主義的な傾向をもっていた。『科学論』は戸坂哲学を象徴する代表的著作の一つ。この間,33年三木清,中野重治らと学芸自由同盟を組織。34年の"法政騒動"によって大学を離れ,以後著述に専念した。36年暮から『都新聞』匿名批評欄「狙撃兵」で大森義太郎らと反戦・反ファッショの論陣を張った。38年2月「唯研」を解散させ,『学芸』に改組し,合法的抵抗を試みたが,同年11月,岡,永田,伊豆公夫らと共に「唯研事件」第一次検挙で逮捕され,起訴された。44年4月大審院で上告を棄却され下獄。45年8月9日,長野刑務所内で獄死した。著書『戸坂潤選集(全8巻)』(46年—48年),『戸坂潤全集(全6巻)』(66年—79年)ほか。

⇨岡邦雄

52) **三木 清**(みき きよし)1897・1—1945・9。

哲学者，評論家。兵庫県。京都帝国大・文（哲学科，20年）卒。一高時代に西田幾多郎に私淑，京大で西田，波多野精一らに学ぶ。22年—25年岩波書店の出資でドイツ，のちパリ留学。リッケルト，ハイデガーに学んだ。実存哲学の洗礼を受け，パスカル研究に携わる。三高講師時代に河上肇のヘーゲル弁証法研究を指導。新カント主義，マルクス主義に影響を受けた。存在論と歴史哲学との関係を究明の傍ら，マルクス主義をその止揚として把握，唯物史観を人間学＝実存哲学の立場から基礎付けようと試みた。27年法政大哲学科に"三顧の礼"をもって迎えられ同教授。「新興科学の旗の下に」(28年) から「プロ科」(29年) 哲学部会・唯物弁証法研究会責任者。30年5月治安維持法違反で検挙され，プロ科退会。同時に法大教授をも退く。33年学芸自由同盟，38年近衛文麿の昭和研究会に属し「東亜協同体」論に基づき論陣を張る。45年3月逃亡中の高倉テルを庇護・援助した廉で検挙・投獄さる。45年9月獄死。遺稿『親鸞』，『三木清全集（全20巻）』(84年—86年)。

53) **Johann Peter Eckermann** 1792—1854
　1836—1848刊行。

54) **Adelbert von Chamisso** 1781—1883
　ドイツの詩人，植物学者。原題は *Peter Schlemihls wundersame Geschichte*, 1814。(『ペーター・シュレミールの不思議な話』)

55) **Heinrich von Kleist** 1777—1811
　ドイツの劇作家，小説家。*Michael Kohlhaas* は1810年刊。

56) 福田　徳三（ふくだ　とくぞう）1874・12—1930・5。
　経済学者。東京商科大（現一橋大）教授。東京。官立東京高等商業学校（現一橋大，1894年）卒。卒業後，独留学（L・ブレンターノに師事）。帰国後，母校，慶応大で経済学を講じた。弟子に大塚金之助。マルクス経済学紹介者の面と同時にその批判者として有名。河上肇と論争。学問的立場は独・新歴史学派の立場と英・新古典学派に依拠していた。18年に吉野作造らと黎明会を結成，民本主義に基づく啓蒙運動を展開した。著書『福田徳三経済学全集（全6巻）』(25年—27年)。

57) **Charles-Louis de Montesquieu** 1689—1755
　フランスの思想家。『法の精神』(1748)は，三権分立と立憲君主制を擁護したもの。

58) 井上　正蔵（いのうえ　しょうぞう）1913・3—1989・11。

独文学者。東京。東京帝国大・文（独文科, 35年）卒。東京高校（現東大），東京工業大を経て，東京都立大教授を勤めた。社会主義の立場からのハイネ研究をすすめ，ハイネの訳業で知られる。主な訳書『ハイネ全詩集』（72年）ほか。主著に『ハインリヒ・ハイネ』（47年）『ドイツ近代文学研究』（55年）等がある。

59) **葉山　嘉樹**（はやま　よしき）1894・3―1945・10。

小説家。福岡県。早稲田大高等学院文科中退（13年）。23年の第一次共産党事件で検挙。刑務所で「淫売婦」（25年），『海に生くる人々』（26年）等の草稿を執筆。プロレタリア文学運動に参加，「ナップ派」と「文戦派」の対立抗争の状況下で，前田河広一郎，里村欣三らと共に「文戦派」に属した。38年東京を去り中津川に居住し作家活動を継続。44年信州山口村の開拓団の一員となり渡満。敗戦の年の10月中国にて死去。感覚性と芸術性の高さを評価されたプロレタリア文学の作家。主著『葉山嘉樹全集』（改造社版）。

60) **水野　成夫**（みずの　しげお）1899・11―1972・5。

経営者。静岡県。東京帝国大・法（24年）卒。東大では新人会に所属。25年日本共産党に入党。27年渡中・武漢革命政府顧問等を務め帰国した。28年「三・一五事件」で検挙，投獄されたが，29年幹部（中央委員）クラスで最初の"転向"を表明する。出獄後は仏文学の翻訳等に従う。40年"転向"組の南喜一と大日本再生紙会社を創立したが，45年に国策パルプに吸収されて常務。49年副社長。56年社長となった。文化放送社長，57年にフジテレビ社長，58年産経新聞社長等を務めた。プロ野球サンケイ・スワローズ社長，日本フィルハーモニー交響楽団理事長等も務める。敗戦直後に経済同友会の結成に参加し，吉田茂首相，池田勇人首相の経済ブレーンとしても活躍した異色の経歴をもった財界人。

61) **浅野　晃**（あさの　あきら）1901・8―90・1。

詩人・評論家。石川県。東京帝国大・法（25年）卒。東大在学中，新人会に所属。さらに，飯島正，大宅壮一らと第7次『新思潮』を創刊する。新人会活動からマルクス主義へ接近，産業労働調査所へ入り，野呂栄太郎，志賀義雄，水野成夫らと共に活動。日本共産党に入党し，党中央委員候補として非合法活動に従事したが，28年の「三・一五事件」で検挙され投獄，獄中で転向する。保田與重郎らの『日本浪曼派』に加わり，ファナチックな民族主義的評論を展開した。左翼から翼賛運動を経

て転向後に右翼的論調に基づき活動した人物。63年『寒色』(詩集)で読売文学賞を受ける。

62) **平田 勲**(ひらた いさお) 1888・6—1942。

思想検事。静岡県。東京帝国大法学部卒(15年)。卒業と共に検察エリートの途を歩む。27年東京地裁検事局「思想部」創設に伴ない部長就任。特に,早期左翼運動弾圧で辣腕を振るい昭和戦前期「思想検事」の開拓者となった。「三・一五」及「四・一六」事件で活躍。佐野学らの「転向」を演出し,ときの共産主義運動の切崩しに尽力。36年東京保護観察所長として思想犯の保護観察制度を推進し,38年大日本帝国傀儡政府「満州国」司法部最高検察庁次長となる。41年に辞職し帰国するまで,同国においても治安体制確立にかかわったが,病没。戦前,戦中期における代表的な思想検事の一人で,官僚法理論,皇国史観に立脚した左翼思想・運動の敵対者として著名な検事の一人。

63) **平沢 計七**(ひらさわ けいしち,旧名・田中計七,別名・平沢紫魂) 1889・7—1923・9。

労働運動家。新潟県。日本鉄道大宮工場職工見習生教場卒(1906年)。1914年友愛会加入。上京し,南葛・大島町(現江東区大島)のスプリング工場に就職し,友愛会機関誌に小説を寄稿すると共に,15年支部の大島分会を結成。16年友愛会本部書記,出版部員となる。17年野坂参三が『労働及産業』の編集長就任に伴ない,これに協力(のち出版部長)。さらに東京鉄工組合の理事となり,19年5月の大島製鋼所の労働争議を指導,以降地域の労働争議を指導する。20年1月友愛会本部員を辞任。8月第1回友愛会関東大会で平沢が久原製作所争議の際,会社側と取引きしたとの理由で平沢弾劾決議が可決され,10月友愛会を脱会し純労働者組合を結成し主事となる。21年企業立憲協会機関誌『新組織』編集代表。22年2月『労働週報』の編集に当る(後,発行兼編集・印刷名義人)。23年5月関東車輌工組合の争議を指導し,亀戸警察署との関係が悪化し,にらまれる。9月3日関東大震災で倒壊した友人宅の後片づけ等をして帰宅後,巡査によって亀戸署に連行,同署内で殺された。プロレタリア作家としても知られる。主著『創作・労働問題』(19年),『平沢計七集』(55年)ほか。

64) **Thomas Mann** 1875—1955

ドイツの小説家,批評家。『ブッデンブローク家の人々』(1901),『魔

の山』(1924) が著名。1929年ノーベル文学賞。

65) Paul Nizan　1905—1940

フランスの作家，哲学者。『アデン・アラビア』(1931)。『番犬たち』(1932) 等。邦訳著作集あり。

66) 淀野　隆三（よどの　りゅうぞう，本名・三吉）1904・4 —1967・7。

小説家，翻訳家。東京。東京帝国大・文（仏文科，28年）卒。25年，梶井基次郎，中谷孝雄らと同人雑誌『青空』に参加。三好達治を知る。後，『文芸都市』の同人を経て，29年10月—30年1月にかけて『文学』誌上にプルーストの翻訳を紹介，これは日本における早期のプルーストの紹介であった。30年北川冬彦らと『詩・現実』を創刊。「プロ科」に入り，『マルクス・レーニン主義芸術学』の編集に従事。また，日本プロレタリア作家同盟にも加わって活動した。34年雑誌『世紀』を創刊。ときの当局のたび重なる思想・運動弾圧の下，就職先の法政大の職を共産党に関係したとの嫌疑で解雇さる。訳書にプルーストの外，A・ジイド『狭き門』『背徳者』等，仏文学の翻訳が多数。

67) 泉　盈之進（いずみ　えいのしん）1904・1 —1983・9。

歯科医師，社会福祉法人・緑の家理事長。北海道。東京歯科医専門学校（現・東京歯科大）中退。関東大震災後，政治問題研究会（賀川豊彦ら発起人）に加わり，本所第5支部委員。東京合同本部で渡辺政之輔，袴田里見らと知る。24年に馬島僩が作った労働者診療所に参加し，歯科医として働く。労農党入党。東京合同労組員と共に労働争議に参加。29年3月山本宣治暗殺のとき，通夜に赴き，山本のデスマスクをとる。共産党にも加わり，「四・一六事件」検挙，投獄された。31年10月日本無産者医療同盟の設立に伴ない参加。33年1月，医療同盟の労農救援会医療部改組で救援会事務局長となった。33年8月の，当局による無産者診療所活動に対する一斉弾圧で壊滅的打撃を受けるも，南葛無産者診療所設立に尽力，これを支援した。戦後は共産党に再入党を果たし，解放運動犠牲者救援会の再建に務めた。

68) プロレタリア科学研究所（略称・プロ科）(1929・9 —1934・6)

28年10月秋田雨雀，蔵原惟人，大河内信威らによって創設された「国際文化研究所」（所長・秋田雨雀）に産業労働調査所や『新興科学の旗の下に』のメンバーらが合流する形で29年9月に設立。所長には秋田雨雀，中央委員に大河内信威，鈴木安蔵，奈良正路，三木清，羽仁五郎，

蔵原惟人，佐野袈裟美らが就任。全4部門の研究部門を開設し，本部を神田今川小路（現教育会館前）に設置した。機関誌『プロレタリア科学』のほか，『プロレタリア科学研究』（年4回）等の理論誌を刊行。31年11月の日本プロレタリア文化連盟（コップ）に加盟団体の一つとして参加。32年3月には関係者の第一次検挙，4月，6月，10月と執拗な当局の弾圧にあう。同年末同研究所の科学者同盟への改組を経て，33年1月日本プロレタリア科学同盟結成に至ったが，34年1月中央部は弾圧のため，活動停止状態に陥る。残留メンバーによって，科学同盟再建書記局が構成されたが，4月松村一人，5月船山信一と河原田実，6月岩村三千夫らが検挙されるに及び，再建中央部は完全に潰滅した。「プロ科」は機関誌紙類のほか，研究会名義で多数の単行本を発刊（共生閣などより），労働者，インテリにマルクス・レーニン主義理論を普及した。特に注目されるものに，プロ科の共産党グループの責任者野呂栄太郎の指導のもとに共同研究が進められ，32年—33年に『日本資本主義発達史講座』となって成果が結実したことがあげられる。

69) Willi Münzenberg　1889—1940。

若くして第一次大戦に対する反戦運動に従事。十一月革命に参加。1919年ドイツ共産党入党。1924年中央委員。国際労働者救援組織，出版，映画，写真等文化運動で活躍し，1933年パリ亡命後も同様であった。1937年から党の方針と対立し，除名。1940年リヨン近郊の森で死体となって発見されたが，その間の事情は今日なお不明である。

70) **新島　繁**（にいじま　しげる，本名・野上巌）。1901・11—1957・12。

評論家。神戸大教授。山口県。東京帝国大・文（独文科，26年）卒。東大で生田長江に師事。卒業後，日本大予科講師（後，教授）。29年10月プロ科設立と共に参加し，エスペラント研究会，新興教育研究所などの主要メンバーとなって活動した。31年10月プロレタリア文化連盟（コップ）に加入。「コップ」中央協議員，調査部長等を務めた。31年に，思想上の問題を理由に日大予科教授を免職となる。33年1月，プロレタリア科学同盟に加わり，中央委員。この間，「唯研」にも加入し，幹事も務めた。38年11月「唯研事件」で岡，戸坂，永田広志，森宏一，伊藤至郎らと検挙・起訴さる。敗戦後45年，共産党入党。自由懇話会結成に参画。民主主義教育研究会，日本民主主義文化人連盟結成，「民科」の設立などに参加し，各会を中心に活動した。57年12月神戸大教授

となった直後に病死した。主著『社会運動思想史』(37年)『現代ヒューマニズムのために』(50年) ほか。

71) 寺尾　とし（てらお　とし，旧姓・清家，若松，別名・青木静子，荒井忍）1901・11—1972・1。

　社会運動家。愛媛県。日本女子大・社会科（27年）卒。戦後の夫は思想史家寺尾五郎。郷里・愛媛の代用教員を勤めた後，夫清家敏住と上京。日本女子大時代，西村桜東洋らと社研を組織。卒業後，労農党本部書記となり，無産階級解放運動に身を投じる。この間，関東婦人同盟に加入し（中央委員）活動。28年12月非合法下の共産党入党。政治的自由獲得労農同盟の党フラクションとして活動した。29年「四・一六事件」で検挙，31年出獄。32年「四・一六事件」被告会議の党フラク・キャップとなり公判闘争に携わる。翌年，東京市委員となり，袴田里見，田中ウタと協力，『赤旗』を復刊する。戦後も入党し，党活動に携わったが，日中両共産党関係が悪化する中，党から除名され，寺尾五郎と共に党から離れた。著書『伝説の時代―愛と革命の二十年』(60年)。

72) Voltaire　1694—1778

　フランスの作家，思想家。*Candide ou l'optimisme* は1759年刊。高沖訳は『キャンディド』となっている。1934年，春陽堂刊。

73) **亀井　勝一郎**（かめい　かついちろう）1907・2—66・11。

　文芸評論家。北海道。東京帝国大・文（美学科，28年）中退。新人会に加わり，労働運動などにも関係。28年の「三・一五事件」では検挙を脱れたが，北海道でのち検挙，投獄。出獄後は転向し，評論家としての途を歩む。左翼雑誌に寄稿する一方，次第に時局寄りに傾斜し，35年には『日本浪曼派』を組織。自国の古典や仏教美術に関心を寄せ，古寺巡礼を行なう。日本人論，古典論を展開。56年発表の「現代歴史家への疑問」は昭和史論争の発端となった。著書『亀井勝一郎全集（全21巻，補巻3巻）』(71年—75年) ほか。

74) **栗原　基**（くりはら　もとい）1876—1967・8。

　大学教師（宮城女学院，他）。宮城県。東京帝国大文科大学（英文科，1902年）卒。栗原佑の父。幼少時よりキリスト教に開眼。第二高等中学（後，二高，現・東北大）から東大。在学中にラフカディオ・ハーン（小泉八雲）の影響を受ける。東大卒後，新設の広島高等師範学校（現広島大）教授となる（9年間）。のち京都YMCA総主事となり，社会事

業関係の仕事に従った。15年より三高教授（英語）を約30年に渡り勤めた。この間，13年に京大，同志社大の学生を同人とした雑誌『黎明』発行。鈴木文治，賀川豊彦，杉山元治郎らと親交。戦後は郷里仙台で尚絅女学院，宮城女学院等で教えた。キリスト教ヒューマニズムの立場を貫く。

⇨栗原佑

75) **大泉　兼蔵**（おおいずみ　けんぞう）1898・8―没年不詳（戦後没）。
戦前共産党員（特高スパイ）。新潟県。尋常小学校卒。25年全日本無産青年同盟と労農党に加入。27年12月河合悦三の勧めで共産党入党。中越地区細胞に属した。28年の「三・一五事件」で検挙されたが，党員であることが発覚せず釈放さる。29年8月頃郷里で検挙され，この頃より新潟県特高課長刀禰(とね)有秋の指示で31年6月共産党活動に復帰，農民組合，党関係資料等を刀禰に提供，報酬を受け当局のスパイとなる。32年1月上京するまでに合計で4500円ものスパイ報酬をえた。32年1月大泉の刀禰への通謀により新潟県内の共産党一斉検挙が行われたが，大泉は刀禰と相談の上，上京。だが，不審感を抱いた党関係者は中央に大泉がスパイだとする上申書を提出したが，これは握りつぶされて了う。その結果，大泉は党内に留まり，後に党に大きな被害を与えることとなった。32年10月の「熱海事件」前後の党一斉検挙からは意識的に外されたものと推測されている。33年スパイ飯塚盈延（スパイM）によって壊滅させられた党中央部の再建に，山本正美，谷口直平，野呂栄太郎らと当る（組織部責任者）。33年12月党中央委の査問委員会でスパイ容疑で査問を受け，大泉は党を除名。大泉はリンチを脱れ逃亡。34年1月警察に逃げこんで逮捕された。この間大泉は野呂の検挙に関し，当局に通謀し，野呂は検挙され特高の拷問のため死去した。34年6月29日第13回訊問で大泉は自ら予審判事に"スパイ"であること告白したが，主張は通らず，また大泉を使用した特高側は証人としてそれを否定。42年12月12日大審院判決で懲役5年の刑が確定した。大泉が綿々と訴えたスパイ活動は予審で認められぬまま公判にまわされたのである。

76) **Franz Mehring**　1846―1919
ドイツ社会民主党の理論的指導者。1891年入党。1914年，第一次世界大戦に際して戦時公債法案に賛成した党に反対してマルクス主義者としての原則を守った。『レッシング伝説』(1893)，『ドイツ社会民主主義

史』(2巻, 1897—98) が有名。

77) **小椋 広勝**（おぐら　ひろかつ, 筆名・野村二郎, 田辺惣蔵, 岡田庄一) 1902・11—1968・11。

経済学者。立命館大教授。東京商科大（現・一橋大）卒（24年）。商大では大塚金之助ゼミに属す。24年卒業後, 日本商業学校に勤める傍ら, 日本俸給者組合評議会に所属, 東京一般俸給者組合に加入して, その常任委員となり実践運動に携わった。28年「三・一五事件」で検挙・起訴さる。30年「プロ科」参加。世界情勢研究会に属し, 野村二郎, 岡田庄一などの筆名で研究論文を発表。31年「プロ科」中央委員。同会代表。この間, 一般俸給者組合運動を通じて共産党と関係し, 入党。32年3月の「プロ科」一斉検挙に連座, 検挙・起訴された。35年出獄後『経済評論』誌の編集に従事。37年同盟通信社外信部に入社。渡中。戦後は, 「民科」に参加し, 経済部会に属し, 同会幹事となる。47年（財）世界経済研究所理事。59年立命館大経済学部教授。経済学部長, 経営学部長, 常務理事等歴任。主著『外資導入と国内態勢』(48年),『ウォール街』(53年) ほか, 主要訳書に, ヒューバーマン『社会主義入門（上・下)』(53年〜54年) ほか多数。

78) **Jenő Varga** 1879—1964

ハンガリー生まれのマルクス経済学者。1920年, ソ連共産党入党。多くの著作, 論文がある。特に1929年恐慌を予測したことによって知られている。

79) **秋沢 修二**（あきざわ　しゅうじ, 本名・秋津賢一)。1910・9—1991・8。

哲学者。静岡県。早稲田大・文（哲学科）中退。早大で新稲会に所属（専検による入学)。30年2月「プロ科」に参加し, 三木清が責任者となっていた哲学部門・唯物弁証法研究会で活動。三木門下となる。三木批判後, 残留。再建活動に川内唯彦, 永田広志らと関わり, 反宗教闘争同盟準備会創立に尽力（後,「戦無」に改称)。31年共青, 更に共産党に入党し活動したが, 32年検挙, 入獄。34年「唯研」参加。哲学, 宗教, 歴史の各部会で活躍, 哲学史研究, 歴史研究で数々の労作を残す。36年の「ソ連大使館事件」で検挙, 拘留。同時に転向し, 以降シュパンなど全体主義理論の紹介等に重きをおき文筆活動をなした。40年「唯研事件」で拘留。戦後, 45年日本文化人連盟結成に参画。「民科」哲学部会,

「ソ研」で活動。56年社会主義協会に加わった（後，太田派協会顧問）。主著『無神論』『世界哲学史』（西洋篇，東洋篇）『科学的精神と全体主義』ほか多数。

80) **寺島　一夫**（てらじま　かずお，本名・佐藤一郎，旧姓・波多野）1905・12—1990・5。

社会運動家。大阪府。東京帝国大・文（心理学科，28年）卒。東大在学中の26年，平田良衛の紹介で無産者新聞城西支局に加入。「四・一六事件」後，「産労」参加。更に29年10月「プロ科」創立に加わり（第1部），支那問題研究会，世界情勢研究会，プロ科書記局等で活動。30年7月，三木哲学批判の政治的総括の役割を担ったテーゼを川内唯彦と共に執筆。31年，日本資本主義研究会責任者。更に「コップ」結成にも加わり，機関誌『プロレタリア文化』編集長，『大衆の友』編集長等を務めた。34年「唯研」に参加。敗戦後，静岡大講師，日中友好協会静岡本部理事長等を務めた。主著『日本貨幣制度論』（37年）ほか。

81) **北　通文**（きた　みちぶみ）1901・10—1987・4。

独文学者。東京帝国大卒。東京高校教授，東大教養学部教授。民主主義科学者協会，世界文学研究会（後の世界文学会）創立（1949）発起人の一人。リカルダ・フーフ『独逸浪漫派』の訳者。(1933)

82) **羽仁　五郎**（はに　ごろう，旧姓森）1901・3—1983・6。

歴史学者。群馬県。東京帝国大・文（国史学科，27年）卒。夫人は羽仁説子。東大（独法）を中退し渡欧。ハイデルベルク大学で歴史哲学を学び，大内兵衛，三木清らと親交。帰国後27年に東大卒業。28年日本大教授となり史学科を創設。同年10月三木と共に雑誌『新興科学の旗の下に』を創刊。29年10月プロ科の創立に参加し，合流。『日本資本主義発達史講座』の刊行に尽力。33年特高に検挙され，このため日大を辞職。45年3月北京で検挙され，敗戦後の45年9月まで獄中で過ごす。戦後は日本史の書換えの先陣を切り49年『日本人民の歴史』を刊行，文明批評の分野でも活躍した。47年には参院選に出馬，当選（2期）。67年に刊行した『都市の論理』がベストセラーとなる。主著『羽仁五郎歴史論著作集（4巻）』(67年)，『羽仁五郎戦後著作集（3巻）』(80年—81年)。ほか多数。

83) **本多　謙三**（ほんだ　けんぞう，筆名・塚本兵七）1898・11—1938・3。

哲学者。兵庫県。東京商科大（現一橋大，1924年）卒。東京商大で左右田喜一郎（経済学者，1881—1927）に師事し，社会科学の方法論，認識論を研究。フッサールなどの現象学を方法論として，経済哲学を展開。28年，三木清，羽仁五郎らの『新興科学の旗の下に』に参加。32年に「唯研」発起人となり会創立に尽力する。33年には「唯研」を退会。38年3月病死。研究の特徴は現象学と唯物弁証法とを結びつけていた所にあり，実存弁証法はそれを物語っている。根拠付けには，キェルケゴール，西田哲学などの主観的観念論からの影響が強く働いており，有を産む無の立場の認証によって，無を基底とした無脱却の，能産的自然の構想によって研究は展開されている。主著『現象学と弁証法』ほか。

84) **長谷川 如是閑**（はせがわ にょぜかん，旧姓・山本，本名・萬次郎。別号・胡恋，胡蓮，如是閑叟）。1875・11—1969・11。

ジャーナリスト，文明批評家。東京。東京法学院（現中央大学）邦語法学科卒（1898年）。1903年新聞『日本』入社。のち退社し，三宅雪嶺主宰雑誌『日本及日本人』同人となり，小説を中心に寄稿する。08年大阪朝日新聞社入社。16年同社部長。18年「白虹事件」（筆禍事件）で編集局長鳥居素川らと退社。19年に大山郁夫らと雑誌『我等』を創刊した。30年に嘉治隆一らの『社会思想』と合同し『我等』を『批判』と改題，ときのファシズム批判を続けるも，たびたび発禁処分となった。32年10月大塚金之助らと「唯研」創立に参加（発起人）。34年『批判』無期休刊。敗戦直後46年に貴族院勅選議員。48年文化勲章受章。54年都名誉市民。主著に『長谷川如是閑集（8巻）』(89年—90年)。『長谷川如是閑選集（8巻）』(69年—70年) ほか多数。

85) **嘉治 隆一**（かじ りゅういち）1896・8—1978・5。

評論家，ジャーナリスト。兵庫県。東京帝国大法科大（独法，20年）卒。東大在学中に新人会に参加。卒業後も新人会時代の友人たちと「社会思想社」を名乗るグループを作り活動。満鉄の東亜経済調査局（東京）に勤務したが33年に退社し，34年東京朝日新聞社に勤務。39年論説委員。後，副主筆，主任論説委員等歴任。戦後，45年同社論説主幹，47年出版局長。51年退社。文部省大学設置審議会委員，東京市政調査会，日華学会などの各評議員を務めた。主著に『近代ロシア社会研究』(25年)『歴史を創る人々』(48年)『人物万華鏡』(67年) ほか。

86) **大山 郁夫**（おおやま いくお，旧名・福本郁夫）。1880・9—1955・

11。

　政治学者，社会運動家。兵庫県。早稲田大本科（政経科，1905年）卒。卒業後，早大講師を経て，10年米国シカゴ大学等に留学。帰国後早大教授。『中央公論』等に論文を発表し「大正デモクラシー」を推進した。17年の「早稲田騒動」で早大を辞し『大阪朝日新聞』に論説記者として入社するも，翌年の「白虹事件」で長谷川如是閑らと同社を退社した。翌年如是閑らと『我等』を創刊。24年に政治研究会に加わり，26年労農党委員長となった。28年の第1回普選では香川県から立候補するも激しい選挙干渉を受け落選，直後に労農党は結社禁止となった。29年河上肇らと新労農党を結成し委員長。32年軍国主義化が進む日本を脱出，渡米。ノースウエスタン大政治学部の研究嘱託となる。日米開戦後も交換船による帰国を拒否し滞米を続けた。敗戦後47年10月帰国し，早大に復職。50年に参院選に当選（京都）。同年平和を守る会（後，平和擁護日本委員会）会長，51年世界平和評議会理事となり，平和運動に尽力し，同年国際スターリン平和賞を受賞。主著『大山郁夫全集（全5巻）』（47年）ほか。

87）　**荒畑　寒村**（あらはた　かんそん，本名・勝三，筆名・荒犬王ほか）1887・8－1981・3。

　社会運動家，評論家。神奈川県。横浜市立吉田高等小学校高等科(1901年)卒。03年受洗したが，教会へ不満を抱き内村鑑三に傾倒。同年堺利彦，幸徳秋水の非戦主義に感銘し，社会主義を志して04年社会主義協会に入会。横浜平民社を組織。社会主義伝道行商過程で田中正造に出会い，足尾鉱毒事件に関心を寄せ，07年『谷中村滅亡史』を発刊した。平民社解散後の05年には『牟婁新報』（和歌山）に入り，のち同社で管野すがと知合う（のち同棲）。08年6月「赤旗事件」で入獄，獄中で英語を独学した。12年10月大杉栄らと『近代思想』を創刊。14年月刊『平民新聞』を創刊。『近代思想』（第二次）の廃刊後アナルコサンジカリズムから脱却し産業別の労働組合運動へと傾斜した。22年7月，堺利彦，山川均らと共産党創立に参加，書記に就任。23年に訪ソ。ソ連共産党第12回大会，コミンテルン第3回拡大委員会総会に出席。24年の共産党解党にひとり反対し再建ビューローに参加したが，再建共産党には統制委員長をもって迎えられるも，福本イズムへの反対等から入党を拒絶した。27年『労農』同人，以降"労農派"のメンバーとして活動。37年12月「人

民戦線事件」で検挙，上告中敗戦となる。敗戦後直ちに労組運動再建，統一に，高野実らと尽力。日本社会党結成に参加。46年社会党から衆院選に出馬，当選。48年芦田内閣の予算案に反対し脱党，49年社会主義労働党準備会（山川新党）から単独立候補したが落選となった。51年には社会主義協会結成にも加わったが，これも脱会。病をえてからは専ら文筆活動に専念した。主著『荒畑寒村著作集（全10巻）』（1976—77年）ほか。

88) **林　達夫**（はやし　たつお）1896・11—1984・4。

　評論家，翻訳家，歴史家。東京。京都帝国大・文（選科・哲学＝美学美術史専攻，22年）修了。フランス哲学，宗教学，西洋美術（ルネサンス），近代文学等に幅広い関心をもち，評論，翻訳等も多い。29年—45年『思想』編集に従事。この間，東洋大，立教大，法政大などで文化史，宗教史，フランス哲学などを講じた。この間，岡，戸坂らの「唯研」にも参加（幹事歴任）。戦後45年，中央公論社出版局長。46年三枝博音らの鎌倉アカデミア文科長等を務める。56年明治大教授となる。わが国では，幅広い自由主義的で百科全書的な知性にあふれ，これらによってジャーナリズムと学問との接点に活性化を附与した人物となっている。主著『林達夫著作集（全6巻，別巻1）』（71年—72年）。主要訳書にベルグソン『笑』（38年），ヴォルテール『哲学書簡』（51年）ほか多数。

89) **谷川　徹三**（たにかわ　てつぞう）1895・5—1989・9。

　哲学者，評論家。愛知県。京都帝国大・文（哲学科，22年）卒。詩人谷川俊太郎の父。京大在学中，西田幾多郎に学び，三木清らと親交。28年法政大教授（70年まで）。29年和辻哲郎，林達夫らと『思想』の編集に従事。大正教養主義に基づいた評論活動に携わる。戦後は『婦人公論』編集長を経て，63年—65年法政大総長。75年芸術院会員。87年文化功労者。著書『谷川徹三選集（全3巻）』ほか。

90) Wilhelm Dilthey　1833—1911
    Friedrich Gundolf　1880—1931
    Oskar Walzel　1864—1944
    Julius Petersen　1878—1941
    いずれもドイツの文芸学者。

91) Hippolyte Taine　1828—1893
    Ferdinand Brunetière　1849—1906

いずれもフランスの批評家，文学史家。

92) **清和書店**（せいわしょてん）

戦前期，左翼文献を総合的に企画・刊行していた出版社の一つ。当時の住所は神田区小川町2―2，発行者・清水正義。35年を境に左翼出版物は，たび重なる当局の圧迫（発禁処分等）で，特に小規模出版社は社会の表面から急速に姿を消して行った。その中で，清和書店は左翼出版の灯をかろうじてともし続けていた。35年頃，以下の様なものが出版されている――甘粕石介『ヘーゲル哲学への道』，永田広志『唯物論哲学のために』，井口孝親（長谷川如是閑序）『自殺の社会学的研究』，岡邦雄『自然科学史』，蜷川虎三『統計学史』，辻荘一『西洋音楽史』ほか。

93) **見田　石介**（みた　せきすけ，筆名・瀬木健，旧姓・甘粕）1906・4―1975・8。

哲学，経済学者。島根県。京都帝国大・文（哲学科，30年）卒。京大では波多野精一の下でヘーゲルを学ぶ。卒業後上京し，32年11月「唯研」に参加（哲学研究部門所属）。35年5月，当時のマルクス主義芸術論の到達成果を踏まえて『芸術論』を刊行。40年「唯研事件（第2次検挙）」で秋沢修二，岩崎昶，高沖陽造，本田喜代治らと共に検挙さる。釈放後の41年日本大学予科教授（47年まで）。戦後は民科に加わり，哲学部会に属し，『理論』の編集に携わった。日本共産党に入党し，新日本文学会等にも参加。52年大阪市立大経済学部講師となり，後教授。この間，マルクス『資本論』の方法論的研究に力を注ぐ。59年日本唯研の結成に参加。65年日本科学者会議に参加し，大阪支部代表等を務めた。宇野経済学方法理論の徹底した批判者でもあった。主著『科学論』（58年），『見田石介著作集（全7巻）』（76年―77年）ほか。

94) **大塚　金之助**（おおつか　きんのすけ，別名・ムサシノヒン坊）1892・5―1977・5。

経済学者，詩人。東京商科大（現一橋大）教授。東京。官立東京高等商業学校（現一橋大）専門部卒（1916年）。17年同校講師。19年―23年欧米留学。帰国後商大教授となる。マルクス『資本論』研究に尽力。さらに27年『日本資本主義発達史講座』の編集に参加。32年「唯研」の創立に向けて発起人となり，会創立に尽力する。33年1月治安維持法違反容疑で検挙・起訴。このため商大を解職された。以後転向し，研究において新たな方向を模索し続けた。45年に復職。経済研究所長等も務めた。

戦前留学中メンガー文庫の入手に尽力。東ドイツ国立図書館所蔵大塚文庫（和書）設立にも力を尽くした。アララギ系歌人としても知られる。主な訳書マーシャル『経済学原理』（26年）ほか。主著『大塚金之助全集（全10巻）』（80年—81年），『歌集・人民』（79年）ほか。

95) **唯物論研究会**（略称・唯研）

「プロ科」の活動が困難となる中，合法的にこれよりもっと広い唯物論の研究者を網羅・結集しようとして，32年5月頃より岡邦雄，三枝博音，戸坂潤，永田広志，本多謙三，服部之総らを世話人とし32年10月結成された研究・啓蒙を目的とする研究団体。機関誌『唯物論研究』（月刊）。理論・研究成果を『唯物論全書』として出版。会事務所を内幸町，のち岩本町に設置した。会発起人には，長谷川如是閑，大塚金之助，船山信一らが名を連ねた。各研究会の責任者には，早川康弍，羽仁五郎，杉本栄一，清水幾太郎，更に戦中に民族主義，日本的ファシズムを提唱するに至る斎藤晌（しょう）などが当たっていた。38年2月，労農派教授グループ事件の際，会解散を決め，雑誌を『学芸』と改題，その発行所として会の存続をはかったが，38年11月，戸坂，岡，永田，伊豆公夫，森宏一，新島繁，伊藤至郎ら13名と研究会に加わっていた各地の学生，会社員らが検挙された。一連の関係者の検挙事件が「唯研事件」と呼ばれる。

96) **岡　邦雄**（おか　くにお，筆名・林謙吉，上沢次郎）1890・1—1971・5。

自然科学者，科学評論家。山形県。東京物理学校本科（現東京理科大）（物理科，14年）卒。山形中学を3年で中退し上京した岡は，昼は工場の見習工，夜は工手学校（現工学院大）で学び，07年東京物理学校へと学ぶ卒業までに実に7年の歳月を重ね，この間文選工，車夫等々の仕事を転々として授業料を稼ぐため苦学した。物理学校卒業後，検定試験に合格し，16年九州帝国大助手。その後，一高物理実験担当助教授を経て，文化学院教授を務めた。石川啄木により生きる力を得，キリスト教から社会主義へと転じた。31プロ科・反宗教闘争同盟準備会に参加（後の「戦無」）。32年「唯研」の世話人，発起人となり同年10月の会創立に尽力。幹事及幹事長として，戸坂，三枝博音らと共に会を支えた。『唯物論研究』等に自然科学，自然弁証法，科学史，技術論の労作を発表。34年—35年「唯研」内で「自然弁証法と形式論理学」等の論争を展開した。38年11月「唯研事件」で検挙，起訴され，44年4月大審院で，

戸坂，永田，伊藤，伊豆らと共に上告を棄却された。敗戦後，45年末共産党入党。翌年「民科」加入。ソヴェト研究者協会などに加わった（幹事長）。参院選に出馬するなど，党活動を続けたが，64年党から離れた。主著に『自然科学史（全7巻）』（48年—51年）ほか多数。
⇨戸坂潤。

97) **石原　辰郎**（いしはら　たつろう，筆名・中島清之助）1904・12—1986・3。

編集者，自然科学者。愛媛県。東京帝国大・理学部（植物学科，29年）卒。旧制姫路高校講師の職を辞し上京。32年「唯研」に参加。幹事等を務め，会の潰滅まで中心的存在として活動。38年11月の「唯研事件（第一次）」で検挙・起訴さる。41年。保釈出所（転向により）で科学主義工業社に入る。戦後は郷里四国・今治で共産党に入党。52年9月上京。53年より平凡社に関係，翌年入社。整理部，校正部などに属し，編集業務に携わる（64年定年退社）。著書に『宇宙進化論』（共著）『自然弁証法』（同）『生物学』（同）ほか。

98) **相川　春喜**（あいかわ　はるき，本名・矢浪久雄）1909・8—1953・4。

技術史家，評論家。新潟県。第四高等学校文科（現・金沢大），第一早稲田高等学院文科（29年）中退。四高中退後上京。プロレタリア運動に加わる。産労，プロ科に加入。プロ科・日本資本主義研究会を中心に活動し，32年戸坂，岡らの唯研にも参加。33年プロレタリア科学同盟に加わり，本部で活動（中央委員，研究部長）。この間，プロ科からの代表メンバーの一人として『日本資本主義発達史講座』に参加し，寄稿した。更に『歴史科学』誌編集に関係し『経済評論』と連携して，「労農派」「解党派」との理論闘争に重要な役割を担う。33年〜34年「唯研」内「技術論争」で労働手段体系説を展開（『技術論』を発刊）。36年6月「コム・アカデミー事件」で検挙，拘留された。事件後，転向。37年—40年岩波書店校正部嘱託。43年同盟通信社嘱託となる。44年応召（ソ連国境東寧）。45年8月撤退中にソ連軍に投降。シベリアに4年間抑留され，その間，ハバロフスクで浅原正基らと日本人捕虜民主化運動に関係し，『日本しんぶん』の編集に携わった。49年11月帰国，共産党に入党。50年党宣伝教育部に属した。53年4月党本部での選挙活動中に死去。主著『技術論』『歴史科学の方法論』（35年），『現代技術論』（40年）『技術

論入門』(41年) ほか。

⇨コムアカデミー事件

99) **岩崎　昶**（いわさき　あきら）1903・11—1981・9。

映画評論家，プロデューサー。東京。東京帝国大・文（独文科，27年）卒。東大在学中から評論等を執筆。29年日本プロレタリア映画同盟（プロキノ）に参加。31年11月コップ結成に伴ない，これに加わり，32年プロキノ委員長となる。更に戸坂らの唯研に加わり，『映画論』を刊行（36年）。唯研では芸術部会の責任者となった。40年「唯研事件」に連座。1年余の拘留生活を送る。釈放後，満映に入り，同東京支社次長。ドイツ映画輸入等に携わった。敗戦後，46年日本映画社製作局長に就任。同年日映で作った『日本の悲劇』（記録映画）がGHQにより上映禁止処分となる。50年独立プロ新星映画創立に参加し『真空地帯』等を製作。日映が45年—46年に広島・長崎で撮影した『原子爆弾の影響』が米軍に没収となったが，その返還運動にも尽力した。主著『映画芸術史』（30年）『映画と資本主義』（31年）『占領されたスクリーン』（75年）『日本映画私史』（77年）等のほか，多くの翻訳がある。

100) **早瀬　利雄**（はやせ　としお，筆名・東城英一）1903・12—1984・1。

社会学者。横浜市立大名誉教授。兵庫県。東京商科大（現一橋大，28年）卒。市立横浜商業専門学校（現横浜市立大）教授在職中の33年3月，本多謙三の勧めで「唯研」に加入。戸坂，岡，清水幾太郎，相川春喜らと親交。社会科学部門研究会に属し，東城英一の筆名を用いて史的唯物論とブルジョア社会学批判の研究論文を発表。33年「唯研」幹事。また勤務先の学校内に映画芸術研究会を結成し同会会長となり，雑誌『映画芸術』を刊行した。40年1月「唯研事件・第二次検挙事件」で検挙・起訴さる。戦後46年4月横浜市立経済専門学校に復職。49年4月同校の大学昇格で同大商学部教授。同大学経済研究所所長などを務めた。戦前におけるわが国アメリカ社会学研究の開拓者として知られる。主著『現代社会学批判』（34年）『アメリカ社会学成立史論』（59年）『社会学批判』（49年）ほか。

101) **武田　武志**（だけだ　たけし，本名・沼田秀郷，他の筆名・石浜哲夫）1905・10—。

芸術家。茨城県。早稲田大・文（仏文科，30年）中退。早大中退後，33年共産党に加入し非合法下の活動に携わる。東京市電企業細胞アジプ

ロ部員，東京市委員会責任者候補として活動。33年検挙さる。この間，岡，戸坂の唯研に加入し幹事を務めた。唯研内哲学論争では，重要な一石を投じた論文を発表。38年には武田武志名で『美術論』を著す。38年春から自宅で都内の各専門学校・大学生を集め読書会を催したが，これは唯研にからむ「インター・カレッヂ」事件のフレーム・アップ，検挙につながるものであった。38年11月「唯研事件」に連座して検挙，起訴さる。敗戦後，共産党に再入党。民科などに加入。50年に党の労組対策部長，中央統一戦線部員，等々を務め，61年中央統制監査委員となった。77年党顧問。日本美術会に所属し，水彩画を描く。

102) **枝　法**（えだ　はかる）1903・11—1975・9

ドイツ文学者。東京帝国大・文卒。三度の応召の後，1949年，東京教育大教授となる。ハイネを始めとする近代ドイツ文学の研究で知られる。主著『近代ドイツ文学成立史研究』(1976)

103) **北條　元一**（ほうじょう　もとかず，本名・清一）1912・12—。

評論家。東京工大名誉教授。京都府。東京帝国大・文（独文科）卒。戦後，民科芸術部会に加わり，一条重美らと活動。『芸術研究』(47年)の編集に携わった。専修大，都立大，東工大の各教授を経て，名古屋工大，日本福祉大教授を歴任。世界文学会名誉会長。日本独文学会，日本民主主義文学同盟等に属す。

104) **小場瀬　卓三**（おばせ　たくぞう）1906・5—1977・11。

仏文学者。東京都立大教授。兵庫県。東京帝国大・文（仏文科，32年）卒。36年—38年にかけフランス留学（パリ大）。17世紀—18世紀の仏文学・仏思想の翻訳紹介に尽力。モリエール，ディドロなどの訳者として知られる。49年—70年都立大教授。77年日本フランス語フランス文学会会長。74年には仏政府教育功労賞を受けた。主著『ディドロ研究』ほか，翻訳多数。

105) **小島　輝正**（こじま　てるまさ）1920・1—1987・5。

文芸評論家，神戸大教授（仏文学）。東京。東京帝国大・文（仏文科，41年）卒。戦後，新日本文学会に加わり，55年頃から長らく同会幹事を務め，文芸評論等を発表。更に神戸大教授の傍ら，66年にはベトナム戦犯調査日本委員会にも加わり反戦平和運動にも携わった。

106) **新村　猛**（しんむら　たけし）1905・8—1992・10。

新村出の次男。フランス文学者。東京。京都帝国大文（仏文科，30

年）卒。1935年，反ファシズムの雑誌『世界文化』の編集，寄稿に尽力。1937年，治安維持法違反として逮捕，39年執行猶予。49年名古屋大文学部教授。フランス文学研究，反核・平和運動，民主運動，国際交流に挺身した。著作集三巻がある。

107) **服部 英次郎**（はっとり　えいじろう）1905・1―没年不祥。

関西大教授。和歌山県。京都帝国大・文（哲学科，28年）卒。社会政策学者服部英太郎の弟。京大卒後，神戸経済大（現神戸大）予科長兼教授を経て，名古屋大，奈良女子大の各教授を務めた。

108) **畑中 繁雄**（はたなか　しげお）1908・8―1998・12。

編集者・ジャーナリスト。東京。早稲田大文学部（英文科，32年）卒。卒業後，中央公論社に入る。41年『中央公論』編集長。43年軍部の要請を無視したために，報復を受け引責休職。44年「横浜事件」（中公関係）に連座，拘禁生活を送る。戦後復刊された『中央公論』編集長に再任したが，47年同社の内紛に抗議して中央公論社を去った。二十世紀研究所・世界評論社等を経て，日本評論社に入り，編集局長を務めた。86年に横浜事件再審請求の申し立て人。主著『覚書・昭和出版弾圧小史』（65年）。

109) **杉本 栄一**（すぎもと　えいいち）1901・8―1952・9。

経済学者。東京。東京商科大（現一橋大）卒。39年東京商大教授。わが国計量経済学研究で基礎を築き，近代経済学史研究の分野で功績を残した。著書に『理論経済学の基本問題』（39年），『近代経済学史』（53年）等がある。

110) **清水 幾太郎**（しみず　いくたろう）1907・7―1988・8。

社会学者。ジャーナリスト。東京。東京帝国大・文（社会学科，31年）卒。卒業後，東大副手。32年10月，岡邦雄，戸坂潤らによる唯物論研究会に参加。イデオロギー論研究会部門（社会科学関係）責任者となる。33年，唯研講演会が当局によって弾圧されると，すぐさま保身をはかり，会の脱会届を「内容証明郵便」で送付したとのエピソードをもつ。39年東京朝日新聞社学芸部社会嘱託となり「コラム（槍騎兵）」を担当。41年読売新聞社論説委員。戦後，アメリカのプラグマティズムを吸収し，近代化に即応したイデオロギー的機能を果たしつつ，論壇で活躍。60年安保闘争は清水を戦後近代化・革命運動のオピニオン・リーダー的存在へと押上げていたが，晩年は，民族・国家・伝統への回帰傾向を強め，

タカ派的知識人の存在性を強めていた。

111) **青野　季吉**（あおの　すえきち）1890・2―1961・6。

　文芸評論家。新潟県。早稲田大文（英文科，15年）卒。卒業後，文学と社会主義研究を進めた。22年の第一次共産党に参加。23年『種蒔く人』同人。廃刊後，24年6月平林初之輔らと『文芸戦線』を創刊。プロレタリア文学隆盛のきっかけをつくる。後，文学者の政治的実践を巡り共産党系の「ナップ」と対立・対抗，労農芸術家連盟を結成。38年「人民戦線事件」で検挙，転向。戦後中島健蔵らと日本ペンクラブ再建に尽力した。51年から日本文芸家協会会長を務め，自由主義の立場を貫く。

112) **小林　秀雄**（こばやし　ひでお）1902・4―1983・3。

　評論家。東京。東京帝国大・文（仏文科，28年）卒。24年同人誌『青銅時代』に参加し「一つの脳髄」等を発表後，さらに富永太郎らと『山繭』を創刊。中原中也と交友。中原の恋人・長谷川泰子に惚れ同棲。29年に『改造』の懸賞評論「様々なる意匠」が宮本顕治と競って第2席に入選，文芸時評家として出発。プロレタリア文学の観念性を批判し左翼壊滅後の文壇的地位を確立した。『文藝春秋』を主な舞台に，志賀直哉，谷崎潤一郎，宇野浩二，正宗白鳥等の表現の核心部に届く評言を重ね，フランス文芸の翻訳を発表。戦時下の42年に始まる『無常といふ事』『西行』『実朝』等の日本古典についてのエッセーを発表，日本古典論の一つの範型を提出した。77年の『本居宣長』が最後の仕事となった。主著『小林秀雄全集（全12巻）』（67年）ほか。

113) **阿部　知二**（あべ　ともじ）1903・6―1973・4。

　小説家・英文学者。明治大教授。岡山県。東京帝国大・文（英文科，27年）卒。30年『主知的文学論』を刊行して主知主義文学論を展開。36年『冬の宿』で一躍文名を高め，以後『幸福』『北京』等の作品で，困難な時代を生きる知識人像を抒情的タッチで描出する。戦中，報道班員となりジャワへ渡る。50年世界ペンクラブ大会のため渡欧。戦後は反戦・平和運動に対しヒューマニストとして対応した。主著に『黒い影』『城』『捕囚』（三木清論，絶筆未完）外，多数。

114) **河上　徹太郎**（かわかみ　てつたろう）1902・1―1980・9。

　文芸評論家。長崎県。東京帝国大経済学部（26年）卒。29年に中原中也，大岡昇平らと『白痴群』創刊。観念主義的論評を発表。プロレタリア文学が当局の弾圧により退潮傾向を辿る状況下，実存主義的思想家・

シェストフ『悲劇の誕生』(34年)を阿部六郎と共訳・出版。36年『文学界』同人。戦後,54年に『私の詩と真実』で読売文学賞。68年『吉田松陰』で野間文芸賞を受賞。62年芸術院会員,72年文化功労賞として表彰された。

115) **杉山　平助**(すぎやま　へいすけ,筆名・氷川烈)1895・6―1946・12。
大阪。評論家。慶応大理財科予科中退(13年)。文芸批評で活躍したが,戦時中に国家・民族主義的傾向を強めた。『文芸五十年史』(1942)で知られる。

116) **丹羽　文雄**(にわ　ふみお)1904・11―　。
小説家。三重県。早稲田大・文(国文科)卒。32年『文藝春秋』に短編小説「鮎」を発表以来,子供と親,風俗小説,宗教の小説等といったジャンルで創作活動に携わった。主著『親鸞』『海面』『菩提樹』ほか多数。

117) **窪川　鶴次郎**(くぼかわ　つるじろう)1903・2―1974・6。
文芸評論家。静岡県。第四高等学校理科中退(現金沢大,24年)。在学中に中野重治を知る。26年中野重治,堀辰雄,西沢隆二らと同人誌『驢馬』を創刊。27年佐多稲子と結婚(45年離婚)。30年『ナップ』の編集を手伝い,のち編集責任者。31年共産党入党。「ナップ」から「コップ」への再編成に伴ない,引続いてこれに加わって活動したが,32年3月のコップへの大弾圧によって検挙・拘禁さる。転向して保釈。34年に転向小説『風雲』を発表する。39年『現代文学論』を刊行。同書は文芸時評と理論を集大成した戦前の主著に当る。文壇文学批判を通じて,プロレタリア文学が提起した人間解放の課題を深めたもの。戦後は共産党に復党。新日本文学会結成にも参加。評論家活動の後,短歌研究に没頭し,『石川啄木』などの著作を発表。主な著書『昭和十年代文学の立場』(73年)ほか。

118) **宇野　浩二**(うの　こうじ)1891・7―1961・9。
小説家。福岡県。早稲田大中退。『蔵の中』(1919)で文壇デビュー。親友広津和郎の影響で,松川事件被告の救援活動にも参加した。主著『思ひ川』(48年)『世にも不思議な物語』ほか。

119) **荒　正人**(あら　まさひと)1913・1―1979・6。
評論家。東京帝国大・文(英文科,38年)卒。戦後「近代文学」創刊に参加。文学者は政治に従属せず主体性をもてと主張し,中野重治らと

論争。ユニークな文学批評を数多く書き，漱石研究にも打ちこんだ。著作集五巻がある。
⇨佐々木基一

120) **埴谷 雄高**（はにや　ゆたか，本名・般若豊）1910・1―1997・2。
小説家。批評家。台湾。日本大予科文科（30年）中退。中退後，プロ科に加入，農業問題研究会を経て農民闘争社に入り，雑誌『農民闘争』編集・発行に携わる。31年共産党に入党し，松本三益らとフラクションを結成。32年5月検挙・起訴され，1年半服役する。40年に新経済社に務め『新経済』を創刊。敗戦後，46年に平野謙，本多秋五らと共に『近代文学』を創刊し，長編小説『死霊』を連載した。56年初めのスターリン批判後，それを先取りした思想家として注目をあび，新左翼学生運動に影響を与える。思想の底流にはマルクス主義により補強されたアナキズムが流れている。全ての政治権力を否定し，最終的には国家の廃絶を主張する論理に基づき多くのエッセーを書き残している。主著『埴谷雄高全集（全19巻別巻1）』（99年―01年）ほか多数。

121) **武者小路 実篤**（むしゃのこうじ　さねあつ）1885・5―1976・4。
小説家，劇作家，詩人，画家。東京。東京帝国大・文（社会学科）中退。公卿華族・武者小路実世の第8子。学習院高等科在学中に，トルストイに傾倒し，禁欲的・社会主義的傾向を示した。学友志賀直哉らと文学の研究に携わる。東大を中退し文学の途を志す。10年志賀らと雑誌『白樺』を創刊し，同人の中心的存在として約10年を活動に携わる。武者小路の「人道主義」は17年頃より反戦から空想的な社会主義実現の試み「新しき村」へと向かったが，関東大震災頃より人道主義より人間生命の肯定と賛美の傾向性を強く示し美術へと傾いた。主著『お目出たき人』（11年），『或る青年の夢』（17年）『或る男』（23年）ほか多数。

122) **武田 麟太郎**（たけだ　りんたろう）1904・3―1946・5。
小説家。大阪府。東京帝国大・文（仏文科）中退。1930年『暴力』によってプロレタリア作家としての地位を確立。主著に『日本三文オペラ』（1932），また36年に雑誌『人民文庫』を創刊し，戦時体制に抵抗し文学者の結束を固めようとした。

123) **土井 義信**（どい　よしのぶ）1903―1977。
『近代日本社会運動史人物大事典』（1997年）には，戦前，城西消費購買組合の武蔵野地区内の組合員であったと記されており，同人物は，

この外，他の文化運動にも何らかの関係をもったことが推測される。ドイツ文学者。東京工業大教授。ハイネについての論文，翻訳がある。

124) **勝目　テル**（かつめ　てる）1894・7―1984・10。

消費組合運動家。鹿児島県。鹿児島県立教員養成所卒。代用教員時代，河上肇著『貧乏物語』を読み社会運動に開眼。27年上京し関東消費組合連盟傘下の西部消費組合連盟，日本無産者組合連盟等で活動する。関消連婦人部を母体に暮らしに関わる運動全般に参加した。戦後48年に日本民主婦人協議会会長。婦人有権者同盟常任委員，日本生活協同組合連合婦人対策部員などを務めた。主著『婦人の解放』ほか。

125) **梨木　作次郎**（なしき　さくじろう）1907・9―1993・4。

弁護士。石川県。日本大専門部・法科（夜間）卒。29年高等試験行政科，30年に司法科合格。30年11月弁護士登録。31年上村進弁護士事務所所員らの研究会に参加。同年，日本赤色救援会に加わる。救援会東京地方中部地区委員会の責任者となり治安維持法犠牲者及びその家族のために奔走。32年9月解放運動犠牲者救援弁護士団加入。書記局員となって活動した。33年9月の労農弁護士団への一斉検挙事件で治安維持法違反に問われ検挙・起訴。この結果，弁護士資格を剥奪された。戦後，丸の内に事務所を開設。同事務所は救援会本部事務所，自由法曹団事務所として，戦後の解放運動の足場となって活用された。49年衆院選で当選を果たす。

126) **『世界文化』**（せかいぶんか）

京都帝国大美学の創立者・深田康算教授の全集出版に協力した同大出身の学徒が，美学，芸術学，芸術史などの理論的研究のための同人誌として，1930年9月に創刊した雑誌『美・批評』の後身。同人は33年5月の京大「滝川事件」を通じ，国家主義・ファシズム化によって，自由主義，ヒューマニズムまでもが打ち砕かれて行くのに強い危機感を抱いていた。35年2月に改題，世界不況，ナチズム到来，スペイン戦争勃発などという世界情勢の中で，反ファシズム，反戦を，仏・欧州知識人・学生にならって展開した。37年11月，同誌の関係者真下信一，新村猛，中井正一，ねず・まさし，久野収ら，隔週誌『土曜日』の発行者，京大の学生雑誌『学生評論』の関係者（草野昌彦ら）など十数名が検挙されている。

⇨中井正一

127) **熊沢　復六**（くまざわ　またろく）1899・4 ―1971・12。
　　露文学者。愛知大教授。愛知県。東京外語学校（現東京外国語大）卒。24年築地小劇場に入り，アンドレーエフ，ドストエフスキーの作品訳出に携わる。29年同劇場を離れた。ソ連の文学理論のわが国へのタイムリーな紹介者の一人として知られ，戦前のプロレタリア文学運動に対して，啓発を与えた（社会主義リアリズムの早期紹介者として）。主な訳書にフリーチェ『二十世紀の欧州文学』のほか訳書多数。

128) **小山内　薫**（おさない　かおる）1881・7 ―1928・12。
　　演出家・劇作家・演劇評論家・小説家・詩人。広島県。東京帝国大文科大学（英文科，1906年）卒。在学中に森鷗外，弟の三木竹二を知る。1907年に柳田國男らとイプセン会を組織。09年自由劇場を旗揚げ。12年に演劇研究のため渡欧を果たす。15年に古劇研究会結成。のち24年に土方与志と築地小劇場を設立。演出を確立して，新劇俳優の育成に尽力した。主著『小山内薫全集（全8巻）』（29年―32年）。

129) **真下　信一**（ました　しんいち，筆名・秋田徹）1906・10―1985・2。
　　哲学者。多摩美術大学長。京都府。京都帝国大・文（哲学科，29年）卒。京大卒後，33年同志社大予科教授となる。岡，戸坂らの唯研に加わり，同会の哲学論争（認識論・弁証法等）において秋田徹の筆名で論文を発表。三木清を主体主義，加藤正を客観主義，戸坂潤を折衷主義として批判したが，自身はどちらかといえば三木の立場に近かった（主体主義・実存主義的）。また，和田洋一，新村猛らと『世界文化』の創刊に参加し，反ファシズム文化運動にも加わって活躍した。戦後は，主体性論の立場で，唯物論の主体的把握を目指し，松村一人，田中吉六らと論争。48年から名古屋大教授。70年多摩美術大学長を務めた。主著『真下信一著作集（全5巻）』

130) **和田　洋一**（わだ　よういち，別名・水野七郎）1903・9 ―1993・12。
　　独文学者。同志社大教授。京都府。京都帝国大・文（独文科）卒。卒業後『世界文化』の創刊に参加。独文学者として，同誌に論文を寄稿した。『世界文化』関係者の第2次検挙で38年"人民戦線"の活動容疑で検挙・起訴。戦後は同志社大教授に復職し，理事等を務めた。主著『灰色のユーモア』（58年）ほか。

131) **久野　収**（くの　おさむ）1910・6 ―1999・2。
　　哲学者。京都帝国大文学部（哲学科，34年）卒。1937年，反ファシズ

ム文化運動のため治安維持法違反で逮捕され，2年の獄中生活を送る。戦後も，安保闘争，65年のベ平連運動で活躍し，市民哲学者に徹した。『三十代の思想家たち』(1975) 他多数の著作がある。

132) **新築地劇団**（しんつきじげきだん）

1929年3月創立。40年8月弾圧のため解散。24年の小山内薫，土方与志らを中心とした築地小劇場の新劇運動は，28年12月の小山内死去に伴なって，運動内の思想対立，方針対立が表面化し分裂するに至った。29年3月，劇団築地小劇場と新築地劇団とが分裂に伴って創立された。新築地劇団は31年3月プロットに加盟，その主要団体となった。40年8月，新築地劇団は新協劇団と共に，警視庁特高による一斉検挙を受け（主要メンバー100名以上。所謂新劇関係者一斉検挙事件)，このため，残留者達は「自発的解散」を協議，表明し，両劇団は止むなく解散した。以降，敗戦までの5年間は前面戦争遂行に向け当局による演劇の統制，強化により，まとまった形での演劇活動が困難な状況下におかれるに至った。

133) **土方 与志**（ひじかた よし）1898・4—1959・6。

演劇家。東京。東京帝国大（国文科，22年）卒。宮内相土方久元の孫。1923年ベルリン留学。ベルリン大で演劇史・演出を学ぶ。24年自費で築地小劇場を建設。内外の多くのプロレタリア演劇を紹介した。小山内の死後，新築地劇団結成。1933年モスクワへ行き，国際革命演劇同盟書記局員となるが，1937年国外退去となりパリへ移る。34年には一連の左翼運動のため爵位を剥奪される。1941年帰国してすぐ逮捕され，5年の判決。敗戦出獄後，46年共産党入党。新演劇人協会幹事長。中央演劇学校校長，人民演劇団議長等歴任。主著『なすの夜ばなし』(47年)『演出者の道』(69年) ほか。

134) **千田 是也**（せんだ これや，本名・伊藤圀夫）1904・7—1994・12。

俳優・演出家，俳優座代表。ベルリン大学名誉教授。東京。東京府立一中（現都立日比谷高，1922年）卒。早稲田大（聴講生）修了。24年築地小劇場創立に際し文芸部員兼演技研究生として参加。25年マルクス主義芸術研究会創立に参画。26年1月築地小劇場を退団し日本プロレタリア芸術連盟に加わり，『文藝戦線』及び前衛座の同人となる。27年4月にプロレタリア演劇研究の目的でドイツに渡り，ベルリンでドイツ・プロレタリア演劇同盟に参加（中央委員）。またソ連で行われた国際反帝同盟や国際プロレタリア演劇同盟の諸会議に出席，ドイツ共産党にも入

党する。31年12月帰国し32年3月「東京演劇集団（TES）」を創立し、従来のプロットと異なる方式・形態による活動を行ったが、9月に解散。この間，プロット所属の「メザマシ隊」に参加，プロット常任中央委員となる。34年プロット解散後，36年に新築地劇団に加わった。40年8月「新劇事件」で検挙さる。44年青山杉作らと俳優座結成。その主導的存在となって活躍。この間，戦後，「演劇アカデミズムの確立」を提唱すると共に，新劇基盤の確立に尽力。主著『近代俳優術』（49年—50年）『もうひとつの新劇史』（75年）『千田是也演劇論集（全9巻）』（80年—92年）ほか。夫人は女優岸輝子。

135) **新協劇団**（しんきょうげきだん）

　　　1934年9月創立。40年8月弾圧のため解散。34年9月21日，村山知義，長田秀雄らによりプロット解散後，進歩的劇場と自由主義劇場の糾合を目指して結成，創立された。中央劇場，美術座，新築地劇団の一部に加え，御橋公，小杉義男，伊達信，小沢栄らがこれに加わった。40年8月，新劇関係者に対する特高の一斉弾圧によって，解散を余儀なくされた。
　　　⇨新築地劇団，プロット

136) **久保　栄**（くぼ　さかえ）1900・12—1958・3。

　　　劇作家・演出家・小説家。北海道。東京帝国大・文（独文科）卒。26年築地小劇場文芸部に入り，小山内薫，土方与志に師事，ドイツ演劇を担当。小山内死後の29年の劇団分裂後，新築地劇団を結成。しかし，土方と袂別し退団。30年処女作・戯曲「新説国姓爺合戦」を同劇団は上演。古典の批判的継承史劇で自由な戯曲の方法を確立した。「プロット」に加入。『プロレタリア演劇』を創刊，諸外国の労働者劇を紹介した。プロットの常任中央委員などを務め，プロ科運動にも従事。34年プロット解散後，新協劇団結成に参画。「夜明け前」でリアリズムな演出を手がけた。35年には，中野重治らと社会主義リアリズムを巡って論争した。38年の新協劇団初演の「火山灰地（第1・2部）」は，戯曲史上記念碑な作品であった。40年の劇団解散では，自らも治安維持法違反の嫌疑で検挙，拘留。戦後，45年東京芸術劇場を創立。58年うつ病悪化のため入院中，病院で縊死した。著書『久保栄全集（全12巻）』（61年—63年）。

137) **滝沢　修**（たきざわ　おさむ，本名・脩）1906・11—2000・6。

　　　俳優。東京。開成中学（現開成高校）卒。25年築地小劇場に加わり初舞台をふむ。同年築地小劇場研究生（二期）。29年同劇場分裂の後も劇

場に残ったが，30年左翼劇場にも加わって活動。プロレタリア演劇・文化運動に従事（「プロ科」「戦無」）。34年新協劇団に加入。第一回公演「夜明け前」（島崎藤村原作・村山知義脚色）の主人公役（青山半蔵）で注目され，同劇団の中心的存在となった。43年北林谷栄らと芸文座を結成，「三笑」（武者小路実篤作・里見弴演出）で好評をえる。45年久保栄らと東京芸術劇場（東宝後援）創立。47年宇野重吉らと民衆芸術劇場を結成し，50年の劇団民藝に加わった。渋く重厚な演技は戦前の社会主義リアリズム演劇，プロレタリア演劇に支えられており，ベテラン俳優としての存在・評価をえている。映画・テレビ出演多数。映画では大作「戦争と人間」で戦争期新興財閥・五代家の父親役を演じ好評を与えた。著書『俳優の創造』（48年）

138) **細川　ちか子**（ほそかわ　ちかこ，芸名・細川和歌子，本名，横田冬）。1905・12—1976・3。

女優。東京。香蘭女学校卒（24年）。父横田虎彦（弁護士）。26年築地小劇場に入る。29年丸山定夫らと共に新築地劇団設立に参加。34年新協劇団の結成に参加し「夜明け前」等で高い評価を得た。戦後の50年劇団民藝の創立に伴ない客員となり翌年入団。「桜の園」が代表作。滝沢修や宇野重吉らとリアリズム演劇を継承し，舞台，映画等で活躍した。

139) **小沢　栄太郎**（おざわ　えいたろう，旧芸名・小沢栄）1909・3—1988・4。

俳優・演出家。東京。芝中学（現・芝高校）卒（25年）。29年心座研究生となり，左翼劇場の「全線」への応援出演が初舞台，以後プロレタリア演劇の途を歩む。34年新協劇団結成に参加。その間治安維持法で1年半留置。44年俳優座創立参加。演技面でのリーダーとして活躍。演出も手がけ59年「十二夜」演出が代表作。映画，テレビ出演多数。渋く老練な演技で評価を得た。69年俳優座退団。著書『パリの銭湯』（59年）。

140) **宇野　重吉**（うの　じゅうきち，本名・寺尾信夫）1914・9—1988・1。

俳優・演出家。福井県。俳優・歌手寺尾聡の父。日本大専門部芸術科中退（32年）。32年日本プロレタリア演劇研究所入所。33年東京左翼劇場に入り，34年新協劇団に参加。「火山灰地」（久保栄）で注目される。40年同劇団解散後，検挙。42年北林谷栄らと瑞穂劇団を結成し農山漁村を巡回公演した。戦後，47年民衆芸術劇場を創立。50年滝沢修らと第二次劇団民藝を結成し，その中心的存在となる。戦前からのリアリズムを

継承した演出を手掛けた。現代劇の基礎固めのために，プロレタリア演劇の遺産と人道主義的作品との併演を企画することに宇野は尽力している。86年宇野重吉一座を結成。映画，ラジオ，テレビ等と幅広く活躍した。著書に『新劇・愉し哀し』『チェーホフの『桜の園』について』（78年）ほか。

141) 薄田 研二（すすきだ けんじ，本名・高山徳右衛門）1898・9—1972・5。

　俳優。福岡県。鹿島中学卒。倉田百三の影響を受け異象舞台劇協会を結成。武者小路実篤の戯曲を上演。倉田の妻晴子と恋愛・結婚，上京。25年築地小劇場の研究生となった。同劇場の解散後，新築地劇団結成に参加。日本プロレタリア演劇同盟（プロット）解散後は，山本安英との共演「女人哀詞」「土」で主役，新築地劇団の中心的存在となった。同劇団の解散後，戦時中は丸山定夫，徳川夢声らと苦楽座を結成。戦後は東京芸術劇場参加を経て，村山知義の第二次新協劇団に加わった。この間，女優内田礼子と恋愛関係に陥る。前妻と離婚。50年分裂して中央芸術劇場結成。59年に再び新協劇団と合同して東京芸術座を創立した。著書『暗転』（60年）。

142) 東野 英治郎（とうの えいじろう，芸名・本庄克二）1907・9—1994・9。

　俳優。群馬県。明治大商学部卒。明大在学中に社研に所属。31年プロレタリア演劇研究所入所（第一期生）。「恐山トンネル」（三好十郎）で初舞台をふむ。同年9月新築地劇団に入り，劇団の中心的俳優となった。40年8月劇団への弾圧で治安維持法違反に問われ検挙，拘留された。47年2月俳優座創立に参加し，戦後同劇団の重鎮として活躍。映画，テレビの出演多数。69年よりTBSで「水戸黄門」を演じ（10年間）茶の間の人気を獲得した。70年に毎日芸術賞を受賞。

143) 岡倉 士朗（おかくら しろう）1909・9—1959・2。

　演出家。東京。岡倉天心の弟・英語学者由三郎の三男。立教大・文（英文科，31年）卒。立教在学中に義兄の劇作家藤森成吉の紹介で29年新築地劇団演出部に入団。土方与志に師事，演出を学ぶ。「灰燼」「渡辺崋山」等の歴史劇を演出した後，37年「土」（長塚節），38年の「綴方教室」（豊田正子）演出で生活に密着したリアリズム舞台によって注文された。40年劇団退団後，当局の弾圧により新築地劇団強制解散の際，治

安維持法違反の廉で検挙。41年末保釈。43年東宝入社。戦後47年山本安英，木下順二らと「ぶどうの会」結成。更に滝沢修，宇野重吉らと民衆芸術劇場を経て，50年劇団民藝結成。両劇団の指導的演出家として活躍。代表的演出「夕鶴」（木下順二），「炎の人」（三好十郎）等。リアリズム演劇の確立に尽力した。著書『岡倉士朗演劇論集・演出者の仕事』(65年)。

144) **藤山　愛一郎**（ふじやま　あいいちろう）1897・5―1985・2。

政治家。東京。慶応義塾大本科理財科中退（18年）。大日本製糖社長，東京商工会議所会頭等歴任。戦争末期，近衛文麿，岸信介らと東条内閣倒閣の働きを起こす。戦後，経済同友会代表，日本航空会長等を務め財界復帰。58年の総選挙で政治家（自民党）。岸内閣総辞職後は藤山派を結成。76年末政界引退。「井戸塀の政治家」を象徴する様な存在であった。当選6回。油絵を趣味とし「チャーチル会」の中心的存在でもあった。

145) **村山　知義**（むらやま　ともよし）1901・1―1977・3。

演出家，劇作家，舞台美術家。東京。東京帝国大・文（哲学科，21年）中退。1921年渡欧し，前衛的芸術運動の影響を受けるが，1926年からプロレタリア演劇運動へ進む。代表作は『暴力団記』1940年，逮捕，投獄され，出獄後も執筆禁止。1959年，東京芸術座結成。主著『演劇的自叙伝（全4巻）』(70―74年)ほか。

146) **杉本　良吉**（すぎもと　りょうきち，本名・吉田好正）1907・2―1939・9。

演出家。東京。早稲田大・文（露文科）中退。北海道大予科に在学中，演劇集団で活躍した。編入で早大へと転じ，中退。学芸演劇部に入る。更に前衛座，前衛劇場を経て東京左翼劇場参加。初め俳優を志す。やがて文芸部員となり「巡洋艦ザリヤー」等を翻訳。プロレタリア演劇活動に従い，村山知義の片腕的存在となった。31年に非合法下の共産党入党。地下活動中に検挙。35年出所，新協劇団に参加し「北東の風」（久板栄二郎）等を演出する。また，井上正夫演劇道場の公演演出を機に岡田嘉子を知った。コミンテルンとの連絡のため，岡田を同伴してサハリンから入ソを果たすも（1938年1月），ソ連当局にスパイ容疑をかけられ，拘禁後，無実の罪を着せられ銃殺刑に処せられた。

⇨岡田嘉子

147) **山本　安英**（やまもと　やすえ，本名・山本千代）1906・12―1993・

10。

女優。東京。神奈川高等女学校（現・神奈川高）卒。夫は藤田満雄（俳優・劇作家，1936年7月没）。21年小山内薫，二代市川左団次主宰の現代劇女優養成所入所。21年小山内の「第一の世界」で初舞台をふみ，新劇草創期の女優として活躍。24年築地小劇場創立に参加。29年新築地劇団の結成に参加。47年「ぶどうの会」結成（64年まで）。65年「山本安英の会」を創立し演劇活動に携わった。文部大臣賞の他，NHK放送文化賞等受賞。主な舞台に「女人哀詞」「綴方教室」「土」「夕鶴」。著書『歩いてきた道』『鶴によせる日々』『女優という仕事』ほか。

148) **東山　千栄子**（ひがしやま　ちえこ，本名・河野せん）1890・9－1980・5。

女優。千葉県。学習院女学部（現・学習院女子高等科）卒（1907年）。父は貴族員議員。1909年貿易商河野久郎と結婚後，夫の任地モスクワで8年間滞在中，モスクワ芸術座等で観劇，新劇への途を志す。帰国後，小山内薫の勧めで築地小劇場第二期研究生，25年「皇帝ジョーンズ」で初舞台。30年劇団新東京に参加。新築地劇団，文学座等を経て，44年俳優座結成に参加する。45年新劇合同公演で「桜の園」のラネーフスカヤ夫人役を演じて以来当り役となった。58年日本新劇俳優協会会長，66年文化功労者。映画，TV等に出演。小津安二郎監督作品「東京物語」で好演。著書『新劇俳優』（58年）。

149) **松尾　隆**（まつお　たかし，筆名・木寺黎二）1907・5－1956・12。

長崎県。早稲田大・文卒。高等学院講師をへて文学部露文科教授。民主主義科学者協会の結成に参加し芸術部会，哲学部会で活動（幹事）。平和を守る会（後の日本平和委員会）で活躍した。主な訳書にシェストフ選集の翻訳がある。

150) **飯島　正**（いいじま　ただし）1902・3－1996・1。

映画評論家。元早稲田大教授。東京。東京帝国大・文（仏文科，29年）卒。映画美学を基軸にした映画評論・批評を展開。30年代，フランス前衛映画紹介等に努め，映画を学問的立場から考究し研究水準を高めた。著書『映画文化の研究』，『フランス映画史』『前衛映画理論と前衛芸術』等多数。

151) **北　玲吉**（きた　れいきち）1885・7－1961・8。

哲学者，政治家。新潟県。早稲田大・文（1908年）卒。国家社会主義

者北一輝の弟。国家主義の立場から吉野作造の民本主義を批判。大日本主義，アジア主義を提唱し，欧米留学の後，25年『日本新聞』創刊に参加し，28年祖国同志会を結成，ファシズム運動を推進した。36年衆議院議員（民政党）。敗戦後日本自由党結成に民族的保守主義者として尽力した。公職追放処分を受けるも，解除後は日本民主党，自民党の各議員を務めた。著書に『光は東方より』ほか。

152) *The Merry Wives of Windsor.*
1597・4・23初演。

153) Karl Johann Kautsky　1854—1938。
プラハ生れの社会主義者。親しくマルクス，エンゲルスの指導を受け，エンゲルスの死後は，第二インタナショナル，ドイツ社会民主党の指導的理論家とみなされた。第一次大戦勃発に際しては，マルクス主義と排外主義の間を揺れ動き，結局後者と妥協。十月革命にも反対し，レーニンに「背教者」と批判される。ヒトラー政権後は亡命，アムステルダムで客死。

154) Bernard Shaw　1856—1950。
イギリスの劇作家，小説家，批評家。マルクスの影響を受け，1884年フェビアン協会に参加，活動。その劇は，喜劇精神にあふれている。1925年ノーベル賞受賞。『人と超人』(1903)，『聖女ジョーン』(1923) 等。

155) **菊池　寛**（きくち　かん，本名・ひろし）1888・12—1948・3。
小説家。香川県。京都帝国大・文（英文科，16年）卒。京大在学中から一高時代の同級生芥川龍之介，久米正雄らと第三・四次『新思潮』に関係し戯曲「屋上の狂人」「父帰る」等を発表した。18年に発表した「無名作家の日記」「忠直卿行状記」で文壇の新進作家として認められる。20年の「真珠夫人」以来，「生活第一，芸術第二」を信条として，新聞連載小説を量産し流行作家となった。23年雑誌『文藝春秋』を創刊し文藝春秋社を設立して作家の育成に努めた。昭和初期〝文壇の大御所〟と称されたが，社会主義への共感をもってはいたものの，時局に同調し戦争遂行に協力姿勢をとった。東京市会議員，大映社長，日本文学報国会創立総会議長，大東亜文学者大会代表等歴任。39年に菊池寛賞を創設。戦中は従軍作家として中国戦線を巡る。戦後47年に公職追放処分となる。主著『菊池寛文学全集（全10巻)』(60年) ほか。

156) **石堂　清倫**（いしどう　きよとも，別名・北山幸夫，篠井英夫ほか）

1904・4―2001・9。

　社会運動家・著述・翻訳家。石川県。東京帝国大・文（英文科，27年）卒。東大在学中に新人会に属す。卒業後，評議会の推薦で関東電気労組のオルグとなり，日本共産党に入党。『無産者新聞』記者となる。28年「三・一五事件」で検挙，入獄。33年11月保釈後，日本評論社入社。同社出版部長などを勤め，38年満鉄調査部長となり『満鉄調査月報』等の編集に従事した。43年7月の第2次満鉄事件で検挙。敗戦後，大連で日本人民主化運動に参加。49年帰国，共産党に再入党し，マルクス・レーニン主義研究所員となり『マルクス・エンゲルス全集』『レーニン全集』等の翻訳に携わった。構造改革論を提唱し，62年党を除名。スターリン批判後，イタリア共産党の構造改革論者，A・グラムシ，P・トリアッチらの思想紹介に尽力。更に日本の革命運動史研究のために運動史研究会（三一書房の支持・協力）を設立し，社会主義の再生に尽力した。主著『わが異端の昭和史（正・続）』（86年，90年）ほか。

157)　**中野重治**（なかの　しげはる）1902・1―1979・8。

　詩人，小説家，批評家。福井県。東京帝国大・文（独文科，27年）卒。東大在学中に新人会に加入。26年堀辰雄らと同人誌『驢馬』を創刊，詩や評論を発表。中野の文学的教養は四高在学中に受けた室生犀星，佐藤春夫，斎藤茂吉らの影響による。卒業後は全日本無産者芸術連盟（ナップ）に参加。蔵原惟人との「芸術大衆化論争」で〝芸術至上主義〟を主張。31年共産党入党。32年プロレタリア作家同盟員と共に治安維持法違反容疑で検挙，拘留されたが，34年転向し出獄。35年『中野重治詩集』を発刊。同年小説「村の家」を発表。この中で，転向知識人の生き方を描出し，昭和期戦前の暗い精神史のドラマを巧みに描き出す。42年に戦時下の芸術的抵抗の成果と評された『斎藤茂吉ノオト』を刊行。敗戦後，旺盛な文学活動を展開。共産党入党。47年―50年まで共産党参議院議員。党の国際派として活動したが，64年に党から除名さる。77年朝日賞を受賞。女優の原泉は夫人。主著「五勺の酒」（47年），『むらぎも』（54年），『梨の花』（59年），『甲乙丙丁』（1969）ほか，『中野重治全集（全28巻・別巻1）』（1996年）など。

158)　**林　房雄**（はやし　ふさお，本名・後藤寿夫）1903・5―1975・10。

　小説家。大分県。東京帝国大・法中退。東大在学中に新人会に所属。会活動を経て，共産党機関誌『マルクス主義』の編集に携わる。26年春，

中野重治, 鹿地亘, 山田清三郎らとマルクス主義芸術研究会を結成。同年, 日本プロレタリア芸術連盟に参加。同年の「絵のない絵本」によって新人作家として知られるが,「京都学連事件」に連座, 投獄された。33年10月武田麟太郎, 川端康成, 小林秀雄らと『文学界』を創刊。出獄後の転向傾向は35年に至って, プロレタリア作家廃業を宣言するに至った。39年11月から『都新聞』に「西郷隆盛」を連載して, 西郷を通じてときのファシズム傾向に迎合を示す。太平洋戦争期に至ると, アジア・太平洋戦争への知的・精神的協力を狂信的に提唱しつつ, 排外的国粋主義に基づくファナティックな扇動姿勢を顕著に示していく。戦後は排外主義から一転しアメリカへの追随姿勢をとり,『大東亜戦争肯定論』を発表 (64年)。主著『林房雄著作集 (全3巻)』(68年—69年)。

159) 秋田　雨雀 (あきた　うじゃく, 本名・徳三) 1883・1—1962・5。
エスペランティスト, 作家, 劇作家。青森県。早稲田大・文 (英文科, 1907年) 卒。07年イプセン会に加入。小山内薫と雑誌『新思潮』の編集にも携わる。09年自由劇場会員。13年島村抱月らの芸術座創立に参加 (幹事)。14年美術劇場を組織。この間, 詩, 小説, 戯曲など創作に携わる。21年1月の日本社会主義同盟加入, 10月創刊『種蒔く人』にも加わった。27年9月に訪ソ。バルビュス, メイエルホリドらと会う。28年帰国後, 蔵原惟人らと国際文化研究所を創設し所長。同研究所の「プロ科」への改組に伴ない, これに参加し, 31年1月の日本プロレタリア・エスペラント同盟創立で中央執行委員長となる。33年8月共産党シンパ事件, 34年新協劇団結成に伴ない同事務長。40年8月新協・新築地劇団一斉検挙事件で検挙・拘留された (34年新協劇団結成に加わり, 事務長に就任)。戦後は, 48年舞台芸術学院開校に際し, 初代院長を務め, 49年には日本共産党入党。50年日本児童文学者協会会長となる。日ソ交流などで力を尽くす。主著『雨雀自伝』(53年) ほか多数。

160) 岡田　嘉子 (おかだ　よしこ, 別名・藤蔭嘉子) 1903・4—1992・2。
女優。広島県。ルナチャルスキー記念国立演劇大学卒 (演出科)。女子美術学校 (現女子美術大) 在学中より映画, 演劇等に関心を抱き, 卒後の20年舞台協会に加入。「出家とその弟子」で本格的な演技の途を志す。22年日活作品「髑髏の舞」で映画に初出演。24年日活専属女優。映画へと転換を果たし, 村田実, 溝口健二, 鈴木謙作などの諸監督作品の映画に出演。モダンな知性派女優との評価を得た。27年「椿姫」撮影中,

共演の竹内良一と出奔,"恋の逃避行"として話題となったが,映画界からボイコットされた。32年映画界復帰(松竹入社)。36年松竹退社。再び舞台女優の途を歩む。この間杉本良吉を知り,38年1月演出家杉本と二人でサハリン国境越えを果たす。直ちにソ連警察に捕まり,3月モスクワ未決監へ送られた。39年9月日本軍のスパイとして判決が出され,杉本は銃殺。岡田は10年の刑で収容所に入れられた。48年にモクスワ放送局日本語科勤務。大学卒業後,マヤコフスキー劇場演出部員。72年4月退職。同年11月,34年ぶりに日本帰国。映画,テレビ等々に出演。のち,"ペレストロイカ"により40年に岡田執筆の嘆願書が公刊(92年)され,これが杉本の銃殺刑に重要な役割を果たし,更にメイエルホリドまでもが銃殺されるという悲劇の発端となっていた事実が明らかになった。著書に『悔いなき命を』(73年)。

⇨杉本良吉

161) **久板　栄二郎**(ひさいた　えいじろう) 1898・7—1976・6。

　劇作家,映画脚本家。宮城県。東京帝国大・文(国文科,27年)卒。26年頃から左翼演劇運動に加わり,前衛座,プロレタリア劇場,左翼劇場等を経て新協劇団創立に参加。この間,岡,戸坂らの「唯研」にも加わる。37年に「北東の風」を発表。戦時中,戯曲執筆禁止にあい,映画脚本を手がけた。戦後,脚本家として,黒沢明「わが青春に悔なし」(46年)木下恵介「大曽根家の朝」(同年)などの名作映画の脚本を執筆した。

162) **原　泉**(はら　せん,本名・中野政野,旧姓・原,戦前芸名・原泉子) 1905・2—1989・5。

　島根県。白潟尋常小学校卒。夫・中野重治(作家)。小卒後上京。28年東京左翼劇場に入り,原泉子の芸名で出演。「密偵」「父帰る」等プロレタリア演劇の主要役で活動。プロット(プロレタリア演劇同盟)に参加。その解散後は新協劇団で「夜明け前」「火山灰地」等の名作に出演。40年の新劇への当局の強制解散で一時舞台より離れた。戦後の50年に原泉と改名,舞台・映画・テレビと幅広く活躍。演技派脇役として数多く出演。戦後のこども(団塊のこども)達のヒーロー的存在「月光仮面」(東京,東映)第1部には,かつてのプロレタリア文化・演劇運動の重鎮佐々木孝丸と共に出演,"悪役一味"を演じ人気を得た。

163) Friedrich Wolf　1888—1953

ドイツの劇作家，小説家。1928年共産党入党。1933年以後は，フランス，ソ連に亡命。戦後は東独へ帰る。*Professor Mamlock*, 1934, *Thomas Müntzer*, 1953.

164) Gerhart Hauptmann　1862—1946

ドイツの劇作家，小説家。*Die Weber*（1892）は，しいたげられた織工たちの暴動を描いたドラマ。1912年ノーベル賞受賞。

165)　**長塚　節**（ながつか　たかし）1879・4—1915・2。

歌人，小説家。茨城県。茨城県立尋常中学（現・県立水戸一高，1896年）卒。1900年正岡子規門下に入る。根岸短歌会に関係し，02年子規没後，03年伊藤左千夫と共に『馬酔木』を創刊。05年に「写生の歌に就て」を発表し子規の教えの発展に尽力した。また，写生文・小説への関心を強め，短篇小説も多く発表。夏目漱石の推薦で長編小説『土』を『東京朝日新聞』に連載。そこにおいて封建農村，農民を描出し問題提起を行なったが，作歌で完成できなかった節の主・客の融合が同小説で達成された。著書『長塚節全集（全6巻）』（1926年—27年）。

166)　**神近　市子**（かみちか　いちこ）1888・6—1981・8。

婦人運動家。政治家。長崎県。津田英学塾（現・津田塾大，13年）卒。青鞜社に加入したため，就職先の青森県立弘前高等女学校を追放さる。『東京日日新聞』婦人記者となり，アナーキスト大杉栄の「仏蘭西文学研究会」に参加した。16年，大杉栄を愛と確執の結果刺し，瀕死の重傷を負わせ，投獄（2年間）。法廷で陳述した「嫉妬のため刺した」との神近の言葉は女性の近代的エゴの正当性の主張といわれる。岡，戸坂らの「唯研」に会員として加わったほか，35年『婦人文芸』を主宰。戦後は47年民主婦人協会，自由人権協会の設立に参加。53年左派社会党選出の衆議院議員（69年まで，5期），56年の売春防止法制定（57年4月施行）に力を尽くす。主著『私の半世紀』ほか。

167)　**コム・アカデミー事件**

1936年7月11日，講座派の学者（『日本資本主義発達史講座』の完了後，"32年テーゼ"の理論的根拠付のため『日本封建制講座』グループが組織され，34年12月—35年12月まで，出版元白揚社において研究会合を開催。これに関係した人々），山田盛太郎，平野義太郎，小林良正，山田勝次郎ら関係者が一斉検挙された事件。同一斉検挙に先立ち6月桜井武雄，相川春喜が『時局新聞』編集者として逮捕されていた。事件の

名称は，一連の関係者の理論活動が共産主義の正当性を科学的に立証することに向けられており，日本共産党の理論的諸問題を研究，さらにこれが党の戦略戦術のために寄与しているという当局の決め付けによるもの。同事件の発端は相川春喜の供述によるものと言われているが，永田広志，服部之総らは，「コム・アカデミー」（所謂学者）の範ちゅうからはもれ，検挙・拘留に止まった。関係者は37年3月起訴猶予処分となった。

168) 山田 盛太郎（やまだ　もりたろう）1897・1―1980・12。

　経済学者。元東大教授。愛知県。東京帝国大・経済（23年）卒。25年東大助教授。30年5月「共産党シンパ事件」で検挙，東大を辞職。32年―33年『日本資本主義発達史講座』（7巻）編集・刊行に野呂栄太郎らと当る。日本資本主義論争における"講座派"の理論的代表の存在となる。34年『日本資本主義分析』を刊行。この中で日本資本主義は，日清，日露戦争遂行過程で，その軍事的半農奴制的「型制」が終極的に決定されたとし，構造は半封建的農業生産関係を基盤として，消費資料生産が生産手段の生産に優位する構造により確立した，とする。36年の「コム・アカデミー事件」で検挙・拘留。山田の「分析」は32年テーゼに基づくものとして，左翼理論に広く浸透した。戦後は東大に復職（57年まで）。50年に農地改革記録委員会委員長となり『農地改革顚末概要』（51年）を刊行。主著『山田盛太郎著作集（全6巻）』ほか。

169) 平野 義太郎（ひらの　よしたろう）1897・3―1980・2。

　法学者。平和運動家。東京。東京帝国大・法（21年）卒。卒業後，末弘厳太郎の下で助手となり，23年東大助教授となる。25年にわが国におけるマルクス主義法学の基礎を確立したと評される『法律における階級闘争』を刊行。30年欧州留学帰国後，「共産党シンパ事件」で検挙・起訴され東大助教授を免職。32年『日本資本主義発達史講座』編集に参画。同講座所収の論文を軸とした『日本資本主義社会の機構』（34年）は，山田盛太郎著『日本資本主義分析』と並び所謂"講座派"のバイブル的存在となった。36年「コム・アカデミー事件」で検挙されたが，起訴猶予となる。以降，当局の言論・思想弾圧状況の下，"転向"傾向を強め，太平洋協会の設立に参画，「大東亜共栄圏」構想に接近し，当局の路線に迎合する傾向を強く示した。39年以降，末弘指導の中国農村慣行調査に加わり，ヴィットフォーゲルの所説等に依拠した中国論を展開する。

戦後は民主主義擁護同盟，民科，世界平和評議会などで活躍。国際的な法律家，社会運動の中心部分で，そのリーダー的存在となって活動した。主著『日本資本主義社会の機構』『ブルジョア民主主義革命』のほか『平野義太郎新著作集（全5巻）』（1954年—55年）ほか。

170) **風巻 景次郎**（かざまき　けいじろう）1902—1960。

国文学者。兵庫県。東京帝国大・文卒。公立大阪女子専門学校（現・大阪女子大），北京輔仁大学等を経て，47年北海道帝国大教授となる。古代，中世文学が専門。主著『新古今時代』（36年）『風巻景次郎著作集（全10巻，別巻1）』（69年—71年）ほか。

171) **近藤 忠義**（こんどう　ただよし）1901・11—1976・4。

国文学者。法政大名誉教授。兵庫県。東京帝国大・文（国文科27年）卒。府立六中，（現・都立新宿高），智山専門学校（現大正大），東京女子大等を経て法政大教授（67年まで）。専門・近世文学。37年2月『日本文学原論』を刊行，唯物史観に基づく歴史社会学派と呼ばれた学風で影響を与えた。戦後46年日本文学協会創立に参加，50年同委員長となる。著書『西鶴』（39年）『日本文学論（全3巻）』（77年）ほか。

172) **プロット**（日本プロレタリア劇場同盟，日本プロレタリア演劇同盟）

全日本無産者芸術連盟（旧「ナップ」）演劇部は28年12月全日本無産者芸術団体協議会（ナップ）の再編成に伴ない独立，29年2月日本プロレタリア劇場同盟（「プロット」）創立となった。創立時の役員には佐々木孝丸（中央執行委員長）を中心に執行委員として，佐野碩（書記長），峯相太郎，鶴丸睦彦，小野宮吉，杉本良吉，三木武夫（大阪戦旗座）らが名を連らね，加盟劇場に左翼劇場（東京），青服劇場（京都），前衛劇場（金沢），戦旗座（大阪）等が加入した。プロットは31年10月第4回全国大会を開催し，コップ成立の際に名称を変更，演劇同盟と改称。31年1月国際労働者演劇同盟（IATB）創立（モスクワ）に伴ないこれに加盟し，国際労働者演劇同盟日本支部・日本プロレタリア演劇同盟となる。機関誌『プロレタリア演劇』（30年6月創刊。同年10月廃刊，再刊33年1月—5月）『演劇新聞』（31年9月創刊。33年6月まで），『プロット』（32年1月—同年9月，再刊33年7月—12月）を刊行。日本プロレタリア演劇同盟はプロフィンテルン第5回大会の影響の下，プロレタリア文化・芸術運動との連携を宣揚し，コップの有力加盟団体の一つとなっていた（31年10月）。中央執行委員長に村山知義，執行委員に小野

宮吉，土方与志，新城信一郎，土井逸雄らが就任。加盟劇団に，東京では左翼劇場，新築地劇団，東京プロレタリア演劇同，前衛座が加わり，名古屋から前衛座，京都・青服劇場，大阪・戦旗座が加入，加盟員は約400名とされた（31年創立当時）。34年初めからのナップ，ナルプ等への弾圧・解体によって，プロット内部でもコップ指導下から離れ新劇運動を志向する傾向も加わって，34年7月第4回拡大中央委員会を開催し解散を宣言した。プロットの解散後は，村山知義，長田秀雄らによる新劇の合同提唱に伴って，左翼劇場の後身中央劇場，美術座，新築地劇団関係者（細川ちか子，三島雅夫ら）が糾合され，34年9月「新協劇団」が結成された。さらに同年9月新協劇団，日本楽劇協会，東京少年劇団（八田元夫ら），東京メザマシ隊，テアトル・コメディ，三一劇団等が結びついて日本新演劇協会が結成され，更に12月日本新劇倶楽部が創立された（38年3月解散）。

173) **伊藤 猛虎**（いとう　たけとら）──生没年不詳

戦前の特高警察官。岩手県。旧制県立中学（岩手県）卒。中学卒後上京，警視庁巡査拝命。30年代初め，警視庁管轄本郷・本富士署勤務の特高として左翼・学生運動の徹底取締りにあたる。所轄の一高・東大を初めとした学生左翼運動，プロレタリア文化運動等の運動当事者から執拗な追跡と取調べに対し〝テロのモウコ〟の異名をとり恐れられた。数々の現場の左翼取締りで実績を残し本庁勤務に転じ，宮下弘指揮下，警部補時代「ゾルゲ事件」の検挙・取調べに柘植準平（高小卒。警部補）らと共に当る。伊藤律から重要な供述を引き出し，その功績で柘植と共に同事件での功労賞賞を受けた。伊藤律から「共産党のオルグにほしい」存在と言わしめた。戦後退職後，郷里岩手県へ戻り，保守党に属した地方議員として活躍したといわれる。

174) August Wilhelm von Schlegel　1767―1845。

ドイツの文芸史家，批評家。シェイクスピアの戯曲17篇を翻訳した。

175) **長田　秀雄**（ながた　ひでお）1885・3―1949・5。

劇作家・詩人。東京。独逸協会学校（現独協大学）中退。長田幹彦の兄。1909年劇団「自由劇場」創立以後新劇運動に参加，劇作家として知られる。10年処女戯曲「歓楽の鬼」の外，「飢渇」等の作品を残す。20年市村座に入るが28年退き，創作生活に入った。

176) **松本　克平**（まつもと　かっぺい，本名・赤沢義巳）1906・4―1995・10。

新劇俳優。長野県。早稲田大・文（英文科, 29年）中退。「吼えろ支那」（トレチャコフ），「不在地主」,「西部戦線異状なし」等に出演。40年, 新協劇団・劇団新築地の一斉検挙で逮捕, 42年懲役2年, 執行猶予2年。戦後は, 48年俳優座に参加。主著『日本新劇史―新劇貧乏物語』（66年）ほか。

177) 村山 英太郎（むらやま えいたろう）1902・7―。

英文学者。明治大教授。法政大・法文学部（英文科, 29年）卒。法政大予科（英語）教授を経て, 日本文化中央連盟嘱託。のち高等通信講習所等の教官を勤めた。戦後, 明治大英文科教授となった。C・ディケンズの研究家として知られる。

178) Agnes Smedley 1894―1950。

アメリカの革命的作家。中国革命と中国人民に同情, 共感し, 長期にわたって中国に滞在し, ルポタージュや小説を書いた。本書152ページ, 注参照。

179) 本田 喜代治（ほんだ きよじ, 筆名・大島操, 賀川栄造ほか）1896・10―1972・10。

社会学者。法政大, 名古屋大各教授。兵庫県。東京帝国大・文（哲学科, 社会学専攻, 22年）卒。哲学科在学中に長谷川如是閑らの『我等』に関係。卒業後, 法政大予科講師などを経て, 大阪高校教授を務めた。32年末「唯研」創立後に参加し, ペンネームを用いて機関誌に寄稿。40年1月「唯研事件・第2次検挙事件」で検挙さる。敗戦後46年1月, 民科設立に伴ない, これに参加し, 社会学分野で研究活動に携わる。49年名古屋大教授（文学部長歴任）, 60年法政大教授。67年和光大教授等を務めた。史的唯物論の立場からの社会学研究, 社会思想史研究に功績を残す。主著『フランス革命史』（48年）『社会思想史』（51年）ほか。主要訳書ディドロ『ラモーの甥』（40年）ほか多数。

180) 山西 英一（やまにし えいいち）1899・6―1984・6。

英米文学者・翻訳家。静岡県。広島高等師範学校（現・広島大）英文科（1921年）卒。31年～35年英国留学。この間, 左翼文献に数々接した。38年成蹊高校（現成蹊大）講師（戦後, 50年まで）。ノーマン・メイラーの紹介者として知られる（『裸者と死者』を翻訳出版, 48年）傍ら, トロツキーの『裏切られた革命』『ロシア革命史』等を翻訳出版してトロツキーの精力的紹介に努めた。主な訳書『ノーマン・メイラー全集

（全8巻)』のほか，多数。

181) **小原　国芳**　（おばら　くによし）1887・4—1977・12。
教育者。玉川学園創立者。鹿児島県。京都帝国大・文（哲学科）卒。京大では西田幾多郎，波多野精一らに学ぶ。この間本間俊平に影響を受ける。卒業後，広島高師附属小主事を経て，沢柳政太郎に請われて成城小主事。教育改造運動に従事し，戦前の新教育運動を展開した。29年玉川学園創立。教育の国際交流などに尽力。著書『小原国芳全集（全48巻)』（58—70年）。

182) **石川　準十郎**（いしかわ　じゅんじゅうろう）1899・6—1980・2。
国家社会主義者。早稲田大教授。岩手県。早稲田大・政経（1924年）卒。早大在学中に高畠素之らの大衆社，経綸学盟に加入。そこで高畠訳『資本論』訳出に助力。31年日本社会主義研究所を設立（赤松克麿，津久井龍雄らと）。日本国家社会党結成の媒介的役割を果たす。同党が日本主義・ファシズムへと転換するに伴なって純正国家社会主義新党結成を計画。しかし，近藤栄蔵らと意見を異にし，34年に大日本国家社会党を結成した。マルクス主義批判の翻訳の外，著書に『ヒトラー「マイン・カンプ」研究』（43年）『共産主義国家論批判』（48年）等がある。戦後，早大政経学部教授を務めた（62年まで）。

183) **煙山　専太郎**（けむりやま　せんたろう）1877・6—1954・3。
政治学者。早稲田大教授。岩手県。東京帝国大文科大学（哲学科）卒。1911年早大教授（史学）。東大在学中に『近世無政府主義』（02年）を著しロシア・ナロードニキとアナーキズムの思想・歴史・運動を体系的に紹介。「露国虚無党」といった呼称でのわが国への紹介であった。「大逆事件」の被告・管野スガや宮下太吉らに大きな影響を与えた。

184) **大川　周明**（おおかわ　しゅうめい）1886・2—1957・12。
国家社会主義者。山形県。東京帝国大・文（宗教学科，11年）卒。東大在学中から松村介石主宰の日本教会（後，道会）に入り活動。14年頃から思想を転換し，民族主義的傾向をもって東洋哲学，日本古典研究に携わる。15年インド独立運動に関わり，反英的立場を確立。17年全亜細亜会結成。さらに老荘会にも加わる。19年北一輝らと猶存社を組織。同社はのち，北との対立から23年に解散。25年に行地社を結成し国家社会主義の啓蒙を展開。ときの軍部の政治化に影響を与えた。31年の「三月事件」においては，民間の中心的存在。32年の「五・一五事件」で禁固

刑（5年）。出所後，満鉄顧問，法政大大陸部長を兼務の傍ら，大川塾主宰。戦中は大アジア主義を提唱，戦後A級戦犯として「東京裁判」にかけられたが，法廷で東条英機の禿頭をたたく等の奇行，精神異常と思われる言動等により48年不起訴となった。主著『大川周明全集（全7巻）』ほか多数。

185) **岸田 劉生**（きしだ りゅうせい）1891・6―1929・12。

洋画家。東京。東京高等師範学校附属中学（現・筑波大附属高）中退（1906年）。岸田吟香の子。1908年白馬会研究所に入り黒田清輝に師事。10年第4回文展に入選（外光派風作品）。雑誌『白樺』の影響を受け後期印象派へ傾倒。12年に斎藤与里らとフューザン会結成，15年草土社を興し画風を確立したが，晩年には東洋風へと画作は傾斜した。著書に『劉生画集及芸術観』(20年)，『劉生図案集』(21年)，『劉生日記（全5巻）』(84年) 他。

186) **鈴木 和子**（すずき かずこ）1930・2―

日本女子大卒，早稲田大大学院修了。舟木重信に師事。日本女子大教授を長く勤め現在名誉教授。ハイネ学者として国際的に知られ，ハイネ協会名誉会員。著書に『ハイネ探求』(1965)，『ハイネ―比較文学的探求』(1975)。

187) **志賀 直哉**（しが なおや）1883・2―1971・10。

小説家。宮城県。東京帝国大・文（英文科）中退。1908年学習院の武者小路実篤らと雑誌『望野』を刊行。10年同誌は他の2誌との合同により雑誌『白樺』が創刊された。有島武郎・生馬，里見弴らが参加した『白樺』は，文学のみならず美学的啓蒙に大きく貢献した。志賀の鋭い観察的視点と潔癖なまでの判断力は，ヒューマニスティックなリアリズムを伝えている。22年『暗夜行路』前篇を出版。翌年京都に移り住み，25年，更に奈良移住。この頃からは東洋古美術に関心を寄せ，創作は減少。大正末期には既に短篇小説の完成者との評価を得，多くの文学者に影響を与えた。37年に『暗夜行路』後篇が完成した。敗戦直後に「灰色の月」を発表。主な作品に「網走まで」「剃刀」「大津順吉」「城の崎にて」ほか。著書『志賀直哉全集（全14巻，別巻1）』(1973年―74年)。

188) **川島 芳子**（かわしま よしこ，中国名・愛新覚羅顕玗）1906・4―1948・3。

日中戦争下の男装スパイ。中国。長野県立松本高等女学校（現・県立

松本蟻ヶ崎高）修了。13年満蒙独立運動家・川島浪速の養女となり，日本の学校で学ぶ。21年蒙古独立運動の志士の息子と政略結婚するも，2年後に離婚。清朝再興を期し渡中（上海）。そこで陸軍特務機関の田中隆吉少佐と知り合い，男装の「女間諜X14号」として情報活動に携わった。31年「満州事変」勃発に際し，関東軍板垣征四郎の依頼で天津に居た元宣統帝溥儀の妃・秋鴻を満州に連れ帰り，33年，日本軍の熱河侵攻と行動を共にして熱河定国軍総司令官・金璧輝を名乗るなどしたため，「東洋のマタ・ハリ」の異名をとる。45年11月北京にて，国民政府軍に漢奸として逮捕され，48年に一連のスパイ行為などの廉で銃殺刑に処せられた。

189) **松本　重治**（まつもと　しげはる）1899・10—1989・1。

ジャーナリスト。大阪府。東京帝国大，法（23年）卒。関東大震災後，米国留学（エール大，ウイスコンシン大）。A・フィッシャー門下生となる。帰国後，28年高木八尺東大教授の下，アメリカ講座担当助手。32年東京政治経済研究所を設立し，満州等時の情勢分析に携わる。33年連合通信社上海支局長。38年重慶政権の有志に働きかけて日中和平運動を工作した。39年日米両国の戦争回避を狙って，近衛文麿，ルーズベルトの日米首脳会談を画策する。戦後52年国際文化会館を設立し理事長となる。更にアメリカ学会設立に尽力した。著書『上海時代』（77年），『昭和史への一証言』（86年）ほか。

主要事項・人名 五十音順さくいん

(この「さくいん」は、本書の「主要事項・人名 註」(本文での登場順)を五十音順に並び替えたものである。事項・人名の右側の数字は、「主要事項・人名 註」の登場順番号=本文に付された番号である。)

あ

アーヴィング 18
相川春喜 98
青野季吉 111
秋沢修二 79
秋田雨雀 159
浅野晃 61
足鹿覚 32
麻生久 46
阿部知二 113
荒正人 119
荒畑寒村 87
飯島正 150
石川準十郎 182
石堂清倫 155
石原辰郎 97
泉盈之進 67
伊藤猛虎 173
井上正蔵 58
井伏鱒二 8
岩崎昶 99
ヴァルガ 78
ウィンザーの陽気な女房たち 152
ヴォルテール 72
ヴォルフ 163
内山賢次 19
宇野浩二 118
宇野重吉 140
宇野千代 24
枝法 102
エッカーマン 53

大泉兼蔵 75
大川周明 184
大杉栄 12
大塚金之助 94
大宅壮一 47
大山郁夫 86
岡邦雄 96
岡倉士朗 143
岡田嘉子 160
小椋広勝 77
尾崎士郎 25
小山内薫 128
小沢栄太郎 139
小野塚喜平次 49
小場瀬卓三 104
小原国芳 181

か

カウツキー 153
風巻景次郎 170
嘉治隆一 85
勝目テル 124
神近市子 166
亀井勝一郎 73
唐沢清八 27
河上徹太郎 114
川島芳子 188
菊池寛 155
岸田劉生 185
北通文 81
北呁吉 151

櫛田民蔵　37
久野収　131
久保栄　136
窪川鶴次郎　117
熊沢復六　127
クライスト　55
栗原佑　41
栗原基　74
グンドルフ　90
煙山専太郎　183
小島輝正　105
小林秀雄　112
コム・アカデミー事件　167
コルシュ　36
近藤忠義　171

さ
斎藤秀三郎　14
堺利彦　21
佐川春水　20
佐々木基一　11
佐々木孝丸　30
志賀多恵子　44
志賀直哉　187
志賀義雄　45
島上善五郎　43
清水幾太郎　110
シャミッソー　54
シュレーゲル　174
ショー　154
新協劇団　135
新築地劇団　132
新村猛　106
杉捷夫　38
杉本栄一　109
杉本良吉　146
杉山平助　115
鈴木和子　186

鈴木安蔵　40
薄田研二　141
スメドレー　178
正則英語学校　13
清和書店　93
世界文化　126
千田是也　134

た
滝沢修　137
武田武志　101
武田麟太郎　122
田中ウタ　33
谷川徹三　89
近松秋江　6
ディケンズ　15
ディルタイ　90
テーヌ　91
寺尾とし　71
寺島一夫　80
土井義信　123
東野英治郎　142
トーマス・マン　64
戸坂潤　51

な
中井正一　10
中尾勝男　50
長田秀雄　175
長塚節　165
中野重治　157
梨木作次郎　125
難波英夫　42
新島繁　70
ニザン　65

は
丹羽文雄　116

ハイネ　2
バイロン　17
ハウプトマン　164
袴田里見　34
長谷川如是閑　84
畑中繁雄　108
八田元夫　31
服部英次郎　107
服部之総　48
羽仁五郎　82
埴谷雄高　120
林達夫　88
林房雄　158
早瀬利雄　100
葉山嘉樹　59
原泉　162
東山千栄子　148
久板栄二郎　161
土方与志　133
平井直　35
平岡昇　39
平沢計七　63
平田勲　62
平野義太郎　169
福田徳三　56
福原麟太郎　9
藤山愛一郎　144
舟木重信　5
ブハーリン　29
ブリュンチエール　91
プレハーノフ　23
プロット　172
プロレタリア科学研究所　68
ブロンテ　16
ペーターゼン　90
ヘルダー　4
北條元一　103
細川ちか子　138

本田喜代治　179
本多謙三　83

ま
真下信一　129
松尾隆　149
松本克平　176
松本重治　189
三木清　52
水野成夫　60
見田石介　93
南喜一　28
ミュンツェンベルク　69
武者小路実篤　121
村山英太郎　177
村山知義　145
メーリング　76
森戸辰男　7
モンテスキュー　57

や
山川均　22
山田盛太郎　168
山西英一　180
山本安英　147
唯物論研究会　95
淀野隆三　66

ら
頼山陽　1
レッシング　3

わ
和田洋一　130
渡辺政之輔　26
ワルツェル　90

治安維持法下に生きて
(未定稿)

高沖陽造

　「二宮ガラス」争議が終結して二, 三カ月経たころ, 東京ガラス労働組合の総会の開催が問題となった。丁度同じ時期に,「評議会」の幹部間では, 将来巨大な産業へと発展する化学的製造産業を対象とした労働組合の設立が論議されていた。論議の結果, 同じように, 一カ月後に総会の開催をひかえている東京ガラスならびに東京ゴムの両労働組合の総会を同時に一緒に開催させ, 両組合を統合して関東化学労働組合へと発展させることを決定した。昭和2年4月協調会館で開催された両組合の総会は結局関東化学労働組合の創立総会となった。そして役員には, 東京ゴム労働組合の委員長南喜一が新組合の委員長となり, 高沖は, 副委員長に選出された。

　今まで述べてきたストライキは, すべて関東化学労働組合になってから手がけたものであるが, 南はこの争議に一度として顔を出したことはなかった。彼はいよいよ活動をはじめだした共産党の仕事で忙しかったのである。

　昭和2年が終わろうとする時に, あるいは年が明けて昭和3年1月ころのことだったのか, はっきりと記憶されていないが, なんにしても丁度その頃東京合同労働組合で時々顔を合わすが特別話をしたことのない豊田という人が組合事務所に突然やってきた。この人は東京帝国大学工学部を中退して社会運動に参加した革命的人物と評されており, わたしにはまたその評判にふさわしい風貌をそなえた人のように思われた。その彼がわたしのそばにくると, 人気のない片隅へとわたしを連れていって, 突然「いま日本に前衛党があるというのを知っているかね？」と問うてきた。彼は共産党とはいわずに前衛党といった。

当時は「マルクス主義」その他の左翼的合法出版物の誌面ではしばしば前衛党という言葉が使われていたが、当局はもちろんはじめからこれが共産党のことであるとにらんでいたことはまちがいない。「君を党員として推薦するので、是非党に加入してもらいたいと伝えるよう中央委員会から委託を受けている」と豊田君は言葉を継いだ。そして「実に話すのが一寸遅れたんで明日からすぐに党の任務についてもらいたいんだ」。江東地区の各キャップと東京地方委員会との連絡と文書の配布である。この文書のなかには、「日本革命の展望」といったような巻頭論文を載せた「赤旗」第一号のほか、「最低賃銀法（ママ）を制定しろ」とか「失業手当をよこせ」とかいったような現実的な要求を記したビラなどもあった。

　この朝九時これらをひとまとめにして既に連絡のしてあった靖国神社境内で、大島という人からうけとった。この人は後に東大新人会の人ではなかったかと思うが、心臓でも悪いのか青ざめた唇をしていた。その後一、二回会ったと思うが、それ以後は顔を見ることはなかった。

　受け取った文書を江東地区の四つの細胞群のキャップにわたすために四つに分割せねばならなかった。ところがこの全部くるめてある文書を江東四人のキャップ宛に適応的に分けて配布するということは骨の折れることであった。まずこの大量の非合法文書をどこで四人宛に分配するか、その場所さがしに苦労した。

　党活動はこの連絡係だけではなかった。わたし自身が属している細胞の独自の活動があった。この細胞のキャップは、大正期に歴史的足尾銅山の争議に参加した稲葉助四郎という老闘士であった。それに属する党員は、渡辺（後の「志賀」）多恵子、早大の独文科学生の水野君、それからわたしであった。そしてわたし自身の役割は先般不幸にも死去した大塚一郎君をして党に入党させ、彼がつとめている「旭ラバー」工場に党の細胞を建設することであったが、中心人物を失った今となっては、その目的を達成することは容易ではなくなった。

　そうこうするうちに治安警察法は治安維持法と変わり、そして前衛

党は非合法ながら共産党と非公然に名のるにいたった。画期的な時期が到来した。そしてこの時期を一層印象深いものにしたのは、いわゆる治安維持法といわばセットで実施した普通総選挙の実施である。この選挙において共産党は、はじめて歴史的舞台の表面に登場すべく、候補者名に日本共産党の名を記載し、党員を動員してたとえば日本共産党公認候補南喜一といったようなビラを何万枚もまかしたのである。一方選挙管理委員会公認のポスターには、労働農民党公認候補者南喜一と記載されていた。この選挙は、不景気の最中に実施され、しかも不景気問題をまっ正面から取り上げる労働農民党が加わったことで世間の関心も高く、演説会場はいつも満員であった。満員の盛況に応えるには弁士の量も質も少なく、低かったのは残念であった。南候補についていた弁士は、労働問題担当のわたしと、政治外交問題担当の福間敏雄(ママ)さんという東大新人会関係の人だけであった。

　ラジオの選挙速報を聞くために、候補者の南をはじめ、関係ある人たちがそこへ集まった。ラジオが実業同志会の党首（武藤山治）と南の票が６千票近く追いつ追われつしているのを報ずると「俺は当選するかも知れんぞ」といった言葉は未だに耳に残っているが、当選しなかったし、はるかに及ばなかった。

　わが国政治史上はじめて労働者と農民とが政治に参加する機会を得た選挙なので、厳しい選挙干渉か弾圧があるものと予想していたが、選挙運動そのものは比較的公平に行われた。

　この見せかけの穏やかさ、公平さの影のなかで、ひそかに練り上げられた弾圧の暴力は、あの公平さの何十倍の力をもって全国的に爆発した。昭和３年３月15日のことである。わたしは、３月15日の５時半ころ組合事務所で逮捕され、一カ月ばかり本所太平署に留置された後、市谷刑務所に収監された。治安警察法だと警察に一カ月も拘留置されていれば、その後は釈放だったが、治安維持法の現在は党員名簿に載っているというだけで起訴の対象になるわけだ。留置所には何十回もはいったが、監獄の独房ははじめてなので空元気は出しているが、

心理的にはショックを受けたことは否定できない。独房に明かりとり窓ともいうべきか，小さな窓があるのを見つけて，そこから外界を覗き見た。外の庭に一本の大きな八重桜の樹があり，四月末ころのことなので，そこからそよ風にゆられてうす赤い花弁があちこちに散りはじめていた。あの八重桜の樹の向こうにある不気味な建物はなんだろう。死刑場のある建物であって，あそこで幸徳秋水なんか命を絶たれたのではないか，なんて愚にもつかぬ想像をしながら入所二日目を過ごしていたひるさがり，右側の板壁がコツ，コツと音を立てだした。誰かが壁をたたいているらしい。「なんですか？」と聞くと，六十がらみの老人の声がかえってきた。「あなたはなんでつかまったんですか？」「共産党関係の人はたくさん，つかまってますね」「ところであなたはなんでここに来てるんですか？」「詐欺罪みたいなもんですよ，詐欺罪になるか，ならんかというとこなんですが，検事がこっちの言うことを聞かんもんだから，検事と喧嘩して，未決にもう三年もいますよ。」「詐欺罪を否認して，三年もですか！」「ところで，食事は美味しくなりましたか？」「麦の半分まじった食事はどうも食べられなくて困っているんですよ」「いや，心配いりません，そのうち，あれが美味しくなって待遠しくなりますよ，そうすると，ここへ何遍でも入りたくなりますよ」

市谷刑務所の建物は明治時代に建てられた頑丈な木造で，壁なども厚い板を合わせたもので，建物全体が関東大震災にもビクともしなかったが，残念ながら壁が原板を合わせたものだったため隣人の声を阻止することはできなかった。そこで先輩から偉大な教訓と予言とを知らされることになった。詐欺罪で三年も頑張ってるのか，共産党では治安維持法に対して何倍も耐えねばならんだろうなあ。そして彼がそれとなく言った予言はまったく適中し，食事は美味しくなったし，そして治安維持法で何べんかとっつかまった。詐欺という悪をやりながら僕にとってはここでの生き方を教えるという善を行う，まるでメフィストのような老犯罪者の予言だが，その予言もいわゆる犯罪

（？）については当てはまらなかった。上から横からみんな自白していて犯行（？）をひとり否定することは不可能であったからだ。ところが犯行との関連で生じたより厳しい「転向」問題において、あの老犯罪者が提起したいつまで耐えられるかという試練に直面することとなった。

　もちろん「転向」問題の内容を完成するまでには、それの執筆者あるいは執筆者グループは深刻な心情的、思想的苦悩やイデオロギー的重圧感を体験しつづけたであろう。そして「転向内容」を考えつめ転向思考の頂点を極めたと感じた時彼らは、心の圧迫、思想的束縛から完全に解放されたであろう。

　転向問題が表面化すると、その発案者がおそらく想像もしていない、また体験もしていない極度の心理的ショックが、囚われている全思想犯の心情を襲いゆるがしたであろうことはいうまでもない。

　しかし発案者たちは、自分たちの思想的な転換を拘置所内で宣伝するようなことはしなかった。もしそうでなければ、南喜一などはまず最初にわたしのところに来るはずだったが来なかったからである。

　新思想への転向のすすめは、逮捕、釈放の権限をもっている検事によってもっぱら行われた。転向問題が発生してから半年も経過したころ、わたしは岡五朗検事から取調べ室に呼び出された。検事調べは既に終わっているのになんの調べかと思いながら、検事の前の椅子に腰かけた。両者の間のテーブルの上には、上申書らしい謄写ものが半開きにおいてあった。検事はそれをとり上げながら、「これはある中央委員からのものだが、興味あることが書かれているので読んでみないか」と言った。「ぼくは労働者上がりなので理論的なものはよく解らない、解らないものには興味はない」と答えたが、検事はこの答えにはなんの反応も示さずに出て行き、三、四十分してからもどってきて、「読んだか」と聞いて「読まなかった」と答えると、あっけにとられたような顔つきをして、「そんなら、はいっとれ」といった。

　転向問題が当時一つの思潮としてインテリのある層をとらえたのは、

外部的な政治的圧力が起因していることは否定されない。昭和3年3月15日に共産党員を大量検挙した時の治安維持法の最高刑期は、十年であった。それが3・15の検挙後その勢力の拡大化傾向に驚いた政府は、いわば双葉のうちにその勢力を押しつぶすため、治安維持法の最高刑期を緊急勅令によって死刑もしくは無期懲役へと強化した。そしてこの時点で転向問題が表面化し、時代の思想的問題となったが、それと同時に治安維持法の効果は法律的限界を超えて政治、文化全般に及んだことである。

　治安維持法がかくも強力な魔力を発揮できたのは、他の法律には見られない転向上申書の趣旨に無条件に賛同するなら、即刻保釈を認めるという免罪権をもっていたことである。この経緯を知ったのは後のことで、その前に上記の賛同者たちなのか、ぞくぞくと、保釈出所する人が出ていった。わたしは、今時保釈出所する連中は、わたしより地位の下のものたちだろうと想像して保釈願も出さないままいるうちやがて二年半近くたった。もうそろそろ自分の番が来てもよい頃だと考えて、裁判所に保釈願を提出した。

　一週間くらいして、夜9時ころ何番とぼくの拘置所番号を呼ぶ声がして、看守が現れて爪印を押させてから書類を寄越した。それが夜もすでに10時を過ぎて寝ている時分。もし保釈を許すというのであれば、興奮して今夜眠れないといけないと思って、封を開けないまま枕元に置いて寝た。朝になってなにほどかの期待感をもって開けてみたら、「なお拘留の原因未だ消滅せざるを以って、保釈の請求はこれを却下す」とあった。夜読んで興奮しないように思ったんだけど、朝読んで興奮しちゃった。こん畜生何時まで留めておくつもりなんだと。あの詐欺老人の教訓を忘れちまってすごく興奮した。癪にさわったので、それからたてつづけに二回程保釈願を出してみたところ、同じで文面の「却下する」というのがかえってきた。暫くの間はあきらめていたが、もう三年も過ぎたし、検事の調べはとっくに終わっていて、宮城実という人が裁判長にきまったということを聞いて、また保釈願を出

してみた。今度は一週間たち十日経っても返事が来ないんだ。そこで看守を呼んで保釈願は裁判所に届いているのかどうか調べてくれと言った。暫くたって看守は「たしかに届いている、なんなら裁判長に面会して聞いてみたらどうですか」言うんで、そうだと思って宮城裁判長あてに面会を申し込んだ。

　裁判長は会ってくれたので、わたしは何日か前に保釈の請求を出しているが、今日までのところなんの回答もない、何故保釈を認めないのかと聞いた。裁判長は「裁判所は認める方針なのだが、検事がうんといわないのだ、ぼくに会うより、君、検事に会ったらどうか、君がそのつもりなら、そのことを検事に伝えておくよ」と言った。わたしは会って検事から事情を聴きたいと答えた。それから一週間ばかりして平田勲という思想検事がやってきた。今は特捜部というのが検事局の花形だが、当時における検事局の花形は「思想」検事であった。思想検事というのは、その後暫くして後には東大教授なども検挙しているので、彼らはたんに「治安維持法」という法律知識だけではスムーズに取調べが進まないと考えたが、彼は世界情勢、文化の変遷、マルクス主義はもちろんその他の思想の傾向についても、彼らなりに一応の認識と教養をそなえていた。平田検事もストレートに共産党や保釈問題に言及せず、文化問題や世界情勢などから話を進めた。そのなかには歌舞伎なども話題になったのを覚えている。雑談が二十分くらいもたったころ、なんとなく話が未来の問題に向いてきたころ、検事は突然つぎのようなことを言った。「検事の職務にとっては過去がどうだったとか、未来がどうなるかということは問題ではない。われわれにとっての問題は、現在の秩序の治安を保持することです。ところで、保釈ですが、保釈を許すには、二つの条件があるんです。一つは証拠湮滅の恐れのないこと、二つ目は逃亡の危険のないこと」。
〔草稿はここで途切れている〕

高沖陽造略年譜

年月日	齢	事項
1906年4月25日 (明治39)	0	広島県御調郡西野村字頼兼(本籍・広島県豊田郡大草村大字大草1141番地の2)にて,岡本麟造を父として生まれる。生家は農家。米穀商をも営んだが,父は米相場に失敗し,産の殆んどを失ない,借財のみが残された。陽造は母方の姓を継ぎ高沖姓を名のることとなった。幼少時より貧窮の中で育ち,親類縁者を頼って転々とたらい回しの生活を余儀なくされ,このため尋常小学校も数校転校を重ねるといった学童生活を送るに至った。上級(中学校)への進学を断念して高等小学校へと進んだが,1年程で退学することとなった。
1923年 (大正12)	17	学究を志して上京。検定試験(中検)による上級学校への進学を試みる。
1924年春 (大正13)	18	神田の正則英語学校(現・正則学園高校)に学び,旧制中学校入学を志す。だが,同校も経済的理由等により2年程度での退学を余儀なくされた。 この頃,社会矛盾を痛感しつつ,社会主義思想の影響を受け,実践運動への途を志す。 因に,正則英語学校出身で,プロレタリア文化運動へと進んだ者には,内山賢次,関根悦郎らがいる。
1925年 (大正14)	19	全日本無産青年同盟(本部:東京市小石川区諏訪町=現・東京都新宿区)に加入。下町,浅野セメントの争議応援等で実践活動に従事。青年同盟の活動を通じ森平鋭らを識る。
1927年1月 (昭和2)	21	非合法下の日本共産党活動に接近。組合の争議活動に関係し,官憲に検挙・拘留さる。釈放後,二宮ガラスの争議にも関係し,争議を指導。オルグ活動に努める。
1928年 (昭和3) 2月頃	22	前年から下町の旭ラバー工場(東京府南葛飾郡寺島町大字寺島=現・墨田区)の労働者組織に働きかける。 旭ラバー工場細胞準備委員会の非合法構成メンバーの一人として活躍。同活動を通じて,志賀多恵子,小田茂,稲葉助四郎,水野成夫らを知る。

2月中旬		平井（豊田）直の勧めに応じて日本共産党に入党。同時に関東化学労働組合常任委員，教育出版部長，組織部長を兼任して活動。
		この頃，本所区横川町に居住（現在の墨田区横川）。
3月上旬		丹野セツ，森平鋭らと東京・三田土護謨工場の労働者オルグを狙い，関東地方委員会芝地区所属のキャップとして活動。
		同工場労働組織化のため細胞準備委員会を組織。
		オルグ活動の中，非合法下の党レポーターの役割をも担う。
3月15日		共産党への全国規模の大弾圧事件「三・一五事件」に連座し，治安維持法違反の嫌疑で特高警察に検挙投獄さる。
		（注）1932（昭和7）年10月29日，東京地裁第2刑事部にて治安維持法違反で懲役3年（未決勾留日数200日算入）の刑に処せられた。
		獄中でドイツ語を独学で習得（後，フランス語も習得）。
1931年 （昭和6）	25	出獄後，実践運動から離れる。
		舟木重信，大塚金之助に師事。両氏を人生の師と終生仰ぐ。
		ドイツを初めとするヨーロッパ文芸思想史の研究を始める。プロレタリア科学研究所に加わり，その第1部世界情勢研究会に所属して研究活動に従う。同会を通じ，小倉金之助の弟子・小椋広勝，寺島一夫らと交流。
1933年秋頃 （昭和8）	27	戸坂潤の勧めで「唯物論研究会」（唯研）に参加。同会を通じ数々の文芸思想史研究の労作を発表。
11月		「啓蒙としてのレッシング——彼の業績と世界観」を機関誌『唯物論研究』第13号に発表。
1934年12月 （昭和9）	28	大竹博吉のナウカ社刊行の『季刊・理論第一輯——リアリズム研究』に「リアリズムと芸術形式の問題」を寄稿。
1935年春頃 （昭和10）	29	京都の中井正一らの『世界文化』に関係する。専ら寄稿で同誌に協力する。
7月		「ニイチェ及びベルグソン的思惟と近代思想」（第6号）を同誌に発表。
12月		「アンドレ・ジイドの道」を『唯物論研究』第38号に発表。
1936年6月 （昭和11）	30	『世界文化』誌上に著書『文芸思想史』（三笠書房）の一部を寄稿——「文学とデモクラシー」

7月		「自然主義の社会的性格」(第19, 20号)
7月		「『意識』の問題私見」(『唯物論研究』第45号)
8月		「帝国主義における文芸の一素描」(『唯物論研究』第46号)
9月		『世界文化』誌上に「自然主義の崩壊」(第21号) を発表。
10月		新築地劇団に加わり，同劇団文芸顧問となる。ここでの講義を『中央公論』誌上に発表する。後に『戯曲論』として出版 (1941年)。 中央公論で後の「横浜事件」で当局に検挙される畑中繁雄，木村亨らを知る。
1937年1月 (昭和12)	31	「ナチスの文芸学」を『唯物論研究』第51号に発表。
1938年6月 (昭和13)	32	「ナチスのレッシング論」を『唯物論研究』を改題した『学芸』第68号に発表。唯物論研究会はこの頃，2月の人民戦線グループへの弾圧が行なわれた結果，対応を迫られていた。「唯研」は来るべき特高の弾圧を避けて学芸発行所と表向きの組織変更を行ない，"唯物論"の看板を下ろし合法的文化団体の最後の砦を死守しようと試みていた。
7月		「ナチスのレッシング論(2)」を『学芸』第69号に発表。
1940年1月24日 (昭和15)	34	一連の唯研に関わる文筆・研究活動が治安維持法違反の罪に問われ「唯研事件・第2次検挙事件」で検挙・拘留さる (起訴猶予処分で釈放，11月)。
1945年 春ごろ (昭和20)	39	憲兵隊に逮捕さる。岸田継之助の出征送別会で戦争批判をしたことを憲兵隊に密告された結果であった (執行猶予処分となる)。
1946年1月12日 (昭和21)	40	民主主義科学者協会 (「民科」) 設立に参加。 芸術部会で活動。同部会は後に世界文学会に発展的解消を遂げるに至り，戦後活動は専ら同会を通じて行なわれ，同会機関誌等に数多くの労作を発表。特に，悲劇，喜劇の理論的解明に尽力した。
1999年10月15日 (平成11)	93	93歳で死去。

高沖陽造年譜関連年表

年月日	日本・世界の動向（概観）（政治・社会・文化）
1906年2月24日	日本社会党結成（07年2月22日結社禁止）
(明治39) 3月15日	堺利彦ら『社会主義研究』を創刊
1910年5月25日	「大逆事件」の検挙開始さる（11年1月18日24名に死刑判決下る（内12名を無期に減刑）
(明治43) 8月22日	韓国を日本に併合
1911年8月21日	警視庁，特別高等課設置（帝都の思想取締強化）
(明治44) 9月1日	『青鞜』（平塚らいてうら）創刊
10月10日	辛亥革命始まる
1912年7月30日	明治天皇死去（大正と改元）
(明治45) 8月1日	鈴木文治ら友愛会（日本労働総同盟の前身）結成
10月1日	大阪府警察部に特高課設置さる
11月24日	第2インター，バーゼル大会（～11/25）
12月19日	第一次憲政擁護運動起こる
1914年1月23日	「シーメンス事件」
(大正3) 6月28日	サラエボ事件
7月28日	第一次世界大戦始まる
8月23日	日本，ドイツに宣戦布告
9月9日	片山潜，米国へ亡命
1917年3月12日	ロシア2月革命
(大正6) 4月6日	ドイツ，独立社会民主党創立大会（～4/8）
11月7日	ロシア社会主義革命（十月革命）
1918年7月23日	米騒動起こる（～9/17）
(大正7) 8月2日	シベリア出兵
9月29日	原敬内閣成立
11月9日	ドイツ革命起こる
11月11日	第一次世界大戦終わる
1919年1月18日	パリ講和会議開催（～6/28）
(大正8) 2月9日	大原社会問題研究所創立総会
2月21日	早大，民人同盟会結成
3月1日	「三・一運動，万歳事件」（朝鮮）
3月2日	コミンテルン創立大会（於・モスクワ～3/6）

5月4日	「五・四運動」(北京)
6月28日	ベルサイユ講和条約調印
1920年1月10日	国際連盟発足
(大正9) 1月10日	東京帝大森戸辰男助教授筆禍事件
3月	戦後恐慌始まる
5月2日	日本最初のメーデー(上野公園)
12月9日	日本社会主義同盟創立(21年5月28日解散命令)
1921年1月21日	イタリア共産党結成
3月8日	レーニンの新経済政策(ネップ)案採決
7月1日	中国共産党創立大会(毛沢東ら)
7月3日	赤色労働組合インターナショナル(プロフィンテルン)創立大会(〜7/19)
1922年1月21日	極東民族会議(モスクワ)に片山潜ら出席
3月3日	全国水平社創立大会(於・京都)
3月24日	過激社会運動取締法案修正可決(衆院審議未了)
4月9日	日本農民組合創立(於・神戸)
7月15日	日本共産党結成(非合法下,11月コミンテルン第4回大会で日本支部として承認さる)
10月31日	イタリア,ファシスト政権成立
12月30日	ソ連邦成立
1923年4月	『赤旗』創刊さる
(大正12) 4月5日	日本共産青年同盟結成(川合義虎ら)
6月5日	第一次共産党事件(堺利彦ら検挙さる)
9月1日	関東大地震起こる
9月2日	朝鮮人・中国人への迫害虐殺広がる
9月4日	亀戸事件(川合義虎,平沢計七ら軍隊に殺害さる)
9月7日	緊急勅令,治安維持の為にする罰則に関する件公布さる
9月16日	甘粕事件(大杉栄,伊藤野枝ら扼殺さる)
12月27日	難波大助「虎ノ門事件」発生
1924年1月10日	第2次護憲運動発足
(大正13) 1月15日	中央教化団体連合会が当局の援助で発足
1月20日	第1次国共合作成立
1月21日	レーニン死去
4月27日	日本フェビアン協会設立(安部磯雄ら)
5月1日	『マルクス主義』(西雅雄ら)創刊
6月10日	東京帝大セツルメント開設(於・本所柳島)
6月13日	築地小劇場開場(小山内薫ら)
6月17日	コミンテルン第5回世界大会(於・モスクワ)
6月	『文藝戦線』創刊(小牧近江ら)

1925年	2月11日	治安維持法など三悪法反対運動が盛んに起こる
(大正14)	4月22日	治安維持法公布
	5月5日	普通選挙法公布（男子）
	5月24日	日本労働組合評議会結成
	9月20日	『無産者新聞』創刊（～29年8月）
	12月1日	農民労働党結成（即日禁止）
	12月1日	京都学連事件（～26年4月22日）発生
	12月6日	日本プロレタリア文芸連盟（プロ連），トランク劇場（同演劇部）結成
1926年	1月19日	共同印刷大争議発生
(大正15)	3月5日	労働農民党結成
	4月9日	治安警察法改正公布
	7月9日	北伐開始（蒋介石）
	10月23日	ソ連共産党中央委，政治局よりトロツキー追放
	12月4日	日本共産党第3回大会（再建，於・山形五色温泉）
	12月5日	社会民衆党結成（安部磯雄ら）
	12月9日	日本労農党結成
(昭和1)	12月25日	大正天皇死去（昭和と改元）
		※この年「円本ブーム」。福本イズム風靡（インテリ間）
1927年	3月	「金融恐慌」始まる
(昭和2)	5月28日	第一次山東出兵
	6月9日	「プロ連」改称の日本プロレタリア芸術連盟が分裂
	6月11日	前衛座が分裂（後，佐々木孝丸ら前衛劇場，佐野碩らプロレタリア劇場を結成）
	6月19日	労農芸術家連盟（労芸）創立
	7月15日	コミンテルン日本問題特別委員会「27年テーゼ」採択
	7月24日	芥川龍之介自殺
	11月	北海道集産党事件
	12月6日	『労農』創刊（山川均ら）
1928年	2月1日	日本共産党中央機関紙『赤旗』創刊
(昭和3)	2月20日	最初の普通選挙
	3月15日	「三・一五事件」発生。共産党検挙事件で488人起訴（第2次共産党事件）
	3月25日	全日本無産者芸術連盟（ナップ）結成
	4月7日	解放運動犠牲者救援会結成
	4月10日	労農党，日本労働組合評議会，全日本無産青年同盟に解散命令下る
	4月17日	東京帝大，新人会に解散命令。以後，各帝大の社研に解散命令が下る

高沖陽造年譜関連年表

	6月4日	張作霖爆殺事件
	6月29日	緊急勅令,治安維持法改正公布(死刑,無期刑追加,即日施行)
	7月1日	内務省警保局保安課拡充さる
	7月3日	全国警察に特高課設置(特高警察網が完成する)
	7月22日	無産大衆党結成
	7月24日	司法省,思想係検事を設置
	10月	国際文化研究所設立(秋田雨雀ら)
	10月1日	ソ連「第一次五カ年計画」開始
	10月30日	文部省,学生課設置(思想問題対策)
	12月20日	日本大衆党結成(高野岩三郎ら)
	12月25日	小山内薫死去
	12月25日	日本労働組合全国協議会(全協)結成
1929年	1月17日	労農大衆党結成(水谷長三郎ら)
(昭和4)	2月2日	日本プロレタリア映画同盟(プロキノ)結成
	2月4日	日本プロレタリア劇場同盟(プロット)結成
	2月9日	日本プロレタリア作家同盟(ナルプ)結成
	3月	大卒者の就職難深刻化する
	3月5日	山本宣治刺殺事件
	3月25日	築地小劇場分裂(残留組は30年8月劇団築地小劇場と改称)
	4月5日	新築地劇団結成(土方与志,丸山定夫ら)
	4月16日	「四・一六」共産党員全国的大検挙事件(339名起訴さる,第3次共産党事件)
	6月5日	産業労働調査所機関誌『産業労働時報』創刊
	9月	国際文化研究所解散
	9月30日	共産党解党派除名さる
	10月	新興劇団協議会結成
	10月13日	プロレタリア研究所(プロ科)創立(11月機関誌『プロレタリア科学』創刊,34年2月廃刊)
	10月24日	アメリカ「暗黒の木曜日」ニューヨーク株式大暴落(世界恐慌が始まる)
	11月1日	新労農党結成(大山郁夫ら)
	12月16日	憲兵司令部思想研究班編成さる(軍隊思想統制一層強化さる)
1930年	1月21日	ロンドン海軍軍縮会議開催(4/22条約調印)
(昭和5)	2月26日	共産党全国的大検挙(〜7月)(461名起訴さる,武装共産党事件,第4次共産党事件)
	4月25日	「統帥権干犯」問題起こる

	4月28日	プロレタリア演芸団結成
	5月1日	武装メーデー事件（川崎）
	5月20日	「共産党シンパ事件」で山田盛太郎，平野義太郎，三木清ら学者が検挙さる
	6月1日	『プロレタリア演劇』創刊（30年10月廃刊）
	6月10日	ドイツ版『マルクス主義の旗の下に』創刊
	7月	日本プロレタリア・エスペラント協会結成
	7月20日	全国大衆党結成（麻生久ら）
	8月19日	新興教育研究所結成（9月『新興教育』創刊）
	9月	ロシア版『マルクス主義の旗の下に』（プロ科訳編）創刊
	9月3日	『ナップ』創刊（31年11月終刊）
	10月27日	霧社事件（台湾）
1931年	1月18日	「日本プロレタリア・エスペランチスト同盟」（ポエウ）結成
（昭和6）	3月	「3月事件」軍部クーデター事件発覚（橋本欣五郎，大川周明ら）
	4月	新築地劇団，プロットに加入
	4月7日	反宗教闘争同盟準備会結成（9月20日，日本戦闘的無神論者同盟と改称）
	4月9日	プロキノへの当局弾圧（29名検挙）
	5月22日	前進座結成（河原崎長十郎ら）
	6月25日	「三・一五」「四・一六」統一公判始まる
	6月27日	第一次「ソヴェート友の会」結成（秋田雨雀ら，32年5月，日ソ文化協会に改称）
	6月28日	大日本生産党結成（右翼・内田良平ら）
	7月1日	文部省学生思想問題調査委員会を設置
	9月7日	日本国家社会主義研究所設立（大川周明ら）
	9月18日	「満州事変」勃発
	10月17日	軍部による「十月事件（錦旗革命事件）」起こる
	10月27日	学生右翼組織「愛国学生連盟」結成
	11月12日	ナップ解散
	11月27日	日本プロレタリア文化連盟（コップ）結成（12月5日，『プロレタリア文化』創刊，34年5月廃刊）
	11月27日	中華ソビエト共和国臨時政府樹立（瑞金政府，毛沢東）
	12月13日	金輸出再禁止決定（犬養内閣）
	12月30日	戦旗社　解体声明書発表
		※この年，中等学校以上の学生の「左傾思想事件」が頂点に達する（学生処分，991名）
1932年（昭和7）	1月	日本プロレタリア作家同盟機関誌『プロレタリア文学』創刊（〜33年10月）

1月8日	「桜田門事件」(李奉昌)
1月28日	第一次上海事変
2月9日	血盟団事件
3月1日	満州国建国宣言
3月2日	『赤旗』活版印刷化さる 『第二無産者新聞』廃刊
3月24日	当局によるコップ大弾圧始まる(～6月末)(400名検挙)
5月1日	『歴史科学』創刊(～36年12月)
5月10日	『プロキノ』創刊(32年8月終刊, 32年10月再刊)
5月15日	「五・一五事件」(軍部急進派による初クーデター事件)
5月20日	『日本資本主義発達史講座』刊行開始(～33年8月)
6月29日	警視庁特高課, 特高部に昇格(特高が大拡充さる)
7月14日	労農文学同盟結成
7月10日	「32年テーゼ」, 『赤旗』に発表
7月24日	社会大衆党結成(社民主義者ら)
7月31日	ドイツ, ナチス第1党となる
8月23日	国民精神文化研究所(文部省)設置
10月6日	特高とスパイMによる「大森川崎第百銀行ギャング事件」発生
10月23日	唯物論研究会創立(岡邦雄, 戸坂潤, 永田広志ら)
10月30日	熱海共産党検挙事件
11月	『唯物論研究』創刊(～38年4月『学芸』に改題)
11月	国際革命演劇同盟(モルト)結成
11月3日	岩田義道, 特高に虐殺さる
11月12日	司法部赤化事件
12月13日	国防婦人会(大阪, 3月)が軍指導で大日本国防婦人会に発展
1933年1月3日 (昭和8)	プロレタリア科学同盟結成
1月30日	ヒトラー, ドイツ首相に就任
2月	「全協」関係者に対する検挙続く
2月4日	長野県教員赤化事件(「二・四事件」)
2月20日	小林多喜二, 築地署で特高に虐殺さる(3月15日, 労農葬)
3月9日	ニューディール諸法可決さる(米特別議会)
3月27日	日本, 国際連盟脱退
4月	『コップ』創刊(中央機関紙)
4月22日	「滝川事件」(京都帝大)
6月7日	佐野学, 鍋山貞親, 獄中から「転向」を声明(～7月末, 転向者550名に達する)

	7月10日	学芸自由同盟結成（長谷川如是閑，三木清ら）
	7月10日	神兵隊事件が発覚
	7月25日	「極東平和友の会」結成（江口渙ら）
	9月13日	日本労農弁護士団検挙事件
	9月30日	極東反ファシズム大会（上海）
	12月23日	「共産党スパイ査問事件」
1934年	1月15日	警視庁「スパイ査問事件」をリンチ事件として発表
(昭和9)	2月19日	野呂栄太郎，特高による虐待死
	2月22日	作家同盟解体を決議
	3月1日	満州国，帝政実施
	3月10日	大日本国家社会党結成（石川準十郎ら）
	4月	コップ解体
	4月18日	帝人事件
	5月2日	出版法改正公布
	6月1日	文部省，思想局設置
	6月21日	「プロット」解散
	7月	司法省『思想月報』を刊行
	7月5日	「ソヴェート友の会」解散
	8月	戸坂潤，法政大講師を免職となる（思想不穏の理由）
	9月21日	新協劇団結成（村山知義ら）
	10月1日	陸軍省「国防の本義とその強化の提唱」を発行（国防国家建設主張）
	10月15日	中国紅軍，長征開始
	11月20日	皇道派青年将校らの「士官学校事件」発覚
	12月1日	キーロフ（ソ連議長）暗殺（粛清がソ連で始まる）
	12月21日	日本新劇倶楽部結成
		※この年，東北地方で大凶作（秋から冬にかけて欠食児童や娘の身売りが続出する。）昭和維新がファシズムの風潮の下，盛んに提唱さる
1935年	2月1日	『世界文化』創刊（中井正一ら，〜37年10月）
(昭和10)	2月18日	「天皇機関説事件」（貴族院）
	2月20日	『赤旗』停刊（185号）
	3月4日	共産党中央委壊滅（袴田里見検挙）
	5月1日	戦前最後のメーデー（第16回）
	5月10日	『唯物論全書』（第1次）刊行
	6月28日	フランス，人民戦線結成さる
	7月25日	コミンテルン，第7回大会開催（〜8月20日，人民戦線戦術採用）
	8月3日	政府国体明徴を声明

	8月12日	相沢事件発生（永田鉄山斬殺さる）
	11月8日	大日本映画協会設立（映画国家統制）
	12月8日	皇道大本教検挙事件（第2次、新興宗教への弾圧開始）
1936年 (昭和11)	1月12日	共産党大阪地方組織への弾圧
	1月15日	全日本労働総同盟結成（松岡駒吉ら）
	2月26日	皇道派青年将校による「二・二六事件」
	2月27日	東京市に戒厳令を布告
	4月18日	国号を「大日本帝国」に統一と発表（外務省）
	5月	『学生評論』創刊（京都帝大生ら、～37年6月）
	5月28日	思想犯保護観察法公布
	6月15日	不穏文書臨時取締法公布
	7月	『土曜日』創刊（中井正一ら）
	7月10日	「コム・アカデミー事件」（講座派への弾圧）
	7月17日	スペイン内乱始まる
	9月25日	帝国在郷軍人会令公布
	9月28日	「ひとのみち教団弾圧事件」（大阪府特高）
	11月25日	日独防共協定成立
	12月5日	「共産党中央再建準備委員会検挙事件」発生
	12月12日	西安事件
1937年 (昭和12)	3月	中井正一ら「京都映画クラブ」結成
	5月31日	文部省『国体の本義』を全国配布
	6月4日	第一次近衛内閣成立
	7月7日	「盧溝橋事件」（日中全面戦争突入）
	7月	「新劇愛好会」結成
	8月12日	「同志社事件」（田畑忍ら解職）
	8月13日	第2次上海事変
	8月21日	関東軍指導で満州映画協会設立
	9月23日	第2次国共合作成立
	10月25日	企画院設置
	10月	新興仏青同盟事件
	11月8日	『世界文化』グループ検挙事件
	12月5日	日本共産主義者団結成
	12月13日	南京占領（日本軍による大虐殺事件発生）
	12月15日	「第一次人民戦線事件」（労農派、山川均ら検挙）
	12月	内務省、警保局、「人民戦線派」の執筆自粛を出版業社に通告
1938年 (昭和13)	1月3日	岡田嘉子、杉本良吉、ソ連に亡命
	2月1日	「第2次人民戦線事件」（労農派教授グループ検挙）
	2月3日	東大セツルメント解散
	2月6日	大日本農民組合結成（全農右派）

	2月13日	唯物論研究会,解散声明(4月学芸発行所として『学芸』創刊)
	2月15日	警視庁による「サボ学生狩り」(3日間で3486人検挙)
	3月	内務省警保局,岡邦雄,戸坂潤,中野重治らの原稿掲載見合わせを内示
	3月	日本新劇クラブ解散
	4月1日	国家総動員法公布
	6月9日	勤労動員始まる(「集団的勤労作業運動実施に関する件」を文部省が通牒)
	7月11日	張鼓峰事件
	9月13日	日本共産主義者団検挙
	9月29日	ミュンヘン協定(30日調印)
	10月27日	仏,人民戦線崩壊
	10月27日	日本軍,武漢三鎮占領
	11月21日	天理本道教団弾圧事件
	11月29日	「唯研事件(第一次)」検挙事件(第2次,第3次と全国検挙が続く)
1939年1月5日		平沼騏一郎(右翼団体・国本社首領)内閣成立
(昭和14)	3月28日	国民精神総動員委員会設置
	4月5日	映画法公布(映画・ニュース統制)
	4月8日	宗教団体法公布
	4月12日	米穀配給統制法公布
	5月11日	「ノモンハン事件」起こる(満蒙国境)
	6月16日	国民精神総動員委員会がネオン全廃,学生長髪禁止,女性のパーマネント廃止等の生活刷新を決定
	6月21日	日本燈台社検挙事件
	7月8日	国民徴用令公布
	8月23日	独ソ不可侵条約調印
	9月1日	初の「興亜奉公日」実施 第2次世界大戦開始
	12月26日	朝鮮人氏名を日本式に改名させる(創氏改名)
1940年2月2日		民政党・斎藤隆夫,衆院で軍部批判(「反軍演説事件」3月衆院で除名決議下る)
(昭和15)	2月6日	山形県で生活綴方関係に対して検挙事件発生
	3月	不敬に当る「芸名」・外国風カタカナ芸名の改名を通達(内務省)
	6月10日	イタリア,イギリス・フランスに宣戦を布告
	6月14日	ドイツ軍,フランス・パリ無血入城
	7月6日	奢侈品等製造販売制限規則公布

高沖陽造年譜関連年表

	8月15日	民政党解党（全政党解党）
	8月19日	新協・新築地両劇団関係者一斉検挙事件（村山知義，千田是也外100名余，8月23日劇団解散）
	9月27日	日独伊三国同盟締結
	10月12日	大政翼賛会結成（総裁・近衛文麿）
	11月1日	築地小劇場が戦時統制で国民新劇場に改称
	11月10日	「紀元2600年祝典」（5日間）
	11月23日	大日本産業報国会結成
	12月	北方教育，「生活学校」関係者への引続く検挙（教員300名余検挙さる）
		＊この年，労働組合組織率0.1％。一層の統制強化。「新体制」「大政翼賛」「ぜいたくは敵だ」「八紘一宇」「バスに乗りおくれるな」等の時局流行語が広がる。
1941年	1月7日	皖南事件（国共分裂）
(昭和16)	1月	企画院事件（〜4月）
	3月7日	国防保安法公布
	3月10日	治安維持法全面改正公布（予防拘禁制追加）
	4月1日	尋常小学校，国民学校と改称
	4月1日	生活必需物資統制令公布
	4月13日	日ソ中立条約調印
	5月15日	予防拘禁制実施
	6月9日	当局監督下で日本移動演劇連盟結成
	6月22日	独ソ戦開始
	9月4日	翼賛壮年団結成
	10月15日	「ゾルゲ事件」検挙始まる
	10月18日	東条英機内閣成立
	12月1日	御前会議，開戦を全員一致決定
	12月8日	太平洋戦争突入
	12月9日	左翼関係者の全国的検挙・拘留始まる
	12月19日	戦時犯罪処罰特例法公布／言論・出版・集会・結社等臨時取締法公布
		※太平洋戦争突入後，朝鮮で朝鮮人キリスト教徒の神社参拝反対で2000余人が投獄さる。
1942年	1月16日	大日本翼賛壮年団結成（ナチス親衛隊の日本版）
(昭和17)	2月2日	大日本婦人会発足
	2月18日	三木清，清水幾太郎ら陸軍宣伝班員となり南方に赴く（〜12月）
	2月23日	翼賛政治体制協議会成立（会長・阿部信行）
	3月21日	日本出版文化協会発足

4月2日	興亜宗教同盟結成（神仏基回の宗教団体，保守派）
4月30日	翼賛選挙（第21回）
5月20日	翼賛政治会結成（戦時一国一党制完成）
5月26日	日本文学報国会結成
6月5日	ミッドウェー海戦始まる（日本軍大損害）
6月26日	「きよめ教会」「聖教会」教職者検挙
6月29日	「上海反戦グループ」検挙（中西功ら）
8月8日	第一次ソロモン海戦（2次，8月24日・3次，11月14日）
9月14日	「横浜事件」検挙始まる
9月21日	満鉄調査部事件（第1次，第2次43年6月）
11月19日	ソ連軍，スターリングラードで大反撃開始
12月23日	大日本言論報国会設立総会
1943年1月13日 (昭和18)	内務省・情報局，ジャズ等米英楽曲約1000種の演奏禁止
2月1日	日本軍，ガダルカナル島撤退開始
3月	野球用語の日本語化決定
3月13日	戦時刑事特別法改正公布
3月	大阪商科大学事件（～12月，上林貞治郎ら）
5月15日	コミンテルン解散決議
5月26日	「泊」グループ関係者検挙（横浜事件，共産党再建関係）
5月29日	アッツ島の日本軍玉砕
7月	創価教育学会弾圧事件
9月8日	イタリア，無条件降伏
10月21日	出陣学徒の壮行会（神宮外苑）
11月5日	大東亜会議開催
11月27日	カイロ宣言
12月10日	学童縁故疎開を促進（文部省）
1944年1月7日 (昭和19)	インパール作戦認可（大本営）
2月10日	俳優座結成（青山杉作ら）
6月6日	連合軍，ノルマンジー上陸
6月13日	民間教育運動壊滅（城戸幡太郎検挙事件）
6月15日	アメリカ軍，サイパン上陸（日本軍玉砕）
6月19日	マリアナ沖海戦（日本軍惨敗）
7月10日	情報局，中央公論社，改造社に自発的廃業を通達（月末解散）
8月23日	女子挺身勤労令公布
8月4日	一億国民総武装を決定（政府）
8月25日	連合軍，パリ入城（解放）
10月24日	レイテ沖海戦（日本海軍連合艦隊壊滅）
10月25日	海軍「神風特攻隊」をレイテ沖戦で実施

1945年2月4日		「ヤルタ会談」開催
(昭和20)	3月6日	国民勤労動員令公布
	3月9日	B29,「東京大空襲」(江東地区全滅)
	3月28日	三木清検挙
	4月1日	アメリカ軍, 沖縄本島上陸開始
	4月28日	ムソリーニ銃殺
	4月30日	ヒトラー自殺
	5月7日	ドイツ軍, 無条件降伏
	6月8日	御前会議, 本土決戦方針採決
	6月30日	「花岡鉱山事件」起こる(秋田)
	7月26日	ポツダム宣言発表
	8月6日	広島原爆投下, 移動演劇隊桜隊, 丸山定夫ら9名死去
	8月8日	ソ連, 対日宣戦布告
	8月9日	戸坂潤, 長野刑務所で獄死
	8月15日	日本敗戦(無条件降伏)第2次大戦終る
	9月22日	GHQ, 指令第3号交付「降伏後における米国の初期の対日方針」
	9月26日	三木清獄死
	10月4日	治安維持法廃止の指令
	10月6日	特高警察廃止
	10月10日	思想犯約500名釈放さる
	10月15日	治安維持法, 思想犯保護観察法など廃止。特高警察官罷免。
	10月20日	『赤旗』の再刊第1号
	10月23日	第一次読売争議(12月11日妥結)
	10月24日	国際連合発足
	11月2日	日本社会党結成
	11月6日	財閥解体
	12月1日	共産党第4回大会
	12月8日	戦争犯罪人追及人民大会(共産党等)
	12月13日	東京芸術劇場(東芸)結成(久保栄ら)
	12月22日	労働組合法公布
	12月29日	第1次農地改革(46年10月, 第2次)
	12月30日	新日本文学会結成
1946年1月		『近代文学』創刊
(昭和21)	1月1日	天皇人間宣言
	1月4日	GHQ, 軍国主義者等公職追放
	1月12日	民主主義科学者協会(民科)創立大会
	1月19日	新協劇団再建結成式
	1月26日	野坂参三歓迎国民大会

1月27日	中国研究所設立（平野義太郎ら）
2月21日	日本民主主義文化連盟結成（理事長・中野重治）
3月3日	物価統制令施行（旧円停止）
3月5日	チャーチルの「鉄のカーテン」演説（アメリカ，冷戦の始まり）
3月16日	婦人民主クラブ結成
4月10日	第22回総選挙（婦人，共産党初議席）
4月	鎌倉大学校（後，鎌倉アカデミア）設立（50年10月廃校）
4月19日	民主主義教育研究会結成
4月26日	新演劇人協会結成（土方与志ら）
5月3日	極東国際軍事裁判（東京裁判）開廷
5月19日	食糧メーデー
8月1日	日本労働組合総同盟結成（社会党系）
8月19日	全日本産業別労働組合会議（産別会議）結成（共産党系）
11月3日	日本国憲法公布（47年5月3日施行）
11月23日	東京自立劇団協議会結成
12月19日	インドシナ戦争始まる（フランス）

◆主要事項・人名　註・年譜関係参考文献◆

　本書に掲載した人名・註・年譜等の作製に際して参考とした主要文献は以下の通り（尚，掲載に当っては主要なもののみに限定し，個別諸資料等は除外していることをお断わりしておきたい――編者識）。

　近代日本社会運動史人物大事典編集委員会編『近代日本社会運動史人物大事典（全4巻別巻1）』（日外アソシエーツ刊，1997・1）／朝日新聞社編『現代日本　朝日人物事典』（朝日新聞社刊，1990・12）／『近代日本総合年表（第二版）』（岩波書店刊，1984・5）／神田文人編『昭和・平成　現代史年表』（小学館刊，1997・6）／『資料　昭和プロレタリア文化運動史』（武蔵野学問の力舎刊，1975・7）／三省堂編集所編『コンサイス人名辞典　日本編』（三省堂刊，1976・3）／大笹吉雄著『日本現代演劇史　昭和戦前篇』（白水社刊，1990・11）／村山知義著『新劇の再建』（弘文社刊，1950・10）

著作・翻訳等一覧

恒屋淳一

【1】編著書

編著『ハイネ研究』(舟木重信等執筆)，隆章閣，1933年
『欧州文藝の歴史的展望—ダンテからゴーリキーまで—』清和書店，1934年
『ニーチェと現代精神』清和書店，1934年
『文藝思想史』(唯物論全書)三笠書房，1936年
『藝術学』ナウカ書店，1936年
『藝術学』美瑛堂書店，1937年
『戯曲論』中央公論社，1941年
高沖陽造編，レーニン・野坂参三著『平和革命論』三和書房，1946年
『文藝思想史』(再刊)三笠書房，1947年
『藝術哲学』山本書店，1947年
『戯曲論』(再版)霞ケ関書房，1947年
『欧州文藝思潮史—ダンテからジイドまで—』北斗書院，1948年
『美学』季節社，1948年
『世界文学—ダンテからジイドまで—』評論社，1949年
『ニーチェ—破壊より建設へ—』古明地書店，1950年
山川幸世・岡倉士朗と共編『劇作法』(「現代演劇論大系」第5巻)五月書房，1950年
『世界文学—ダンテからジイドまで—』(再版)評論社，1951年
編著『国民文学論—これからの文学—』厚文社，1953年
編『芸術学小辞典—人間が芸術に求めるもの—』厚文社，1953年
『悲劇論』創樹社，1994年
『喜劇論』創樹社，1997年

洋図書

Takaoki Yozo, *Gekisakuho*. In : *Gendaigikyokurontaikei*. Yamakawa Yukio, Okakura Shiro henshu, Gogatsushobo, 1950

【2】翻訳

ハインリッヒ・ハイネ『ドイツ古典哲学の進歩性』（栗原佑と共訳。改造文庫）改造社，1933年

ヴォルテール『キャンディド』春陽堂，1934年

アンリ・ドラン『ニーチェとジイド』（淀野隆三と共訳）建設社，1934年

『ハイネ研究』（舟木重信と共訳）萩原星文館，1937年

フランツ・シアウェッカア『海戦小説　装甲巡洋艦』拓南社，1942年

ハンス・ベルンゼー『決戦下の健民厚生―ナチス国民厚生団の戦時活動―』国際日本協会，1943年

イルゼ・プレッシュリーベ『戦時下のドイツ婦人―銃後活動の全貌とその業績―』国際日本協会，1943年

A．シュテウルミンガア『世界政治宣伝史―シーザーよりガンディまで―』岡倉書房，1943年

エルウィン・ヘッス『売られた農民―ブラジル原始林における売られた兵隊の後日物語―』国際日本協会，1944年

ペェターゼン『国民科学としての文藝学』（訳編）大観堂出版，1944年

アンリ・ドラン『ニーチェとジイド』（淀野隆三と共訳）建設社，1946年

ヴィルヘルム・ヴント『文化と歴史』霞ケ関書房，1946年

ヴォルテール『キャンディド』春陽堂（春陽堂文庫），1948年

パスカル『パンセ』（コンドルセ，ヴォルテール編註）白鳳書院，1949年

マルクス，エンゲルス『芸術論』（解説執筆）評論社，1949年

フリードリッヒ・ヴォルフ『トォマス・ミュンツァー――虹の旗をもてる男―』（解説執筆）創樹社，1999年

解説　高沖陽造の証言

太田　哲男

(1) 高沖陽造という人

　高沖陽造（1906—99）という名前は，現在ではあまり有名とはいえない。たとえば『現代日本　朝日人物事典』（朝日新聞社，1990年）にはその名前の項目はない。もっとも，日本近代文学館編『日本近代文学大事典』（講談社，1984年）や『近代日本社会運動史人物大事典』（日外アソシエーツ，1997年）には高沖陽造の項目（後者は本村四郎執筆）がある。[1]

　他方，民科（民主主義科学者協会）芸術部会編『国民文学論』（厚文社，1953年）の奥付をみると，そこには，「著者代表・高沖陽造」とある。この本は，1950年代に論壇で活発に議論された「国民文学論」に関して，50年代初頭の新聞や雑誌に掲載された文章を編集したものである。この『国民文学論』の巻頭に掲げられた「主な執筆者」を順に記してみると，竹内好・伊藤整・野間宏・新島繁・廣末保・小場瀬卓三・北條元一・高沖陽造・岩上順一となっている。また，この本に収録された座談会の参加者は，以上の執筆者の他に，蔵原惟人・桑原武夫・阿部知二・青野季吉・安部公房・石母田正・猪野謙二・本多秋五・徳永直などという錚々たる面々だ。この本のオビには，朝日・読売・毎日などの新聞の他，いくつかの大学新聞に取り上げられたと記されている。当時は，高沖陽造（以下，歴史的対象として基本的に氏を付けない）の名前は，論壇でも著名だったと思われる。

　著名だった理由の一つは，戦中における言論活動ゆえであろう。

その言論活動の一端は、高沖の『悲劇論』(1994年、創樹社)の著者紹介にうかがえる。

「ヨーロッパ文学関係の翻訳をした後、文学史的研究に従事する。
　戦前の一時期、中央公論、東京日日新聞その他に文芸評論を執筆したことあり。
　同時期、久保栄訳・演出ゲーテ『ファウスト』について執筆した演劇評論が機縁となって、新築地劇団の文芸顧問となり、以後戯曲一般、悲劇および喜劇の研究をつづける。
　著書:『芸術学』(ナウカ社)、『欧州文芸の歴史的展望』(清和書店)、『文芸思想史』(三笠書房)、『戯曲論』(中央公論社)、その他ヨーロッパ文学、哲学に関する著・訳書若干。」

　この紹介の冒頭に『中央公論』が登場することに注目したい。
　本インタヴューにおける高沖の回想も、『中央公論』への執筆にこだわっているように見える。それは、戦前と戦後では、「総合雑誌」の配置が少し違うことと関連している。高沖自身も述べているように、「当時は『改造』と『中央公論』しか有名な雑誌はなかった」し、戦後のように数多くの有名雑誌があるという状況とは異なっていた。「『改造』と『中央公論』に書けば、評論家としては第一級と見なされた」のだった。(1960年代あたりの『世界』と比べることができるかもしれない。)この点は、ことに1930年代半ばまでの『中央公論』の錚々たる執筆者たちを通覧すれば納得がゆく。(2)

　『中央公論』にしばしば登場するようになった高沖(その論文名については、第7章の注4にリストを載せたので、それを参照されたい)は、新劇の世界にも関与しはじめた。久保栄よりネームバリューがあったという意味の高沖の回想も、なるほどと思わせるところがないではない。

　戦後の高沖は、「論壇」から遠ざかった感があって、それゆえその

名が広く知られていたとはいえないけれども，1930年代における高沖の活躍には注目すべきものがあったといえよう。

本書は，1945年に至る高沖陽造の前半生を，彼自身の語りによってうかがおうとするものである。

（2）三・一五事件，『女工哀史』と新人会

高沖自身，その生涯を顧みて，最も充実していた時期は三・一五事件以前の労働運動時代だったと述べている。当時の労働運動がそれなりの成果をあげていた頃の記述，また，剛胆さの中にも柔軟さを失わない対応など，興味深いところであるが，それについては本文をお読みいただきたい。

20年代後半の高沖が活動の舞台とした東京下町は，細井和喜蔵『女工哀史』（1925年）の舞台の一つとなったところでもある。細井は，この本の「自序」を，1925年に東京・亀戸で書いていた。『女工哀史』には，さまざまな地方から「募集」された女工たちのことが書かれているが，関東大震災後の不況の中で，さまざまな地方から仕事を求めて上京した学歴も乏しく身寄りもない人々が，女工に限らず，江東地区には吹き寄せられてきていた。東京で働き始めた高沖もまさしくそうした人々の一人であった。

幼くして父の破産を目の当たりにし，まもなくその父を失って，赤貧洗うがごとき境遇におかれ，公的な高等教育を受けることのできなかった高沖少年は，丁稚奉公をしたのち，郷里の福山を出て単身で神戸・大阪に，そして東京に出た。身元保証人になってくれる人も見あたらない身の上ゆえに，「土方」などによって日銭を稼ぐことになったが，高沖には燃えるような向学心があった。笈を背負って都会に出，苦学精励して自らの視圏を広げようとする志があった。しかし，時代状況は彼を英語の勉強だけにとどめることはなかった。東京で英語を中心に勉強していた高沖青年は，まもなく社会主義文献との接触をも

媒介に，労働運動に出会った。そして非合法の共産党に入党するに至った。その証言は，当時の労働運動の一端を物語るものとしても貴重であろう。

高沖が労働運動を回想した部分に，しばしば新人会の人物のことが登場する。新人会は，第一次世界大戦終結直後の1918年12月に，東京帝大の学生を中心に結成された団体で，当初は「ネオ・ヒューマニズム」を掲げていたが，やがてマルクス主義を軸とする団体に転換していった。高沖が出会った新人会出身の人々は，当然ながら「ネオ・ヒューマニズム」や「民本主義」の立場にではなく，マルクス主義の立場に立っていた。（その雰囲気の一端は，中野重治『むらぎも』や太宰治『人間失格』にも描かれたところだ。）

明示的に述べられてはいないが，大学に入ることのなかった高沖にとって，東大出身者に目の当たりに接したことは，少なからぬ刺激となったであろうことが想像される。

例えば高沖は獄中でフランス語を独学しているが，その際には新人会メンバーだった福間敏男の助言を受けている。福間は第三高等学校（丙類）を経て東大に進んだ人物で，フランス語を主とする丙類であるから，当然にフランス語ができた。（福間のその後については，ここではふれない。）

大杉栄はその『獄中記』においてだったか，「一犯一語」を実践したと書いていた。つまり繰り返し投獄された大杉は，入獄するたびに新たな外国語をマスターしたというのだが，高沖にとっても，獄中は勉学の場でもあったことが回想されている。

高沖からみれば，新人会出身者が高沖に接してくれたということになるが，新人会の側には，学生による労働者教育運動という方針が存在していた。[3]

高沖の回想に接して目につくことの一つは，文芸思想・文芸評論と翻訳，新劇への関わりなど，その活動範囲の広さである。その広さの前提には，彼の外国語習得があった。それにしても，これらの仕事が，

学校歴の長くなかった人によって成し遂げられたということにも目を見張らせるものがある。

松本礼二氏は、「知識人の時代と日本」という優れた論文(4)で、1900年前後に生まれた「マルクス主義の世代」においては、「マルクス主義の受容は書斎にとどまることを許さず、政治的実践、それも多くの場合、非合法活動への参加を強いた」と書いている。この松本氏の論は、高等教育を受けた人びとを前提にしてはいるが、高沖の場合にも当てはまるように思われる。

松本氏の論で想定されている人には古在由重（1901—90）や尾崎秀実、吉野源三郎などがいる。この三人はいずれも東大卒。高沖と比べてみれば、その学校経歴の違いは明瞭だ。古在の場合をとれば、彼は東大総長の息子で、東大卒業後に大学教師となった。1930年代初頭に非合法の政治運動をして33年に検挙され、出獄後、「唯物論全書」に名著『現代哲学』（1937年）を書いた。

これに対して、高沖は、公的な高等教育を受けることはできなかった。（前記『日本近代文学大事典』には「正則英語学校卒」とある。）高沖は立身出世主義に蝕まれることはなく、しかし、知的な好奇心はすこぶる旺盛であった。戦前の労働運動あるいは左翼運動の教育力を物語るものであろうが、いずれにせよ、この両者の間の学校経歴の違いにも関わらず、世代的な共通性は認められてよかろう。

ところで、左翼文献への高沖の接近の仕方をみると、じつにいろいろな文献を経ていることがわかる。堺利彦や山川均の論文によって社会主義に接近、ブハーリンやプレハーノフの著作などで勉強したとあるし、大杉栄などへの共感もなくはないようだ。

後年の「マルクス・レーニン主義」すなわちスターリン主義イデオロギーにとらわれた人びとからみれば、高沖の接したこれらの文献は「雑多」とみえるかもしれない。しかし、1920年代後半には、まだスターリン主義文献も限られており、クロポトキンなどまで含めて、社会主義・共産主義文献も多様であった。この点は、高杉一郎氏の『ス

ターリン体験』⁽⁵⁾からもうかがえる。この本には，1929年に国際文化研究所（秋田雨雀・蔵原惟人・村山知義らが創設）が開催した「外国語夏期大学」のことが述べられ，その教室では，トロツキーの「ジャン・ジョーレス論」がテキストとされたと書かれているのである。

そのような「雑多」も背景にして，戦前のマルクス主義の水準の高さは生まれたといえるかもしれない。

一般論はともかくとして，高沖の場合，外国語をマスターしたことが，その後の彼の生き方を規定していく。

（3）翻訳・著作活動へ

三・一五事件で投獄された高沖は，やがて出獄した。彼の気持ちは，再び労働運動の道に進み，豊富な運動経験を生かしつつ，労働運動全般の「指導」をすることであった。しかし，運動との接点を確保することはできなかった。その理由あるいは背景には，基本的には共産党自体が壊滅に近い状態だったことがあろう。中野重治『わが生涯と文学』の言葉をかりれば，「党上部が変則状況におちいっていた事実」があったとはいえよう。接点の確保ができなくなったとき，高沖自身も，連絡回復にさほど強く執着しなかったようにみえる。そこには党組織への不満がなかったわけではないことが，高沖の証言の中にうかがえる。

連絡回復の問題に関して，東大新人会のメンバーで，1927年に共産党に入党，三・一五事件で検挙という経歴を持つ——入党・検挙の時期が高沖の場合とほぼ重なる「マルクス主義の世代」の一人——石堂清倫（1904—2001）は，1920年代末から30年代はじめを回想し，「党員は逮捕された瞬間に党から見捨てられる」と書いている⁽⁶⁾が，高沖の場合も，結果的にはこの記述に該当するのかもしれない。

さらに，組織というものに対する高沖のスタンスも作用したかもしれない。この点で，高沖の共産党入党が，勧誘者に迷惑がかからない

ようにという一見消極的な,あるいは,非合法の極限状態という特殊な事態でしか理解しにくいような理由であったことに注目したい。つまり,「感激」して入党というようなところはなかったのである。(7)

そうかといって,転向者としての道は拒んだ。三・一五のあとに高沖が出獄したとき,転向して羽振りのよかった南喜一に「俺と一緒に仕事をやらんか」と誘われたけれども,その方向には進まなかったと回想されている。この辺りの生き方はさわやかである。

高沖の回想には,そのさわやかさ,人間的魅力がかいま見える。その魅力があればこそ,侠客的な平田啓太郎は,出獄したばかりで行き場のない高沖に,「高沖さん,いつまでもここにいていいですよ」と語りかけてくれたのだし,三・一五で入獄した高沖が本を買うことのできるお金を出してくれる故郷の幼なじみがいたのであろう。また,南喜一が高沖を誘ったのも,その本意がどこにあるにしても,「高沖さんとなら」と思わせるところがあったからであろう。

その魅力はまた,高沖が労働運動のオルガナイザーになっていったこととも関係しているに違いない。

いずれにしても,労働運動との接点が持てなくなった出獄後の高沖は,自分で新たな道を開拓する。それが,翻訳と著作の道であった。獄中での外国語の勉強や読書も生きてきた。

その際のスタンスは,「組織」によりは個別的な人間関係に依拠しようとするものだったように思われる。高沖は,「唯物論全書」の一冊として『文藝思想史』(8)を書いたし,唯物論研究会の機関誌『唯物論研究』にも寄稿した。(9)しかし,この研究会の会員として,組織的に活動するという発想はあまりなかったようだ。唯研の役員になることを戸坂潤に依頼されたとき,それを断ったという証言にもそのことはうかがえる。現に,唯研メンバーが1938年に一斉に逮捕されたときも,高沖は幹事ではなかったから逮捕されていない。高沖は,左翼思想には執着したし,多様な人間関係は大切にしたが,左翼的組織の維持には必ずしも執着しなくなったようにもみえる。

高沖は，個人的に人脈をたどりながら，翻訳を出し，『思想』[10]などにも原稿を書いた。そして『中央公論』や「東京日日新聞」などに寄稿するようになった。

　そのほか，京都の『世界文化』にも接点があったということも，次第に広がった高沖の多様な人脈を物語るものであった。しかし，高沖に唯研と『世界文化』両グループの連携をはかろうという強い思いがあったともみえない。

　1930年代の高沖の著作については，巻末のリストもご覧いただきたい。論文については，主要と思われるものを本文の注に記しておいた。

　やがて，新劇との接点もできたが，そのあたりについては，本文をお読みいただきたい。

　戦争の展開とともに，雑誌に寄稿することもできなくなったとき，高沖はいくつかの翻訳によって糊口を凌いだようであるが，ここではその点にはふれない。[11]

　1945年の憲兵隊による逮捕の前後の証言も，貴重であろう。検事とのやりとりが生々しく証言されているが，独立不羈の人たる高沖の面目躍如たるものがある。「風評」によって逮捕されたことを知りつつ，その出所となった人を恨まず，戦争の動向を的確に見通し，自らを信じて屈することがなかった。[12]

（4）〈事実の真理〉と高沖証言

　私にはこのインタヴューの出版は，本書巻頭にも書いたように，念頭になかった。何よりも高沖氏本人が，このインタヴューを意に満たないとされ，ご自身で執筆されたいと考えておられたからである。

　それが今回，この「解説」の執筆にまで至ったのは，高村宏氏の「説得」のゆえではあるけれども，それだけではない。「証言」ということの意味を考えるようになったことによる。

　そのきっかけとなったのは，まず最近の政治の動向である。

21世紀に入り，日本には「ナショナリズム」の新しい動きがあるようにみえる。中国や韓国からの強い批判を浴びた日本の中学校歴史教科書などの登場は，その動きの一部である。問題となった教科書には，「韓国政府の再修正要求」に示されているように，各所に事実の歪曲がみられる。

　その歪曲の指摘に接すると，かつてヴェトナム戦争へのアメリカの介入経過を記録したペンタゴン・ペーパーズの暴露に関連して，ハナ・アーレントが述べた言葉が思い出される。アーレントは，「政治における嘘」という論文で次のように書いている。

　「＜事実の真理＞はけっして有無をいわさぬ強制的な真理ではない。われわれがそのなかで日常生活をおくっている事実の織物全体がいかに脆いものであるかは，歴史家のよく知るところである。それはつねに一つひとつの嘘によって穴を開けられたり，集団，国民，階級の組織された嘘によって引き裂かれ，否定され，歪められ，またしばしば山のように積み重ねられた虚偽によって周到に覆い隠されたり，ただ忘却の淵に沈むにまかされたりする危険にさらされている。」[13]

　ここで＜事実の真理＞にカッコが付けられているのは，アーレントには説明不要と思われたのであろうけれども，それがライプニッツに由来する言葉だからである。ライプニッツは，＜事実の真理＞と＜永遠の真理＞とを区別した。＜永遠の真理＞とは，5＋7＝12のように，他ではあり得ない真理のことであり，ライプニッツによれば，必然的・理性的真理である。しかし，「今日は雨が降っている」というのは，晴れていることもあり得るものであり，偶然的真理である。そこには，＜嘘＞が入り込む余地がある。それが歴史における事実の歪曲につながるのである。

　靖国神社参拝問題にも同様のところがある。靖国神社は「英霊を祀る」ところだという。しかし，「英霊」という美名によって，例えばアジア各地における日本兵の行動という「事実の織物」が，「周到に覆い隠され」ることにならないか。「英霊を祀る」という発想に違和

感を覚えない日本人の多くには，自分たちは「先の大戦」で戦争に巻き込まれた被害者だという思いこみが伏在しているのではないだろうか。多くの日本国民は台風に巻き込まれるように，次々に・成り行く・勢いに巻き込まれたと認識している人たちには，戦争に抵抗した人々が存在したことなど想像もできないのだろう。言い換えれば，戦争に反対した人々の存在という＜事実の真理＞が，「周到に覆い隠され」ているわけである。

しかし，＜事実の真理＞はやはりくり返し語られる必要がある。そのように私は考え，高沖の語ったこと，すなわち高沖証言を文字にしておくべきだ，その証言は顧みられるべきだと考えるようになった。

その証言は，政治活動や労働運動や新劇運動の最高指導者の証言ではないけれども，独自の意味があると考えた。また，左翼的文芸評論家が戦中に展開した多様な活動の様子をうかがうことができる点，マルクス主義文献を数人が密かに集まって読むという形の「抵抗」というより，座談会とか文芸講座の開催といういくらか幅広い形の抵抗が語られている点なども，注目に値すると考えた。

そのほか，高沖証言には政治的文脈以外でも意義があろうことは，本書をお読みいただければ納得いただけると思われるが，例示的にいえば，教育の面でも意義があるのではないか。

1990年代は日本経済の「失われた十年」といわれるが，ほぼ時を同じくして，日本の教育の「失われた十年」が存在し，それが＜学ぶ意欲＞の低下という形で進行したと，苅谷剛彦氏は説得的に述べている。[14] そういう現状に照らすとき，高沖の証言は，まさに＜学ぶ意欲＞の，自己教育力についての証言にもなっているように思われる。

いずれにせよ，高沖の証言は，その証言をすることによって高沖の直接的利益に結びつくような性質のものではなかった。八十歳代後半の穏やかな人物の口から語られたものは，「怨念」をはらそうという性質のものでもなかった。そのような情念が強烈であるなら，最晩年

の『悲劇論』や『喜劇論』の執筆を差しおいても，自伝の執筆に力を注がれたであろう。しかし，実際には，自伝は先送りされたままに終わった。

鷲山氏と私の聞き取りがいくらか長い時間にわたることができたのは，冷戦が終結し，高沖も齢八十歳を超え，直接的な利害とは関係ないにしても，やはり自分の前半生を語っておきたいという思いが強まった時期に当たったからではないかと思われる。

そのような証言であるがゆえに，このインタヴューは，少なくとも高沖としては，事実を事実として証言しようという姿勢によってなされたということができよう。むろん，これらの証言の中には，高沖独自の意味づけがあり，また記憶違いが全くないとは言えないにしてもである。

高沖の興味深い証言が，少しでも多くの人によって耳を傾けられることを願ってやまない。（2002年1月執筆。その後補訂）

(1)　『現代史資料』別巻・索引（みすず書房，1980年）で高沖の名前を検すれば，その第16巻（社会主義運動3）に10回，第18巻（社会主義運動5）に7回登場している。
(2)　「こと権威の有無ということになれば，戦後の現在からでは恐らく想像のつかぬほど文芸雑誌と総合雑誌のあいだには格段の差があって，なかでも『中央公論』と『改造』の二誌は一頭地をぬいていた。」（野口冨士男『感触的昭和文壇史』文藝春秋，1986年，85頁）また，戦中と戦後の『中央公論』を劇的な対比において論じたのは，藤田省三「『論壇』における知的退廃」（『藤田省三著作集』7，みすず書房，所収）であった。
(3)　H・スミス『新人会の研究』松尾・森訳，東大出版会，1978年，参照。
(4)　松本礼二「知識人の時代と日本」『思想』1996年2月号，所収。
(5)　高杉一郎『スターリン体験』岩波書店，同時代ライブラリー，1990年。
(6)　石堂清倫『20世紀の意味』平凡社，2001年，107頁。
(7)　1927年以降の共産党の「大衆化」路線の時代には，入党の「勧告」は「実質的には選択の余地を許さぬ命令として行われ」たと，松沢弘陽氏は書いている。（『日本社会主義の思想』筑摩書房，1974年，204頁）この指摘

に照らせば，高沖の入党の仕方はさほど特殊ではなかったのかもしれない。
（8） 高沖の『文藝思想史』は広範な内容を含んでいる。ギリシャ・ローマの文学から始まり，ルネサンス期の文学から近現代のヨーロッパ，ことに英仏独の三国の文学を中心に論が進められる。19世紀以降の文学に比較的頁数がさかれているにとどまらず，20世紀の文学にもさまざまな作家に関する短評が書き込まれている。ただ，第八章の「帝国主義文藝における主観主義的傾向」などには，題名から想像できるように，「ナップ」に支配的だったような主張が前面に出ている。半面，第十章「帝国主義期における世界主義的自由主義的文藝」では，1930年代の「人民戦線」的立場から，反ファシズム文学の動向を「論壇時評」のような仕方で紹介している。

　高沖の批判を受けた側からの反論の一つに，中島健蔵『猪突猛進の巻　回想の文学③』（平凡社，1977年，68頁以下）がある。

　『文藝思想史』に見られた「ナップ」的な見解は，『戯曲論』になると後景に退いて対象とする作品に内在する記述が多くなっている。

（9）　第7章注2を参照されたい。

（10）　第6章注3・4を参照されたい。

（11）　『明治・大正・昭和前期　雑誌記事索引集成　社会科学編　執筆者索引5』（皓星社，1998年）には，次の著作が掲載されている。

『世界政治宣伝史』（A・シュテウルミンガア著・高沖陽造訳，岡倉書房，1943年）

『ナチス国民厚生団（NSV）の戦時生活』（国際日本協会，1943年）

（12）　戦後，『国民文学論』が出たのち，高沖は長く著作を出さなくなった。ごく特別な場合を除けば，作家として生きるか大学などの教職を得るか以外には，「論壇」で活躍し続けることが困難な時代になりつつあったのだろう。時あたかも「戦後は終わ」り，日本社会では高度経済成長の時代が始まろうとしていた。本インタヴューで語られているように，大学の教員となる道もあったらしいものの，現実にはその道に進まなかった。

　そして，高沖氏のご子息の書かれているところによれば，「家族のために小さな経済研究団体」（本人の回想によれば「世界経済研究協会」）で仕事をするようになった。50年代には居住していた東京の中野区で「地域運動」をしていたとのことであるが，中ソ論争あたりを境に，その運動からも身を引いたと聞いたと，高村宏氏は回想されている。

　高沖は，芸術論・演劇論には強い関心を持ち続けた。民科の芸術部会を

継承した「世界文学会」に属し、その機関誌に時折、論文を発表した。その高沖が最晩年に執筆・出版したのが、『悲劇論』(1994年)、『喜劇論』(1997年) であった。
(13)　アーレント『暴力について』山田正行訳、みすず書房、4〜5頁。
(14)　苅谷剛彦『階層化日本と教育の危機』有信堂、2001年。

(付記) この「解説」のうち、高沖の人柄に関する部分については、鷲山恭彦氏の意見にしたがったところが少なくない。

　なお、『世界文学』第91号 (2000年7月) は、高沖陽造追悼号でもあり、本書の編者である高村・鷲山両氏が高沖をしのぶ文章を寄せている。

二〇〇三年六月一〇日　初版第一刷

治安維持法下に生きて
　　——高沖陽造の証言

編　者　太田哲男・高村宏
　　　　本村四郎・鷲山恭彦
発行所　株式会社　影書房
発行者　松本昌次

〒114-0015　東京都北区中里三—二—三
　　　　　　久喜ビル四〇三号
振　替　〇〇一七〇—四—八五〇七八
E-mail : kageshobou@md.neweb.ne.jp
http://www.kageshobo.co.jp/
FAX　〇三（五九〇七）六七五六
電　話　〇三（五九〇七）六七五五

本文印刷＝新栄堂
装本印刷＝広陵
製　本＝美行製本

©2003 Ōta Tetsuo, Takamura Hiroshi,
Motomura Shiro, Washiyama Yasuhiko

落丁・乱丁本はおとりかえします。

定価　二、五〇〇円十税

ISBN4-87714-303-3 C0036

著者	書名	価格
安部 博純	日本ファシズム論	¥8000
藤田 省三	戦後精神の経験 ⅡⅠ	各¥3000
藤本 治	民衆連帯の思想	¥3800
山田 昭次	金子文子 ――自己・天皇制国家・朝鮮人	¥3800
中原 静子	難波大助・虎ノ門事件 ――愛を求めたテロリスト	¥2800
石田 雄	権力状況の中の人間 ――平和・記憶・民主主義	¥3500
伊藤 成彦	物語日本国憲法第九条 ――戦争と軍隊のない世界へ	¥2400
尾崎 宏次	蝶蘭の花が咲いたよ ――演劇ジャーナリストの回想	¥2500

(定価は税別)　影書房　2003・5現在